我們終究無法完美

生命存在缺陷

不計得失，淡然處之，人生本是一齣悲喜劇，只是悲劇成分多一點

生命對於我們每個人來說只有一次，
短短數十載，這輩子究竟該怎麼活？

那些困擾著你的「生命問題」，本書將為你解惑！

為了一己之私而活，還是為了更多人的幸福而活？
為何物質文明發達的現代，人們反而找不到快樂？

周成功，傅世菱 著

目錄

前言

第一章　這輩子，為什麼而活著

第二章　這輩子，向命運宣戰

目錄

第三章　這輩子，苦難讓人變得堅毅

第四章　這輩子，不抱怨的人最幸福

第五章　這輩子，感恩讓世界充滿愛

目錄

目錄

前言

胡適曾說：「生命本沒有意義，你要能給它什麼意義，他就有什麼意義。與其終日冥想人生有何意義，不如試用此生做點有意義的事。」

人生猶如一首歌，音調高低起伏，旋律抑揚頓挫；人生彷彿一本書，寫滿了酸甜苦辣，記錄著喜怒哀樂；人生就像一局棋，布滿了危險，也遍布了機遇；人生恰似一條路，有山重水複的坎坷，也有柳暗花明的坦途。

生命對於我們每個人來說，只有一次，但是對生命的感悟卻因人而異。短短數十載，人這輩子，該怎麼活呢？

人這一輩子，活著是美麗的，活著就是一種幸福。活著還可以感受溫馨的陽光，編織各種絢麗的夢幻。曾幾何時，煎熬中苦撐度日的我們，不經意間已是風光無限，當初那似乎致命的陰霾全都化作了虛無。此時，你就會暗自慶幸：「還好我還活著！」經歷過死亡的洗禮，才知道活著有多麼可貴！不曾哭過長夜的人，不足語人生。

用不著把年輕的心靈裝點得沉重，表面上的滄桑，外在的嚴肅，並不能讓你上升為哲人；用不著為一次小小的挫折而痛哭流涕，人生本來就充滿坎坷，沒有創傷的珍珠貝殼，怎會有閃爍迷人的晶瑩；用不著把一句：「夕陽無限好，只是近黃昏」的千古絕唱反覆品味出苦澀而徒自悲傷。我生命的指針處在八九點鐘，正是旭日東昇的美好時刻，只要我努力前行，世界的各個角落都會看到我的身影。

日本作家池田大作說：「在我們的周圍可以看到這樣的情況——物質上的富裕反而招致精神上的貧困。」活著有太多的誘惑，在眼花繚亂的世界中我們很容易迷失自我。

前言

天下只有兩種人：一串葡萄到手，一種人挑最好的先吃，另一種人把最好的留到最後吃。照理來說，第一種人應該高興，因為他每吃一顆都是手中那串葡萄裡最好的；第二種人應該悲觀。不過事實上卻適得其反，原因是第二種人還有希望，第一種人只有回憶。

不是每個人都能成為出類拔萃的人才，很多想要的東西也不一定都能得到，但是，這並不影響我們好好活著。其實，每個人都有自己的本色，如果你不能成為一棵大樹，就做一叢灌木，如果你不能成為一叢灌木，就做一株小草。只要你保持了自己的本色，生命同樣絢麗奪目。平凡人的天地不也是有一番絕美的風景嗎？一壺濁酒，幾碟小菜，瓜棚豆下，雞鳴狗叫，兒歡女繞，豈不也是非常快樂嗎？只有平凡簡單，未必就是志向不高。許多時候，這遠遠超出不切實際的好高騖遠。有時候，放棄未必意味著失去，或許只是揮別了曾經的錯誤。

生活本身是很平凡的，其實，幸福也是很平凡的。柏拉圖曾說：「決定一個人心情的，不在於環境，而在於心境。」這個世界是豐富多彩的，陽光到處都存在，關鍵是，只有自己豐富才能感知世界的豐富，只有自己善良才能感知世間的美好。想到了尼采的一句話：「生命勇於承受生命的無意義而不低落消沉，這就是生命的驕傲。」

對於生命的理解，見仁見智，本書從十個方面來跟大家交流人生的「生活」。

首先，是為什麼而活著？父母生而養之，長大成人，為了吃飽喝足而活，為了向至親盡孝而活，還是生命本該有它原本的意義？命運是不可戰勝的？人生來便是「命中注定」的？人活一世，難免經歷苦難，不如意十之八九，如何面對著八九成的人生機率呢？遇到事情抱怨不斷可以解決事情嗎？

其次，這個世界上除了表面的昏暗，其中的愛和美也不容忽視。親情、友情、愛情，如何去珍惜，如何去善待，如何去體會生命中的美好？

……

人生的種種，本書都將伴你慢慢地品味，也許能幫你找到一點點的領悟，希望在讀者的閱讀之餘，能夠在掩卷之間會意一笑，體會活著的樂趣。

前言

第一章　這輩子，為什麼而活著

我們在親人的歡笑聲中誕生，又在親人的悲傷中離去。我們無法控制自己的生與死，但我們應慶幸自己擁有了這一輩子。

人為什麼活著？

這是一個永遠無解的問題，儘管很多人都曾經思索過 —— 樂觀者找到了很多答案；嚴謹者決定暫不去想；豁達者認為不需要去想；自信者斷定自己找到了答案……但是迷茫者卻找不到一種可以安撫心靈的理論，事實上關於這個問題，似乎也的確沒有任何一個為大多數人普遍接受的答案。

人活一輩子，會遭遇多少無可奈何的事，邂逅多少恩恩怨怨的人。可是要知道，人不就這麼一輩子嗎？又有什麼看不開的？人世間的煩惱憂愁，恩恩怨怨幾十年後不都煙消雲散了。做錯了，不必後悔，不要抱怨，世上沒有完美的人。跌倒了，爬起來重新來。不經風雨怎能見彩虹，相信下次會走得更穩。人這一輩子，不要去過度地苛求，不要有太多的奢望。金錢、權力、名譽都不是最重要的，最重要的還是應該善待自己。

人活著，為了什麼

人活著，究竟是為了什麼。是為了愛，為了恨，為了道義，抑或只是為了生存，也許它沒有一個普遍意義上的答案，不同的人有不同的見解，正所謂，仁者見仁，智者見智。

生命只有一次，人活著要懂得珍惜，珍惜你的生命和所擁有的一切，或許你在經歷磨難，或許你在享受富貴，這些都是你的財富。因為磨難可以使你經過千錘百鍊，從而達到堅不可摧。富貴也可以讓你無憂無慮的生活。

人活著要懂得感恩，感謝你身邊的每一個人，包括好人當然也要包括壞人。好人可以助我們一帆風順，乘風破浪；壞人可以助我們練就一雙識人的慧眼，教會我們如何去識別、防範壞人，而且壞人還會讓我們變得更加堅強！

你可能想過「人究竟是為什麼活著」這個寬泛而無解的問題，這個問題可能是一下劃過你的腦海，宛如一道暴風雨中的閃電，或是風吹時那飄在你臉上的枯葉，或是電影中不經意拍下蜻蜓點水的鏡頭一樣，讓你毫不猶豫地選擇了放棄對於它的思考。人的生命不過三萬天，在三萬天裡，我們學走路、長牙、上學、談戀愛、找工作、組家庭、養育子女，然後培養子女們學走路、長牙、讀書、戀愛、組家庭，最後離去。三萬天的時間裡，還要做五種事：吃喝拉撒、發呆、洗澡、蹲廁所、睡覺。三萬天的時間裡，我們還要表現大笑、大哭、悲傷、發怒、眷戀、貪慾六種表情，三萬天的時間，我們還要唱歌、跳舞、追劇、滑手機、看雜誌報刊、盯著親人看、盯著路人看……如此種種有著太多太多，當這些必要或不必要的時間塞滿了一個人所有的人生旅程時，人已經很難騰出時間拿出精力去思考一下，人究竟是為什麼活著？

曾有一個人，躊躇滿志地坐在禮堂去聽一位外校著名大學教授講授關於儒家思想的講座，當講座完畢，他心情激動地第一個舉起手來向這位著名教授問了這個問題：「人為什麼活著？」或許是因為他聽不懂，或許是因為他覺得話題和講座無關，當面對稚嫩的學子提出這麼無聊的問題時，他根本沒在注意聽。年輕人又把這個無聊問題重複了一遍後，他思考了三分鐘，三分鐘的時間裡，全場寧靜。最後他答覆說：「無可奉告。」

也許有人會說：「哈哈，這都不知道啊？人是為欲望活著啊！」

然而人並不全是為欲望而活著。一對老年伴侶，他們相依相伴，他們不求名欲，不求權欲，不求性慾，為什麼他們還活得如此精彩呢？因為他們有了相伴一生的風雨經歷，一路上的相互扶持讓老人活得豐富多彩。

唐代王翰在《涼州詞》裡：「葡萄美酒夜光杯」就是講享受美酒情景，美酒當喝，美人當擁，美金當用，歸根到底，不過是為了解除人之欲而已。難道是為了「三美」（美酒、美女、美金）而活著嗎？人的欲望是無限膨脹的，所以，醉過之後方知酒濃，愛過之後方知情深，富過之後方知愁多，人不是為了「三美」活著。

人活著是為了什麼其實並不需要準確的答案，答案也並不重要，重要的是我們如何對待人生、面對人生、享受人生，如何才能夠在我們活著的每一天都會擁有快樂的心情，都會擁有陽光般的精神。

有的人活得簡單輕鬆、自在悠閒，有的人活得辛苦忙碌、焦頭爛額；有的人聽天由命、知足常樂，有的人不屈不撓、慾壑難填……每個人心中都有一本難念的經，說不出的痛，但人們都在為自己的追求和夢想而活著。

湯姆是麥當勞的員工，每天的工作就是不停地做漢堡，沒有什麼新意，但是他仍然非常滿足也很快樂，每天都用微笑熱情地對待他的顧客，幾年來一直如此。他這種真摯的快樂感染了很多人。有人忍不住問他，究竟是什麼讓他充滿熱情？為什麼對這種毫無變化的工作感到快樂？

湯姆說，我每做出一個漢堡，就一定會有人因為它的美味而感到快樂，那我也就感到了我的付出帶來的喜悅，這是多麼美好的事情。我每天都會感

謝上天給我這麼好的一份工作，我一定要好好活著，我真的好感激上天賜給我生命，這一刻，活著真好，總有一天，我一定能活出自己的光彩。

因為湯姆，這家麥當勞店的生意越來越好，名氣也越來越大，最後終於傳到了麥當勞公司總公司那裡，於是，湯姆被任命了總公司的一個重要職位。

與湯姆想法相反的是他的表弟查爾，他是一家汽車修理廠的修理工，從進廠的第一天起，他就開始抱怨：「修理這工作太髒了，瞧瞧我身上弄得髒兮兮，而且薪水還這麼低！」每天他都是在不滿中度過，認為自己像奴隸一樣在賣苦力。他無時無刻都盯著師傅的眼神與行動，稍有空隙，他便伺機偷懶，應付手中的工作，並且總是期待能儘早下班。

轉眼幾年過去了，一起進廠的幾個同事都各自憑藉精湛的手藝，或另謀高就，或被公司送進大學進修，唯有查爾仍舊做著討厭的修理工作，依舊沉浸在無法升遷的痛苦之中，碌碌無為地過著每一天。原來，缺乏熱情、失去快樂的最大受害者，就是自己。

哲學上說，任何事物都會有起源、發展、高潮、結束這四個過程，對於歷史意義上的人類社會來說，人類社會是不斷進步的，到底人要走向哪個終點呢？

人的存在、生命的存在、活著的意義，不過是一個過程而已。生命結束了，又有新生命誕生，反反覆覆，沒有終點可言的，所以大可不必把「欲望」看得太重，也沒必要把「物質」追得太急，同樣也沒必要為小事或者一點小挫折就「生離死別」，面對所有的一切，且淡然處之，人的生命在不斷的演變中就能達到平衡，沒必要為了終點而去探索終點。人類的發展根本沒有終點，除非遭遇了客觀因素的摧毀。

人其實就是為了活著而活著吧！

什麼樣的生活造就什麼樣的人生

一個人有什麼樣的生活，就會有什麼樣的人生。平平庸庸的活，一生也會碌碌無為；積極進取的活，一生也會留下可圈可點的事蹟；損人利己的活，就會讓他人所不齒；而造福他人、樂於奉獻的活，自然會為他人所稱道。

有時我們在快節奏生活中、在多種角色扮演間，常常顯得異常忙碌，行色匆匆、朝九晚五、體力透支。活得匆忙，躺在沙發上不經意間想想：這種忙碌的生活，是我想要的嗎？換一種生活方式，是不是就會打亂一切秩序？我真的沒有時間也沒有精力去享受一下快樂的生活嗎？這樣的生活是否能夠創造一個我們想要的明天？是否能夠找到理由讓自己的臉上掛上微笑？如果不能，那麼這是我想要的生活嗎？還是我認為生活只能如此？我疑惑了，我到底想得到什麼？

人人都有自己的生活，都有自己堅持的東西，每個人都在為自己的「生活」而奮鬥。有的人熱衷名利，認為人活著的最大追求就是讓自己功成名就，於是，他們爭名逐利；有的人放縱行樂，認為人生不過一瞬，讓自己過得快樂才是最重要的，於是，他們花天酒地，享受短暫的生命；有的人追求物質生活，認為金錢萬能，只有錢才能讓自己過得更好，有車有房，於是，他們樂此不疲的工作；有的人認為只有不斷地奉獻才能讓人生更有價值，於是，他們像蠟燭一樣，燃燒著自己，卻帶給他人光明⋯⋯

所羅門的魔鬼曾對漁夫說，隨你挑選一種死法吧。然而，死法再多，不過百種。生活遠遠多很多！有這麼一句話：「爽過乞丐晒日頭」，說的是寒冬臘九難得見幾天太陽。好不容易熬過衾寒枕冷之苦的乞丐們，紛紛跑到空曠的地方晒日頭，這時，身子暖暖的禁不住伸幾個懶腰，雙手忙乎著伸到腋窩裡，揪出跳蚤，放進口中嗤嗤作聲，愜意、快感俱備，那個爽喲，用一句

臺語來說，就是「五告爽」了。

人到底應該怎麼活？越來越多的人在思索這個問題。為了我們的一己之私而活，還是為了更多人的幸福而活？為什麼物質文明越來越發達的現代，人們反而找不到快樂呢？如何活才能讓自己快樂，讓人生幸福呢？人們之所以不快樂，不幸福，那是因為很多人找不到活著的意義和價值，迷失了人生的方向。之所以會出現這樣的狀況，是因為人們在金錢社會缺乏正確的人生觀，在物質文明越來越發達的現代社會迷失了。

三國時期的周處給了我們一個這樣的提示。

周處很小的時候就失去了父親，由於管教不嚴，年少時縱情肆欲，輕狂放蕩，為害鄉里，惡名昭彰，是鄉人們唯恐避之不及的人物。有一天，周處問鄉里的長輩：「現在時局平和，又趕上了豐收喜年，為什麼大家卻悶悶不樂呢？」長輩嘆了口氣說：「三害沒有除去，又怎麼會有快樂呢！」周處追問是哪三害，長輩給他的答案是：「南山白額虎，長橋下蛟龍，還有專門欺負百姓的惡人。」於是，周處自告奮勇，先入山殺了猛虎，又下水與蛟龍纏鬥，周處與蛟龍打鬥一連三天三夜沒有歸來的消息，鄉人以為周處死了，大家在一起高興的慶祝著鄉里的三害都被除去了。周處回到家鄉後，這才知道自己在鄉民眼中也是一害，心中懊悔不已。於是，他離開家鄉，拜訪名士陸機、陸雲兄弟，在陸機、陸雲的勉勵之下，周處改過自新，立定大志，最終也做出了一番讓人刮目相看的成就。

在這個故事裡，周處在為鄉人除去兩害之後，自以為這是為鄉人做了好事，殊不知，自己竟也是三害中的一害。對他來說，自己的「生活」為人所不齒，這是一件很令人感到恥辱和懊惱的事情，於是，痛定思痛，在重新審視了之後，周處痛改前非，最終做出了一番成就。

庸庸碌碌的人生並不是恥辱，只要能夠勇於正視自己，審視自己的生活，改變自己的生活，對他來說，人生就是有意義的，生命就是有價值的。

趙甫德生於一般家庭，父母對他管教不當，趙甫德在小學的時候就成了學校中有名的小流氓，拉幫結派，欺負同學，偷雞摸狗，做盡了壞事。

到了國中，讀了一年多就退學了。每天遊手好閒，混在網咖、KTV，四處打架，經常出入看守所，在同鄉人眼中他早已沒救了，天生坐牢的命。有一次，在打架時，趙甫德拿刀砍傷了他人。沒過多久，對方竟然調集了上百人把趙甫德圍困在家中。趙甫德的父母好話說盡不說，還賠了一大筆錢，這才讓事情不了了之。

看著父母為自己擔心受怕，操勞受累，趙甫德把自己關在屋裡幾天沒有出門。經過一番思索，趙甫德對父母說想做點正事，做點小生意也可以。父母欣然同意了趙甫德的想法。趙甫德想在家鄉開一家食品加工廠，但是，從招聘啟事貼出，都無人問津，一週之內薪資漲了三次，依然沒有人應聘。原來，同鄉人知道是趙甫德開的工廠，都不敢去應聘，對趙甫德敬而遠之。

趙甫德知道這是自己這些年在同鄉人眼中的形象不佳，於是，一改往日作風，安安分分做人，時間一長，這才逐漸扭轉了自己在同鄉人眼中的形象。

如今的趙甫德，在同鄉人眼中已經成為造福一方、事業有成的企業家，人人誇讚的青年才子。

前後的鮮明對比，這就是一個人生活價值的問題。

《審美學》上有個觀點，人坐在客廳裡觀賞外面的暴風驟雨，跟坐在一葉孤舟上遇到暴風驟雨的心境是截然相反的。前者可以一邊品咖啡，一邊借用馬克西姆·高爾基（Maxim Gorky）的名句，隔著玻璃手舞足蹈興高采烈地狂呼：「讓暴風雨來得更猛烈些吧！」但後者呢？也許是渾身哆嗦無比恐懼，祈求上蒼保佑讓這該死的風雨消失無蹤。看看，同樣的一件事情，所處的位置不同，審美情趣不一樣，心境和想法也就不一樣。因此，在討論「怎樣活才算好」之前，必須弄清「活」與「不活」的問題。只有「活」不成為一個問題，才能考慮「怎樣活」，進而探討「才算好」。否則，連生存權也得不到保障，「怎樣活才算好」就成為空談。關於「怎樣活才算好」，實際上是內心感受問題。「怎樣活」並沒有固定的模式，是否覺得「好」要靠心境。

什麼樣的生活，造就什麼樣的人生。過去，你怎麼活，不重要，它已經成為過去；現在，你怎麼活，也不重要，現在也即將過去；將來，你怎麼活？才是最重要的。

正確認識自己，實現人生價值

成功者之所以成功，就在於他培育和發揮了自己的強項，從而實現了人生價值的最大化。一個人首先要正確認識自己的優點和強項。只有對自己的素養、能力、性格、角色、優點、缺點全面準確地認識和掌握，才能找到準確的人生座標和可靠的精神支撐。其次要正確認識自己的缺點和弱項。任何人都有缺點和不足，但往往自己認識不足，只有認識到缺點和不足才能克服它、改進它，不斷修正自己。

不斷提升自己的道德修養。要努力追求「正」。一個人胸中有正氣、做事講公正、對人講正派，才能自己踏實，他人稱讚。要努力追求「善」。善良使人高尚，善良可以征服世道人心。要努力追求「誠」。真正的聰明是誠信，時代呼喚誠信，人皆誠信世風清。要努力追求「實」。忠實對待組織，誠實對待他人，踏實對待事業。另外，要不斷提高自己的處世能力和水準，學會尊重別人。這樣才能贏得別人對自己的尊重，自己的工作和生活環境才會越來越好。要學會換位思考。凡事都要從不同角度，尤其是要從對方角度考慮，這樣才能消除隔閡，和諧共事。要學會寬容。要容得下他人之長、他人之短、他人之過。要懂得謙虛。謙虛不僅可以獲得好人緣，還可獲得外部支持和社會資源。要不斷提高自己的職業素養。人生只靠一腔熱血是不行的，還要有足夠的知識做支撐，並且不斷更新，才能打開人生和事業的新局面。要不斷振奮自己的精神。它必須是向上的、積極的。良好的精神狀態是人生成功的基本前提，否則就將一事無成。

想要正確掌握自己，首先要保持知足心態，克服貪婪心態。錢，夠吃夠喝略有結餘就行；官，根據自己的實際情況，能發揮聰明才智、有用武之地就行。權責是一致的，權大責任就大，權大自由度就小。其次，要保持平衡心態，克服心理失衡。要學會自我心理調節平衡，做到寵辱不驚、淡泊名利，使自己的心理天平盡可能地處在一個水平面上。第三，要保持快樂心態，克服悲觀情緒。凡事要選擇好參考物，才能對周圍事物有一個正確認識，才能從中得到樂趣、體會快樂，才能遠離犯罪、永遠快樂、永遠年輕、健康長壽。同時，還要克服麻木和僥倖心理。要注意慎交友，不能誰的飯都敢吃、誰的禮都敢收，要保持清醒和戒備。凡是人家請你或者送你，都是有求於你，你就要有所思考和防範，切不可放棄原則亂許願、亂做事，否則就會抱憾終生。

洛加尼斯（Gregory Efthimios Louganis）上學的時候很害羞，也不善於講話和閱讀，為此他經常受到同伴的嘲笑和作弄。洛加尼斯感到非常沮喪和懊惱，但他同時也發現自己非常喜歡並且精通舞蹈、雜技、體操和跳水。洛加尼斯知道自己的天賦在運動方面，而不是學習。當認清這些之後，他變得沒那麼自卑了，並開始專注於舞蹈、雜技、體操和跳水方面的訓練，以期脫穎而出，贏得同學們的尊重。沒過多久，由於他的天賦和努力，洛加尼斯開始在各種體育比賽中嶄露頭角。

在上中學時，洛加尼斯發現自己對這麼多的愛好有些力不從心了，因為

無論是舞蹈、雜技、體操、跳水，每一項都需要辛勤的付出，但他不可能有這麼多時間和精力去做這麼多事。

他明白自己只能專注於一個目標，但他不知道要捨棄什麼、選擇哪個。這時，他幸運地遇到了他的恩師喬恩 —— 一位前奧運跳水冠軍。經過對洛加尼斯嚴格的觀察和仔細的詢問後，喬恩得出結論 ：洛加尼斯在跳水方面更有天賦。洛加尼斯在經過與老師的詳細交談和自我省悟後，認為自己的確更喜歡跳水。他認識到以前之所以喜歡舞蹈、雜技、體操，那是因為這些可以使他跳水更得心應手，可以為跳水帶來更多的花樣和技巧。他恍然大悟，於是專心投身於跳水事業之中。

經過長期專業的訓練和不懈的努力，洛加尼斯終於在跳水方面取得了傲人的成就。他 16 歲時就成為美國奧運代表團成員，到 28 歲時就已獲得六個世界冠軍、三枚奧運獎牌、三個世界盃等其他獎項。由於對運動事業的傑出貢獻，洛加尼斯在 1987 年獲得世界最佳運動員的稱號和歐文斯獎，達到了一個運動員榮譽的頂峰。

正確認識自己，是一個人實現自己的人生價值的前提和條件。在有限的時間裡，選擇最適合自己的事情去做，只有這樣，才能揚長避短，發揮自己的所長，且把這種長處發揮到極致，做到與眾不同，創造出令人矚目的成績。

人活著要保持本色，活出個性

你會因為別人而束縛自己嗎？你很在意別人的看法嗎？你總是為別人而裝扮嗎？你會寄賀卡給自己不喜歡的人嗎？在商店裡不買任何東西，你會覺得不好意思嗎？也許我們都曾這樣過，總是照著自己想像中別人的期望去做，害怕別人失望，擔心可能左右為難。因而在不知不覺中，也就放棄了自我。我們應常捫心自問 ：「我應該忠實於自己的意願，還是該滿足別人的期望？」從前，若有人在背後批評自己，我會生氣。而現在呢？我會一笑置之。也許過去曾讓我們懊悔、讓我們消沉的事，時過境遷後回頭再看這些都算不了什麼，因為我已經認識到自己做人的價值。將生活的焦點過度地集中於別人的目光，這是一種非常愚蠢的生活方式。

有個年輕年輕人在訂婚之後，卻發現自己並不愛他的未婚妻。於是在婚禮前夕，他躲了起來。他不喜歡那個女孩，可是他又不願意做一個背信棄義的人，更害怕別人說他欺騙感情，以至於遲遲都不敢公布解除婚約。兩年之後，他還是娶了那個女孩。後來的事實證明，他婚前的判斷是對的。他的妻子揮霍無度，讓他債臺高築，而且她脾氣火爆，動輒就爭吵不休。他在婚前就擔心別人的評價而不願取消婚約，婚後也因為同樣的理由可又無法說服自己提出離婚。他就是美國第十六任總統亞伯拉罕·林肯（Abraham Lincoln）。雖然他有勇氣解放黑奴，但卻無法解放自己。

愛默生（Ralph Waldo Emerson）說：「為什麼我們的幸福要取決於某人頭腦中的想法！希望從別人身上得到快樂，就好比一個乞丐向人乞討，這是非常辛苦的。」如果你發現一樁婚姻、一筆生意，或者一個決定會束縛你，就應該勇敢地去拒絕，人生最大的學問就是：知道什麼時候該答應別人的要求，什麼時候該拒絕別人的要求。切忌被你愚蠢的自尊沖昏頭腦，也不要用心地顧慮別人會怎麼想。

心理學家們認為：「不要」的意義遠比「要」的意義深厚得多。當一個兩歲的嬰兒開始說「不要」的時候，就意味著他已經是獨立的個體了，擁有自己的好惡和選擇。人從小就具有獨立的個人意識，為什麼長大了就不應有自己的個性呢？真實的自我，不是靠世俗的評價堆砌起來的。你必須做自己的主人，滿足自己內在的需求，而非外界的評價。

日本哲學家西田風多郎曾寫過這樣一首耐人尋味的短詩：人是人，我是我；然而，我有我要走的道路。在這首詩裡·這位「西田哲學」的創始者，很明確地指出了我們有選擇自我的自由與權利。我常看到許多人，長期忍受著窒悶的生活，卻不懂得坐下來想想自己到底在做什麼，需要什麼，而只是一味地順著別人的意願，不懂得拒絕自己不想做的任何事情。

＊　　＊　　＊　　＊

有一位剛離婚的病人，她覺得自己沒人愛、被世界遺棄。終日鬱鬱寡歡。朋友安慰她：如果離婚能使你走出婚姻的牢籠，又有什麼不好呢？長久以來，你總是首先考慮別人的需要和期待，而現在卻可以放肆到不管任何人，只考慮自己，可以做真正的自己、獨立的自己，而不是某人的太太。這樣不是也很好嗎？

親愛的朋友，如果你發現一件事情會危及你的根本利益時，就應該勇敢地去拒絕。如果你不能選擇自己所喜歡的生活，輕鬆自在地享受生活，那麼生活對你來說，又有什麼意義？

人是有思想的精靈，如果你認真地做自己認為應該做的事，你就無愧天地。放鬆自己吧，讓自己悠遊於生命之旅。

伊笛絲·阿雷德太太從小就特別敏感而靦腆，她的身體一直很胖，而她的一張臉使她看起來比實際還要胖得多。

伊笛絲有一個很古板的母親，她認為把衣服穿得漂亮是一件很愚蠢的事情。她總是對伊笛絲說：「寬衣好穿，窄衣易破。」她也總照這樣的標準來幫伊笛絲穿衣服。所以，伊笛絲從來不和其他的孩子一起做戶外活動，甚至不上體育課。她非常敏感，覺得自己和其他孩子都「不一樣」，完全不討人喜歡。長大之後，伊笛絲嫁給了一個比她大好幾歲的男人，可是她依舊沒有改變。她丈夫一家人都很好，他們也充滿了熱情和自信。伊笛絲盡自己最大的努力要像他們一樣，可是她做不到。他們為使伊笛絲開朗地做的每一件事情，結果都只是令她退縮到她的保護殼裡。伊笛絲變得緊張不安，她躲開了所有的朋友，甚至害怕聽到門鈴響。伊笛絲覺得自己是一個失敗者，又怕她的丈夫發現這一點，所以每次他們出現在公共場合的時候，她假裝很開心，結果常常事與願違。事後，伊笛絲會為這個難過好幾天。最後不開心到使她覺得再也找不到活下去的理由了，伊笛絲開始想到自殺。

直到有一天，她的婆婆在談及教育她的幾個孩子時說，「不管事情慮麼樣，我總會要求他們保持本色。」婆婆隨口的一句話，改變了伊笛絲的整個生活。

就是這句話，「保持本色！」在那一剎那之間，使伊笛絲醍醐灌頂，幡然醒悟，也就是那一刻，她才發現自己之所以那麼苦惱，就是因為她一直在嘗試讓自己適應一個並不屬於自己的模式。

人活著要無所畏懼，信心讓生命更完美

培根（Francis Bacon）曾經說過一句話：「人生最重要的才能，第一是無所畏懼，第二是無所畏懼，第三還是無所畏懼。」美國作家愛默生說過：「自信是成功的第一祕訣。」

心靈就像是大海上的航標燈（beacon light），當你迷失方向並且失去了指南針的時候，只要看到它，你就知道未來的方向在哪裡。洞察自己的內心，讓我們更加清晰自己的方向，更加明白自己的本質。

「自信是成功的第一祕訣。」在某公司成立之初，曾有半年多的時間沒有接到訂單。那段時間，為節省開支，公司幾個人整日靠吃泡麵度日，同時，一面積極地聯繫業務。經過半年多的努力，終於接到了第一筆訂單，公司的業務從此有了新的起點。當時的情形可以說是非常艱難的，但在那種情況下，也沒有放棄。不放棄，就意味著對自己有信心、對所做的事有信心。

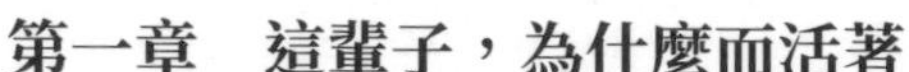

有一位推銷大師曾經說過：「推銷從被拒絕開始。」你不接受拒絕是不可能學會做推銷的。曾經有人做過一個有趣的調查，就是調查美國、日本、韓國、巴西 3 個國家，推銷人員在 30 分鐘的談判過程當中，客戶或潛在客戶說「不」的次數，也就是遭到拒絕的次數結果為：日本人是 2 次，美國人 5 次，韓國人 7 次，巴西人最多，42 次。

傑米是一家鐵路公司的調度人員，他工作認真，做事負責。不過他有一個缺點，就是缺乏自信，對人生很悲觀，常以否定、懷疑的眼光去看世界。

有一天，公司的職員都趕著去給老闆過生日，大家都提早急忙出門地走了。不巧的是，傑米不小心被關在一個待修的冷藏車裡。恐懼之下，尼克在車廂裡拚命地敲打著、喊著，但全公司的人都走光了，根本沒有人聽得到。傑米的手節敲得紅腫，喉嚨叫得沙啞，也沒有人理睬，最後只好頹然地坐地上喘息。他越想越害怕，車廂裡的溫度只有零度，如果再不出去的話，一定會被凍死。

第二天早上，公司的職員陸續來到公司。他們打開車廂門，一眼發現傑米倒在地上。他們將傑米送去急救，但已經無法挽救他的生命了。但是大家都很驚訝，因為冷藏車裡的冷凍開關一直沒有啟動，這巨大的車廂內也有足夠的氧氣，更令人納悶的是，裡面的溫度是十幾度，但傑米竟然被「凍」死了！

傑米並非死於車廂內的「零度」，他是死於心中的冰點。他已給自己判了死刑，又怎麼能夠活得下去呢？

下面的一個故事則給了主人公們不同的結局。

6 名礦工在很深的井下挖礦。突然，礦井坍塌，出口被堵住，礦工們頓時與外界隔絕。

大家你看看我，我看看你，一言不發。憑藉經驗，他們意識到自己面臨的最大問題是缺乏氧氣，如果應對得當，井下的空氣還能維持 3 個多小時，最多 3 個半小時。

外面的人已經知道他們被困了，但發生這麼嚴重的坍塌就意味著必須重新打鑽井才能營救他們。在空氣用完之前他們能獲救嗎？一些有經驗的礦工決定盡一切努力節省氧氣。他們關掉隨身攜帶的照明燈，全部平躺在地上，盡量減少體力消耗。

在大家都默不作聲，四周一片漆黑的情況下，很難估算時間，而且他們當中只有一人戴著手錶。

所有的人都不斷地向這個人提問：過了多長時間了？還有多長時間？現在幾點了？

時間被拉長了，在他們看來，2 分鐘的時間就像 1 個小時一樣，每聽到一次回答，他們就感到更加絕望。他們當中有人發現，如果再這樣焦慮下去，他們的呼吸會更急促，這樣會要了大家的命。所以，他提議由戴錶的人來掌握時間，每半小時通報一次，其他人一律不許再提問。

大家遵守了約定。當第一個半小時過去的時候，這人就說：「過了半小時了。」大家都喃喃低語著，空氣中彌漫著一股愁雲慘霧。

戴錶的人發現，隨著時間慢慢過去，通知大家最後期限的臨近也越來越艱難。於是他決定不讓大家死得那麼痛苦，他在告訴大家第二個半小時到來的時候，其實已經又過了 45 分鐘。誰也沒有注意到有什麼問題。大家都相信他。在第一次說謊成功後，第三次通報時間就延長到了一個小時以後。他說：「又半個小時過去了。」另外 5 人各自都在心裡計算著自己還剩下多少時間。

錶針繼續走著，每過一小時大家都收到一次時間通報。外面的人加快了營救速度，他們知道了被困礦工所處的位置，但是他們很難在 4 個小時之內救出被困礦工。

4 個半小時到了，最可能發生的情況是找到 6 名礦工的屍體。但他們發現其中 5 人還活著，只有一個人窒息而死，他就是那個戴錶的人。因為他清晰地知道時間走過了多少，找不到存活下去的信心。

一位畫家把自己的一幅作品送到畫廊裡展出，他別具心裁地在旁邊放了一枝筆，並附言：「觀賞者如果認為這畫有欠佳之處，請在畫上作上記號。」結果畫面上標滿了記號，幾乎沒有一處不被指責。過了幾日，這位畫家又畫一張同樣的畫拿去展出，不過這次附言與上次不同，他請人們觀賞後將他們最為欣賞的部分都標上記號。當他再次取回畫時，看到畫面又被塗滿了記號，原先被指責的地方，卻都換上了讚美的標記。

世界上每個人看事情的角度是不一樣的，所以絕不要企求得到每一個人的讚揚。這個畫家的事蹟，就是很好的詮釋。如果畫家在受到指責之後，沮喪不已，認為自己不行，他可能就從此消沉下去，沒有信心再繼續從事美術創作了。正如這樣一句話：「有自信心的人，可以化渺小為偉大，化平庸為神奇。」

人活著要靠奮鬥去創造人生的價值

在當今商業化的社會裡，是沒有公平可言的。當你在埋怨自己太平凡，沒有遇到好機會，當你抱怨生意難做，哀嘆傷心的時候，也許有人正在賺進大把鈔票。這裡的差別就在於：你認為一加一應該等於二，而有人卻認為一加一永遠大於二。

常言說：人生在世，吃穿二字。試問你靠什麼享受？

富人為什麼會富起來呢？富人先富起來的，正是他的心態。富人在骨子裡就深信自己生下來不是要做窮人，而是要做富人的。他們有著強烈的拚搏意識，他們會想盡一切辦法讓自己富有起來。他們的口號是，錢不是省出來的，而是賺出來的。

走在在大街上，你常見無數的賓士、BMW、奧迪飛駛而過，你知道眾多的人住上了大樓，買了公寓，搬進了別墅。想想同樣是人，別人去豪華的大飯店，而自己只能去普通的餐館，一般的娛樂場所。別人買幾十萬元的家具，而自己買什麼都要去精心計畫，省吃儉用。

為什麼別人能買的東西，自己卻不能買呢？為什麼別人能有高級的待遇，自己卻只能辛酸克難呢？認真想想，難道不感到窩心嗎，同樣做人為什麼就要比別人差？所以做人一定要有目標，要有志向，要拼命地學習和工作，絕不能甘於落後。

既然都是人，我們就不能自己看不起自己。我們只要為自己找對一個目標，尋到一個方向，努力拚搏，奮力實現自身的價值。做人就要做強者，永遠不要說自己比別人差。

人活在世上，你永遠不能忘記欣賞自己，抹掉自卑。其實，你不必在欣賞別人的時候，一切都好 ；在審視自己的時候，就什麼都不及。要知道，你和別人一樣，你也是一道風景，同樣擁有陽光，有空氣。

你不必總是欣賞別人，忘卻自己，時而地欣賞一下自己吧，你會發現，天空給予你的一樣高遠，大地給予你的一樣廣闊，自己比別人一點也不差。你甚至是別人未曾見過的一株春草，是秋天的參天果樹。

「這個世界上人人都是公平的，要知道地上長的是錢，身邊飄的是錢，天上掉的是錢，只是看你會不會把握罷了。」這句話說得很好，很有啟發。它所說的錢泛指成功。它的意思是說世界上成功的機會比比皆是，只是看你是不是善於運用智慧，把握機會，實現你的人生目標。

人，應該怎樣精彩的活著呢，那就是要相信自己，挑戰極限，勇於拚搏，活出屬於自己的天地！

人，活著就要有目標，有了日標就要努力奮鬥，只有努力奮鬥，只有自己去拚搏，才能創造自己人生的價值，相信自己，只要努力奮鬥，有目的的、高效率的奮鬥，從哪裡跌倒從哪裡爬起，那麼成功一定不會太遙遠，到那時，你也許就會對「人，活著為了什麼？」有了更深的理解。

人這一輩子，總難免有幾番浮沉，沒有平坦的路途，也不會永遠如旭日東昇，也不會永遠窮酸潦倒。幾許的一浮一沉，對於一個人來說，正是磨練，否則，我們的人生軌跡豈能美好？而如果我們能保持一種健康向上的積極心態，即使我們身處逆境、四面楚歌，也一定會有「柳暗花明」的那一天。曾經有兩個囚犯，從獄中望眼窗外，一個看到的是滿目泥土，一個看到的是萬點星光。面對同樣的際遇，前者持一種悲觀失望的灰色心態，看到的自然是滿目蒼涼、了無生機；而後者持一種積極樂觀的積極心態，看到的自然是星光點點、光明亮麗。

人活著不容易：「人生一世，草木一秋，花有重開日，人無再少年」「一寸光陰一寸金，寸金難買寸光陰」都說明我們在走向死亡。人不能碌碌無為地度過這一生，雖然人都很平凡，但是我們有了目標，有了奮鬥地方向，認識到生命的價值要靠我們自己去創造，我們還會擔心我們大家作為一個平凡的人，站在同樣平凡的職位上，做不出不平凡的業績來嗎？

不同的心態就會造就不同的命運。人生在世，困難、挫折不可避免，關鍵看你怎麼去對待，是想勇往直前地戰勝它，還是甘願忍受它的擺布。

在馬德里的監獄裡，塞凡提斯（Miguel de Cervantes Saavedra）寫成了著名的《唐吉訶德》（*Don Quixote*），那時他窮困潦倒，甚至連稿紙也無力購買，只能拿小塊的皮革當作紙寫。

有人勸一位富裕的西班牙人來資助他，可是那位富翁答道：「上帝禁止我去接濟他的生活，因為他的貧窮才使世界富有。」

在那個時代，監獄往往能喚起許多高貴人士心中沉睡著的火焰。《魯賓遜漂流記》（*Robinson Crusoe*）一書也是寫在牢獄中的。華特·雷利爵士（Sir Walter Raleigh）那著名的《世界史》（*The History of the World*），也是在他被困監獄的 13 年當中完成的。

在第二次世界大戰期間，有位猶太裔心理學家被關押在納粹集中營裡，受盡了折磨。父母、妻子和兄弟都死於納粹之手，唯一存活下來的親人是他的一個妹妹。而當時，他本人常常遭受嚴刑拷打，死亡之神隨時都會青睞他。

有一天，他在赤身獨處囚室時，忽然悟出了一個道理：就客觀環境而言，我受制於人，沒有任何自由；可是，我的自我意識是獨立存在的，我可以自由地決定外界刺激對自己的影響程度。後來他發現，在外界刺激和自己的反應之間，他完全有選擇如何做出反應的自由的能力。

但丁（Dante Alighieri）被宣判死刑，在他被放逐的20年中，他仍然孜孜不倦地在那裡工作；馬丁·路德（Martin Luther）被監禁在華脫堡堡壘的時候，把聖經譯成了德文；班揚甚至說：「如果可能的話，我寧願祈禱更多的苦難降臨到我的身上。」約瑟嘗盡了地坑和暗牢的痛苦，終於當上了埃及的宰相。

人生需要利劍，也需要鈍斧，因為利劍具有大衝鋒陷陣的勇氣，鈍斧卻是面臨人生中的挫折時，能夠不急不躁的知足與適度。在生活中若能兩者兼具，就能具有百折不撓的毅力，以及視磨難與困境為人生常態的平和，唯有如此，我們才能真正感到身心的安頓與和諧。經歷過苦難磨練的人，越為環境所迫，反而越加奮勇，不顫慄、不退縮，終將會取得人生的輝煌。

學會享受生活，活著就要珍愛生命

把自己的心態放對，用一顆平常的心態，去體會人生，享受人生，去迎接大自然對人生的挑戰，深刻認識到酸甜苦辣乃是人生的真諦，興衰榮辱即是自然界賦予人類永不衰敗的交響曲。

怎麼去詮釋人生呢，人生是一首歌，是一場戲，是一壺陳年老酒……每個人都應學會享受生活，輕鬆而快樂地度過每一天。

每個人都是有本質差別的。不管你承認還是不承認，對於有些東西只能無限接近，而永遠也無法超越。所以，從現在開始學會享受生活吧。對於一杯清茶來說，並不比一杯咖啡遜色，伴著愛人散步並不比坐「BMW」兜風缺乏情趣，全家團聚喝著稀飯的那種境界並不比讓情人陪著坐在音樂廳的茫然心情更讓人感到真實。

只要學會享受生活，才能做到更加珍惜生活，從而，激發你創造生活，生活才會有奇蹟出現。

「上天為我關一道門，也會為我打開另一扇窗，就因為上天對我開了個小玩笑，使我領悟，人生不會永遠風平浪靜，但每個人都會有屬於自己的幸福。」這是臺北市全盲生陳盈君，在作文「最長的路」中的一段樂觀告白，展現了不被命運打敗的堅毅性格，也成就了太陽之女的風範。

陳盈君是景美女中 1962 年創校以來，首位入學的全盲生，校長陳富貴曾建議她到身心障礙教育設備師資豐富的市立松山高中就讀，但陳盈君堅持與正常學生一起上課，她克服了眼盲及一耳失聰的障礙。除了功課進度從不落後，下水游泳宛如美人魚，憑感覺打羽球，更熱中參加社團活動，連直排輪社都準備去嘗試。外貌清秀的陳盈君，坐在課堂裡，完全看不出是全盲生，只有走路時要靠柱手拄，才讓人驚訝所發現的事實。

陳盈君在國小六年級時，因為腦膜炎（meningitis），兩眼視力全失，同時喪失了左耳的聽力，經過半年特殊的訓練，她進入古亭國中就讀，與正常學生一同上課，她在班上維持前十名，畢業時並未透過身心障礙特殊升學管道，而是憑著實力以自學班學生身分接受分發，成為景美女中的新生。

從明眼人驟然變成全盲生，她走過艱辛的適應過程，憶及國小畢業那年暑假，特教老師帶她到古亭國中定位，她卻一天到晚撞牆，一不留神就踩空，明眼人幾天就熟悉的校園，她卻花了兩個月才通行無礙，但是，她沒有怨恨，因為，此時心中早已脫離了自怨自艾的情緒。

常常聽新聞的她，時常關心社會脈動，她隨時準備好，希望有一天能夠恢復正常人的生活，從不把自己當盲人看的她，最喜歡玩雲霄飛車，她的感覺是：「有強烈的風速從臉龐掃過，大聲叫出來的瞬間，像是超越自我，也發現自己無限的潛能。」

她在黑暗的人生中，活出了自己生命的光亮。

一個樵夫上山去砍柴，看見一個人正躺在樹下乘涼。樵夫忍不住問那人：「你怎麼躺在這裡，為什麼不去砍柴呢？」

那人不解地問：「為什麼是砍柴呢？」

樵夫說：「砍來的柴可以賣錢呀！」

那人又問：「賣了錢又做什麼用呢？」

樵夫滿懷憧憬地說：「有了錢就可以享受生活了。」

那人聽後笑了，說：「那你認為我此刻在做什麼？」

「生活在此刻」，活在當下，就是享受你正在做的。必須擺脫對「下一刻」的迷戀和幻想，它們大多數都不切實際，雖然有些最終會得到，但卻會剝奪了我們此刻的生活。

學會欣賞萬事萬物。不要一邊吃飯一邊想著工作中的事，不要一邊工作又一邊擔心下班後要做的事。

我們要為每一天的日出感到欣喜。

我們要為自己所從事的工作帶來的樂趣而高興。

我們要分享與家人、朋友相處時的甜蜜。

我們要學會與自然和諧共處，去聆聽風雨之聲，去仰望璀璨的星空，與無窮的自然生命力相合一。

我們將不在生活的表層游移，而是深入進去，聆聽生活最美的「樂章」，讓生活變得更加生動、更加富有魅力。

昨天是一張過期的支票，明天是一筆尚不能取出的存款，唯有今天才是擺在你面前的現金。享受此刻吧！活著的人，要記住，生命是美麗的，美麗總是短暫的。緊緊抓住它吧！今天對於我們來說，只有一次！過好每一個今天，昨天既然已成往事，又何必太費心機。把握住今天，忙碌於今天，你就無暇顧及昨天。好好珍惜，享受你的當下。

享受陽光，才會擁有幸福的生活

生命裡有著太多的承受不起的陰影，如果一味的沉溺於苦痛中，就將失去生命原本的色彩。在生命停泊的港灣，讓我們一起邀請陽光走進來，尋找屬於自己的陽光。

享受富貴帶來的安逸 ；享受苦難給予我們的磨練 ；享受失敗贈與我們的成長 ；享受成功給予我們的的喜悅。享受內心的柔軟，享受幸福的溫馨，享受溫情的感動，享受藝術的魅力。總之，人的一生隨時都可以當做是享受的一生，只要你懂得如何去享受。

然而享受不是意味著享樂。享受重在精神上的舒展和愉悅，人格上的昇華，體會人性的美麗與高貴，體察世間的疾苦與憂傷，把自己內心最美麗，最柔軟的一面呈現出來。而享樂重在物質，沒有物質作陪襯，快樂之源便會消失。這種快樂帶有極強的功力性，是一種狹隘的快樂，一種以傷害他人自尊來達到自己的虛榮的快樂。實質它已脫離了快樂的本質，不是真正的快樂。

一句關愛的話語，一首動人的音樂，一篇感人的文章，一處美麗的景觀，一個溫情的真實流露……都會引起我們內心的共鳴，讓溫情在瞬間衝破世俗的觀念流淌在我們身上。

要懂得享受生活，你必須擁有一顆敬畏生命、自然的心，體察世間的歡樂與憂傷，充實你的內心。

要懂得享受生活，你要有一顆動人愛心，給予他人尊重，施與他人幫助，讓他們感受到心靈的溫暖。

要懂得享受生活，人要有自信，樂觀的人生觀，把苦難踩在腳下，把煩惱拋在腦後，去迎接燦爛的明天。

幸福的感覺其實只是一種選擇，一個人如果能夠學會選擇幸福，則人生處處充滿微笑，也才能活出生命的光彩

懂得享受生活的人往往給人以一種欣欣向上，朝氣蓬勃之感，為人豁達，樂觀。不懂得享受生活的人總在痛苦邊緣上徘徊，走不出自卑的泥淖。

懂得享受生活的人總是會設身處地替別人著想，不懂得享受生活的人只會自私地為自己著想。

懂得享受生活的人心胸開闊，心地善良，擁有一個堅定的信念。而只會享樂的人總是在紙醉金迷裡沉淪，在誘惑的漩渦裡迷失自我。

秋天的陽光明媚燦爛，一個女孩卻坐在馬路邊抱頭痛哭。行人匆匆，素不相識的人們很快就把那絕望的哭聲飄在身後。看不清她的臉龐，只看到她消瘦的背影，那消瘦的背影伴隨著她的哭聲在不停地顫抖。

一位老者蹲下身，挨著她坐下，「為什麼哭？遇到怎樣不順心的事情？」

她不講話，仍然在哭，哭得那麼傷心。「想開些，無論遇到什麼不痛快的事，都要想開些，天掉下來有地接著……」老先生的語氣是真誠的，和善的。

「我活著太沒意思了，我想想就懊悔……我懷孕的時候，他打我，他把我從樓梯上面往下推……」她斷斷續續地訴說著，抬起頭來瞥了老者一眼，依舊低下頭繼續哭，她的眼睛又大又黑，如果把臉頰與脖子上的灰塵洗乾淨了，應當是個很漂亮的女人，也是個年輕的女人。

「哭有什麼用？你的丈夫，忍心看你一個人在這裡哭，說明他根本沒有把你放在心裡，你越哭，他越會覺得你沒本事，你可以回家好好跟他談談，讓他改邪歸正。如果改了，好，日子繼續過下去，如果不改，那麼離婚！」

「孩子才剛剛三歲，離婚的話……」女人依然低著頭繼續哭。

「你應該為孩子活著，但更應該為自己活著。別哭了，回去把臉洗乾淨，把頭髮梳理整齊，把身上這套黑衣服換成亮色的。該吃飯的時候吃飯，該照顧孩子就照顧孩子，做好該做的事情。別只知道哭，哭是無能的表現。」驚天動地的哭聲漸漸地變成了輕輕的啜泣。

「你的嗓子都哭啞了，你喝點水吧，我們都該回家了。」老者將手中的礦泉水放在她的身邊，她抬起頭望了老者一眼，目光裡蘊含著感激與信任。

望著她漸漸遠去消失的背影，老者的心情久久不得平靜。他想起一個荒謬的笑話，講得是一個失戀的青年到酒吧借酒澆愁，恰巧遇到一個落魄潦倒的醉漢，他喝了吐，吐了接著喝，青年便忍不住問他生活中到底遭到了什麼不幸，值得這樣糟蹋自己。「我太不幸了，」醉漢答道，「我前後娶過三個老婆，前兩任都不幸暴斃，現在這一個，昨天都還好好的，此時卻躺在醫院昏迷不醒了。」青年無解地看著醉漢問 :「好好的為什麼忽然昏迷不醒了呢？」，「因為她不肯像前兩個那樣乖乖地吃下毒藥，所以我一時受不了，便按著她的頭去撞牆，結果撞暈了她。」青年說道。

愛是一種幸福的信仰，幸福的感覺其實只是一種選擇，每個人都有自己的幸福期許，但是懂得擁有幸福後，享受知足的富足人生之樂的人卻是寥寥無幾。一個人如果能夠學會選擇幸福，享受幸福的樂趣，則人生處處添生機；很多人感覺不幸，其實都是自己的心態所致，上帝對每個人都是公平的。在困難面前，只有勇往直前，接受洗禮，仰起頭來凝望藍天，享受陽光，才會擁有幸福的生活，未來也會因此變得更加美好。

第二章　這輩子，向命運宣戰

人活一世，要有希望。有了希望，就能掌握自己的命運，開始新的人生。世人都認為，人的命，天註定。我們無法輕易改變，無論禍與福，我們都要認命。他們可曾想到，我們的命運掌握在自己手中，只要我們有正確的理想，堅定的信念，那我們就可以改變命運。

人生的過程就是向命運挑戰的過程，一個勇於向命運挑戰的人，無論遇到什麼挫折，都堅持不懈，始終如一的努力奮鬥，不達目的誓不甘休。這種勇於向命運挑戰的精神是取得一切成功的關鍵。如果我們有了如此崇高的精神，還有什麼困難能阻攔我們呢？在日常的生活中，很多人有毅力，不怕失敗，總能克服一切困難，最終取得不俗的成就，成就了輝煌的人生。

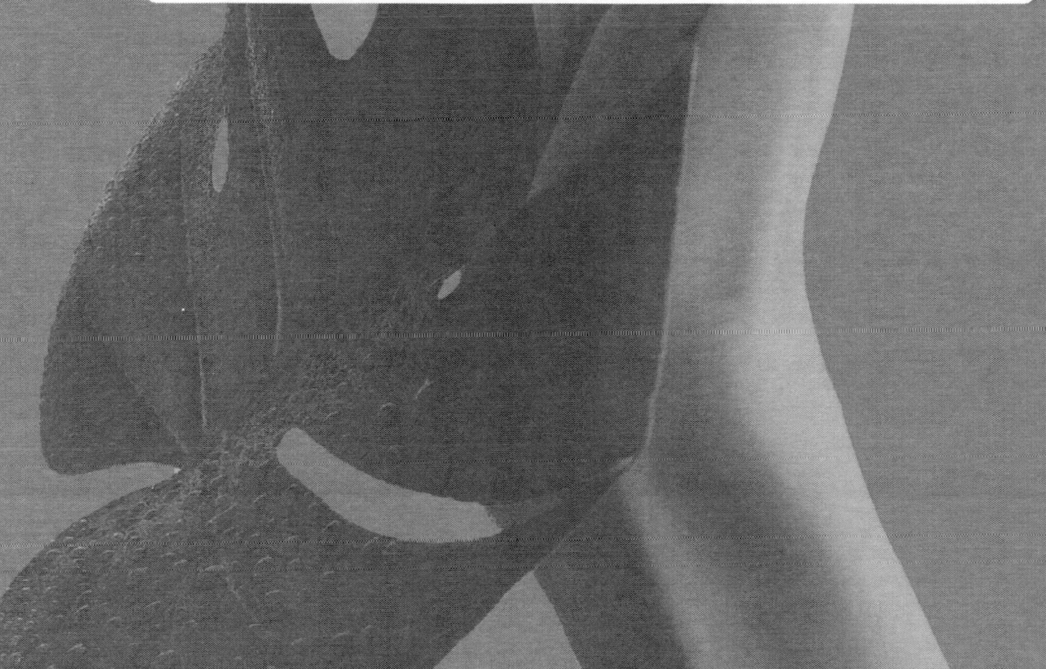

你相信命運嗎

人生在世，真的有天命主宰萬物嗎？幾千年來，關於命運的話題，人們談論不休，關於命運的爭論也從未休止過。為什麼有人天生「富二代」，事事坐享其成，而有人卻是「貧二代」，苦熬一生，也不得出路。有人健康聰慧，一生與陽光為伴；有人卻身有殘疾，終身被病痛捆綁。命運為何如此不公？

其實，換個角度想，這天生的「命運」真的能決定人一生嗎？我們應該相信，自己才是所有規則的主宰，命運是掌握在人們手裡的。只要心中有堅定的目標，我們便能主宰自己未來的命運！

馬諾哈爾（Manohar Devadoss）和娜赫瑪（Mahema Devadoss）是人人羨慕的幸福夫妻。他們有著共同的愛好，作為一代天才科學家的馬諾哈爾和一名老師的娜赫瑪都喜歡作畫，並且造詣頗深。事業穩定以後，他們經常環遊世界，交朋友、品美食、賞奇景，一家三口其樂融融，享受著生活的美好。

而就在旅遊途中，一場車禍改變了原本近乎完美的一切。

娜赫瑪受了重傷，雖然經過搶救性命保住，但是肩部以下終生癱瘓。她不得不服用很多對身體其他器官尤其是大腦有損傷的藥物，同時忍受著褥瘡、病變和身體痙攣的折磨。身體的每況愈下，讓她 24 小時都需要人的照顧。

福無雙至，禍不單行，就在照顧娜赫瑪的時候，同樣從車禍撿回性命的馬諾哈爾，視力開始變壞，他罹患了視網膜色素變性，這種病會讓人的視力會逐漸衰退，最讓家庭絕望的是對著這種病人類還沒有找到治療的方法。

生活的陰霾籠罩著這個曾經幸福的家庭，夫妻雙雙重病，小女兒稚齡需要照顧。但是，上帝為你關上門的同時，他會同時打開一扇窗。而娜赫瑪家的窗子不是上帝打開的，而是他們自己用超乎常人的毅力自己撐起來的。

娜赫瑪、馬諾哈爾夫婦消沉了一段時間之後，並沒有自暴自棄，夫妻二人十指相扣、無聲地交流著，在對方眼中找到了堅定和不屈，就這樣他們不離不棄，相互扶持，打開了通往新生活的大門。

三十年如一日，馬諾哈爾親力親為，心甘情願地做妻子的看護和「保姆」。從生活中的每個細節甚至把她從汽車裡抬出來時輪椅應該傾斜的角度，他都知道得一清二楚。他經常開玩笑著說，自己是應該拿「巧手」獎，因為在他看不到臺階、甚至看不到輪椅，完全憑感覺的情況下，可以推輪椅上樓梯，他為自己的絕活感到自豪。

娜赫瑪也沒有停下來享受丈夫的特殊待遇，她在家裡為學生開設了英語口語課，並編寫兒童讀物。她參加了好幾個婦女組織，並為數家慈善公司籌款。她不間斷地接受治療，身體機能在她頑強的毅力下逐漸有所恢復，她甚至漸漸學會了用肩膀肌肉寫字。

後來，馬諾哈爾出版了自己的第一本書《綠泉年華》（*Green Well Years*），書中，他用深情而質樸的文字地記錄了在自己眼中色彩紛呈的歲月。

書中最震撼人心的是其中一幅精緻的鋼筆插圖。這幅圖片是他自己所畫。他沒有對顏色的感知能力，而且視力也近乎為零，只能看到常人透過針孔看到的一點微弱的東西。為了完成這幅作品，工作時，他用特殊的眼藥水來擴大瞳孔，使用超強的光線和特殊的放大鏡，戴著手套，因為強光會使他出汗，汗水滴下會髒了畫面。就這樣，他靠著嫻熟的技巧、精準的記憶力和遠遠超出常人的毅力，完美地完成了這幅蘊含深厚意境的畫。

現在，他們每年都一起製作明信片。娜赫瑪負責寫文字，馬諾哈爾負責繪圖，她為他畫的雕塑、街道或者自然景色作注解。他們把出售明信片的收入所得全部捐獻給了慈善機構。

就這樣，在別人眼裡暗淡無光的生命中，他們沒有屈服命運，而是盡心盡力的享受生活賜予的點滴。他們一同感受雨雪風霜、享受清風陽光，作畫、聽音樂、吃美食、招待朋友，享受與命運抗爭所帶來的愜意溫馨。

馬諾哈爾夫婦就用實際行動向我們展示了一種力量——不接屈服於命運。

人類的感情並非外表看起來那樣的堅強，面對突如其來的厄運時，人們會徬徨、痛苦甚至怨天尤人。但是這些都不能壓抑我們對命運叛逆的心，面對命運的不公，我們會反抗，拒絕甚至揮拳相向。因此，面對不公平命運的時候要保持著一種生命的張力，接受命運的同時並不屈服命運的束縛，更不要漫不經心和消極墮落。接受和不屈服是一種是結合了大度和堅強的力量，把已經擁有的疼痛和無奈暫時擱置，關心自己力所能及的事，讓自己遠離懊悔和仇恨，靜下心來享受和珍視現在擁有的和生命賦予的其他光彩。在苦難面前，如果能淡定從容，以一種韌性來戰勝它，那麼，就會發現生命的另一種色彩。

鳥靠著自己的羽翼飛翔，魚靠著自己的鰭在游泳，雖然牠們明知會遭遇許多困難，仍能從奮鬥中，感受到生命的存在。活著就是為了活得精彩，活得有意義有價值，這是一種不屈的精神，是一顆熱愛生活的心。活得精彩，不是因為命運強加給了自己什麼，而是我們的內心如何面對命運。用堅定信念和熱情築起來的心靈大廈，是不會被所謂的命運束縛，掙脫枷鎖，直沖雲霄，驕傲的活著，才是我們應該有的態度。

什麼樣的選擇，什麼樣的命運

人的一生努力很重要，但選擇更關鍵。正確的選擇是造就成功的基礎。有什麼樣的選擇就有什麼樣的命運，有什麼樣的選擇就有什麼樣的生活。今天的生活是由三年前我們的選擇決定的，而今天我們的抉擇又將決定著我們三年後的生活。人生的道路是由一連串選擇組成的。每一種選擇都帶著快樂和痛苦。快樂是一種營養，痛苦是比快樂更豐盛的營養，它們共同滋補著人生，讓生命迸發出無限活力和蓬勃生機。

有一位父親，在他很小的時候父母就去世了，他成了一名孤兒，流浪街頭，孤苦伶仃，一無所有，受盡磨難。最後終於創下了一份不菲的家業，而他自己也已經到了人生暮年，該考慮辭世後的家業安排了。他膝下有兩子，風華正茂，一樣的聰明，一樣的踏實能幹。幾乎所有的人，都認為應該把財產公平地一分為二，平分給兩個兒子。但是，在最後一刻，他改變了主意。他把兩個兒子叫到了床前，從枕頭底下拿出一把鑰匙，抬起頭，緩緩地說道：「我一生所賺得財富，都鎖在這把鑰匙能打開的箱子裡。可是現在，我只能把這把鑰匙給你們兄弟二人中的一個。」

兄弟倆十分詫異，幾乎異口同聲地問道：「為什麼？這太殘忍了！」

「是，是有些殘忍，但這是最好的辦法。」父親停了一下，又繼續說道：「現在，我讓你們自己選擇。選擇這把鑰匙的人，必須承擔起相對的責任，按照我的意願和方式，去經營和管理這些財富。拒絕這把鑰匙的人，不必承擔這些責任，生命完全屬於你自己，你可以自由地按照自己的意願和方式，去賺取世界的財富。」

兄弟倆聽完，心裡開始有了動搖。接過這把鑰匙，可以保證一生沒有苦難、沒有風險，但也因此而被束縛，走一條事先被鋪設好的路。拒絕呢，畢竟箱子裡的財富是有限的，外面的世界更精彩，但是那樣的人生又風雨變幻，前途未卜。

父親早知兄弟倆的心思，他微微一笑：「不錯，每一種選擇都不是最好，有快樂，也有痛苦，這就是人生，你不可能把快樂集中，把痛苦消散。最重要的是要了解自己，你想要的是什麼？要過程，還是要結果？」兄弟倆豁然開朗。哥哥說：「弟弟我要這把鑰匙，如果你同意的話。」弟弟微笑著對哥哥說：「當然可以，但是你必須答應我，認真的管理父親的基業。如果你答應我的話，我就可以放心去闖蕩了。」二人權衡利弊，最終各取所需。

這樣的結局，與父親事先的預料不謀而合，因為這時候最了解兒子的莫過於看著他們長大的父親。

二十多年過去了，哥哥雖生活舒適安逸，但是並沒有沉淪，把家業管理得井井有條，性格也變得越來越溫和儒雅，特別是到了人生暮年，與辭世的父親越來越像。弟弟生活艱辛動盪，幾多跌宕，受盡磨難，性格變得剛毅果斷。與二十年前相比，相差很大，兄弟倆的經歷、境遇迥然不同。最苦最難的時候，他也曾後悔過、怨恨過，但是已經選擇了，就沒有退路，只能勇往直前，堅定不移的走下去。經歷了人生的起伏跌宕，他最終打造了一份屬於自己的事業。這個時候，他才真正理解了父親的初衷，並不由地深深感謝父親。

靜芬的辭職創業經歷也許能給人們一些思考。

靜芬是典型的八年級，上大學，找工作。大學畢業後，她進了一家新竹的小公司做祕書。一個月 4 萬元左右，對於個剛走出校門的大學生來說，算是不錯的待遇了。可是僅僅三個月後，她覺得這種祕書工作不適合她。她很有想法，她總有一股自己做主的衝勁。她隱隱覺得，這不是普遍的年輕人的衝勁，也許是另一個自己。

祕書工作，枯燥乏味，而且面容姣好的芯君時常得到老闆的「青睞」，頻頻騷擾讓她手足無措。但是 4 萬薪資，高於常人許多的薪資讓她舉棋不定。但是，如果停在原地，就要忍受老闆的持續騷擾，忍受居於人下的難堪。而辭職創業，又是一片未知，而這片未知將是色彩斑斕，還是黯然慘澹則在於自己的打拚。我的未來我做主，靜芬毅然選擇辭職離開，自己創業。

在此之前，靜芬為自己的網路商店構建了一個「藍圖」。她本身就年輕，時尚，對女孩子時尚穿衣打扮很在行，如果自己開家店，則要發揮這個優勢。選擇開網路商店，是因為網路開店沒有實體店那麼大的風險，況且投入也不大，值得一試。而且，隨著網購的流行，網路商店前景看好。

一個月後，下定決心的靜芬遞交了辭職書。

靜芬靠著自己的直覺發現 :「自己開網路商店。如果商品太大眾化，肯定不會吸引更多的消費者。而且商品價格不能走高端，款式也要獨特，這樣才能在網路商店上立足。」

經過一番打探，靜芬最後把目標鎖定在了「哈韓服裝」。目標確定了，她開始了自己的網路商店創業路。

她靠著自己攢下來的錢和父母的資助，開始了第一批服裝進貨。她去進貨，連繫一些韓國品牌，做代理。前期五十萬元投入後，她有了自己的第一批儲備。她把代理的衣服、鞋帽、韓國飾品、化妝品統統拍照傳上網路。

但是，意料之外的，生意卻很冷淡。有時一連幾天都無人問津，一個月下來，只有幾千塊的收入。但是她並沒有氣餒，而是漸漸地意識到，開網路商店與買家溝通的橋梁就是文字。她查看了評價，很多都是因為回覆太慢，溝通太少而給的普通評價。而且，根據自己的購物經驗，上傳的圖片設計也很影響客人的購物興趣。靜芬開始在這個方面下足功夫，練習自己的打字速度，學習拍攝及美編技術。

一年的累積和打拚，生意不斷進門的靜芬嘗到了自己做老闆的滋味。她的店鋪靠著商品多、價合理、信譽高的優勢，逐漸做大，進入了穩定期。她也華麗變身成了年薪百萬的小老闆。

她坦言，辭職創業之初沒想過自己的網路商店可以有現在的成績，這與買家朋友們的合理建議和自己的辛苦付出是分不開的。但是追本溯源，這與她當初的選擇更有直接的關係。如果沒有選擇辭職，也許一年後的今天，她還是在小公司裡蠅營狗苟，應付上司。後來的辛苦固然是成功的根本，但是最要感謝的還是自己當初不悔的選擇。

用選擇來改變自己的命運。其實選擇是來自於內心的一種力量。當你有

自信、有能力創造另一片天空時，就要給自己一個機會，未來的路很寬，機會很多，不要停留在眼前的小天地。

一個活得很精彩的人，總是能夠在生活中自由自在的揮灑，勇於選擇和承擔生命的責任，不受塵世的約束卻又深情細緻；在任性與認真之間，不管是守著邊緣或主流的位置，都能在飄泊移動的生命中，體悟人生。

選擇一個積極的方式迎接命運的挑戰

「逆水行舟，不進則退。」我們必須以積極的方式和態度去迎接命運的挑戰。正如《誰搬走了我的乳酪？》所講的那樣，舒適區就像你手中的乳酪，變化就像拿走你乳酪的人。很多人害怕變化，總是拼命維持現狀，甚至當環境已經改變後，仍然不願意去面對。但是，如果你不懂得主動地適應變化，你的乳酪——舒適區只會變得越來越小。

如果有一天，你原來的乳酪不見了，你沒有了舒適區，怎麼辦？是像兩隻小老鼠嗅嗅和匆匆那樣，立刻開始尋找新的乳酪？還是像哼哼和哈哈那樣，留在原地，被失去乳酪的痛苦感、挫折感和飢餓感困擾？

假如你選擇立刻啟程，你會像嗅嗅和匆匆那樣，雖然重新經歷了一番辛苦，但卻找到了新的乳酪站，也就是新的舒適區。假如你像哼哼和哈哈那樣自怨自艾，你不但不會擁有新的舒適區，原有的舒適區也會漸漸消失——因為乳酪在一天天減少，而飢餓感卻在一天天增加。

積極的態度和行動是對抗外界環境的法寶。

在動物世界裡，有一種動物名叫皇蛾（Atlas moth），牠能獲得這樣的美名絕不是僅僅因為那十幾公分長的翅膀，而是在於牠破繭而出的強大生命力。要知道，對於一個體型龐大的皇蛾來說，要從那一個洞口極其狹小的繭中鑽出要比其他的飛蛾都要困難，但只有破繭而出才能獲得新的生命，否則人為地將洞口拉大，只會讓牠們成為生命的犧牲品。面對「鬼門關」一樣的繭，皇蛾突破了，牠們獲得了飛翔的翅膀，受到了生命的洗禮。

在如今的社會中，依然有很大一部分的人群依靠父母當啃老族活在世上。他們衣食無憂，享受世間極樂，卻只是溫室裡的花朵，碌碌無為，讓美好的年華悄悄地流逝。

勇於接受生活裡的每一次挑戰，讓自己擁有一顆堅強勇敢的心；
勇於接受生活裡的每一次挑戰，讓自己獲得堅毅不屈的意志；
勇於接受生活裡的每一次挑戰，讓自己無愧於心，獲得成功帶給您的喜悅。

既然逆境和苦難是無法避免的事實，無論我們喜不喜歡，它都會降臨在我們身上，所以不安、憤怒甚至抗拒的心態，都只會成為阻擋我們前進的障礙。

因此，當挑戰來臨時，我們應該轉變自己的心態，以積極樂觀的姿態去面對，並主動採取新的措施去順應變化後的世界。當我們「放下自我」，勇敢地邁向自己不安全的未知領域，才能有機會開拓一片嶄新的天地！

美國加州大學有位剛剛大學畢業的年輕人，在一年的冬季大徵兵中，他被選中後將到最艱苦最危險的海軍陸戰隊去服役。年輕人自從獲悉自己被海軍陸戰隊選中的消息後，便開始憂心忡忡。在加州大學任教的祖父看到孫子一副坐立不安的樣子，便開導他說：「孩子啊，你沒什麼可擔心的。到了海軍陸戰隊你將有兩個結果，一個是留在內勤部門，一個是分配到外勤部門。如果你分配到內勤部門，就完全用不著去擔心受怕了。」

年輕人依然不安的問爺爺：「那我要是被分到外勤部門呢？」爺爺說：「那同樣有兩個結果，一個是留在美國本土，另一個是分配到國外的軍事基地。如果分到美國本土，那又有什麼好擔心的呢？」「那麼，要是被分到國外的軍事基地呢？」年輕人問。「那也有兩個結果，一是分配到和平而友善

的國家，一是分配到波斯灣地區。如果是分配到和平而友善的國家，那也是一件值得慶幸的事。」「爺爺，要是我不幸被分配到波斯灣地區呢？」爺爺說：「那你同樣有兩個結果，一是留在總部，一是被派到前線參加作戰，如果留在總部，又有什麼需要擔心的呢？」

「那麼，如果我要是不幸被派到前線作戰呢？」年輕人又問。「那同樣有兩個結果，一是安全歸來，一是不幸負傷。如果能夠安全歸來，所有的擔心豈不是多餘？」爺爺說。

年輕人問：「那要是不幸負傷了呢？」爺爺說：「那也是兩種結果，一個是只負了點輕傷，並不會危及性命，一個身負重傷，會危及生命。如果只負了於生命無礙的輕傷，那又何必擔心呢？」年輕人又問：「那要是負了重傷呢？」爺爺說：「那同樣有兩種結果，一個是依然能夠保全生命，另一個是救治無效。如果尚能保住生命，你還擔心做什麼呢」年輕人再問：「那要是完全救治無效怎麼辦？」爺爺聽後，哈哈大笑「那你人都死了，還有什麼可以去擔心的呢？」況且，最壞情況的機率十分小，你怎麼知道等待你的不是上面那麼多好機會中的一個呢？」

面對挑戰，自信的人選擇接受，而自卑的人則選擇逃避。自信的人才能夠充分地發揮自己的潛能，自卑的人卻只在自我懷疑中浪費時間，消耗生命。

傑米是一家餐飲店的經理。他的口頭禪是：「我快樂無比！」他熱情洋溢的個性對員工有著非同一般的強大凝聚力和感召力。

有人問他為什麼如此樂觀，他說：「每天早上醒來我就對自己說，傑米，你今天有兩種選擇，你可以選擇心情愉快，也可以選擇心情糟糕，我選擇前者。每次有壞事發生時，我可以選擇成為一個受害者，也可以選擇從中學有益的東西，我選擇從中學些東西。」可是有一天，壞事發生了。傑米被三個持槍的強盜攔住了。強盜因為緊張，對傑米開了槍。幸運的是，傑瑞及時被人發現，送進了急診室。醫護人員看著奄奄一息的傑米，誰都沒信心將他救活。他們雖然不停地安慰著他：「不用擔心，你會好的，我們有辦法，你一定會好的。」而事實上，誰都感到無能為力，束手無策。

一個護士為檢驗傑米是否還有知覺，大聲問他是否對什麼東西過敏。傑米艱難地吐出兩個字：「有的。」這時，所有的醫生、護士都眼睛一亮。他們知道，救活一個有知覺的人要容易得多。於是，那個護士又問他：「你對什麼過敏？」傑米深深地吸了一口氣，大聲吼道：「子彈！」在一片大笑聲中，傑米又說：「我選擇活下去，請把我當活人來醫，而不是死人。」

經過 18 個小時的緊急搶救，傑米活了下來。儘管他身上還殘留著彈片，但他仍然和以前一樣樂觀。一位朋友來探視他，問他近況如何？他說：「我快樂無比！你想不想看看我的傷疤？」

生活就如一座奇峰瑰麗的山，而我們就是那一個個登山者。沿途會有賞心悅目的景色令我們留連陶醉，但又不時地會有斷崖、溝壑等一個接一個的障礙豎立在我們的面前。面對著這一道道坎，有的人選擇了退縮，有的選擇另闢捷徑，但卻有這樣的一批勇者面對這些障礙毫不退縮，他們選擇勇往直前，克服這一系列挑戰，也許受傷，抑或遭受死亡的威脅，但依然固守著靈魂深處的信念，最終攀登上了屬於他們自己的頂峰。

改變想法，才能改變你的命運

改變的能量是無比巨大的。通常我們會認為方法和技巧是獲取成功的重要因素。但是很多時候，讓我們成功達到目標的，不是方法和技巧，而是良好的心態和思維。命運是可以改變的，因為它取決於你的想法，如果你能正視現實，並改變那些不良的想法，那麼你的命運也會隨之改變。

袁了凡是明代一個有名的人物。年少時他曾在一個名叫慈雲寺的寺廟裡

遇上了一位姓孔的老人。老人長鬚飄飄，仙風道骨，一副超凡脫俗的模樣。經過一番交流之後，袁就把老者請到了自己家中。母親說：「好好接待孔先生，讓他給你算一算命，看靈不靈，結果，孔先生算他以前的事情都絲毫不差。孔先生告訴他：「你明年去考秀才，要經過好幾回考試。先要經過縣考，縣考時，你考中第十四名；縣上面有府，府考時，你考中第七十一名；府上面有省，省考時，你考中第九名。」第二年，他去參加考試，果然一點也沒有錯，就如孔先生算得那樣。於是，他又讓孔先生為他推算終身的命運。孔先生告訴他：「你某年應考第幾名，某年可以廩生補缺，某年可以當貢生。當貢生後，某年又會到四川一個大縣當縣令，三年半後，便回到家鄉。在 53 歲這一年的八月十日丑時，你將壽終正寢，可惜終身無子。」袁了凡將所講的一切都詳細地記錄下來，並且銘記在心。令人稱奇的是，自第二年後每次考試的名次都與孔先生所算十分吻合。從此以後，袁真的認為一個人一生的吉凶禍福、生老病死、貧富貴賤都是上天安排好了的，不能強求。命裡沒有的，怎麼掙扎、怎麼努力都得不到；命裡有的，不用多想，也不用怎麼努力，自然就會有。於是，他認命了，無求、無得、無失，一顆心猶如古井無波。一年，袁回到南方，去朝廷所辦的大學——南京的國子監遊學。入學之前，他到南京棲霞山拜訪了著名的雲谷禪師。他與雲谷禪師堂裡對坐，三天三夜都沒闔眼，依然精神飽滿，讓雲谷禪師暗暗稱奇。

於是，雲谷禪師問道：「凡夫俗子之所以不能成為聖人，是因為心中有雜念和妄想。你坐在這裡三天三夜，我沒有看到你有一個邪念。這是什麼原因呢？」

袁說：「因為我已經知道了自己的命運。20 年前，有一位姓孔的先生幫我算命，我一生的吉凶禍福、生老病死都是注定的，還有什麼好想的呢？想也沒有用，所以乾脆就不想了。」雲谷禪師笑了笑，說道：「我還以為你是一位定力高深的聖人，原來也只是一個凡夫俗子。」

袁不解，向雲谷禪師請教：「此話怎麼講？」

雲谷禪師說：「人的命運為什麼會被注定呢？這是因為人有心、有思想。人如果沒有了心、沒有了思想，命運就會被注定。你三天三夜不闔眼，我以為你拋開了妄想，沒想到你仍有妄想，這妄想便是——你什麼都認命了。」

袁問道：「既然如此，那麼按照你的說法，難道命運是可以被改變的嗎？」雲谷禪師說道：「儒家經典《詩經》和《尚書》裡都說過這樣一句話——人定勝天，命由己造，福自己求。

這真的是至理名言。任何人的命運都由是自己決定的，人的幸福也全看自己怎樣去追求。佛家經典曾說：求富貴得富貴，求男女得男女，求長壽得長壽。妄語是佛家的根本大戒，佛難道還會妄語嗎？難道還會欺騙你嗎？』，袁進一步向雲谷禪師請教：「孟子說：『有所求，然後才能有所得。』其意思的確是指求在自己。但是，孟子的話是針對一個人的道德修養而言，人的道德修養無疑可以透過自身的培養而提升，而功名富貴是身外之物，難道透過內在的修身養性也可以獲得嗎？雲谷禪師說：「孟了的話沒有說錯，是你自己理解錯了。你只是理解對了一半。其實，除道德修養可以透過內心求得之外，任何一切也都可以求得。你難道沒有聽過六祖說的這樣一句話嗎？『一切福田，不離方寸，從心而覓，皆無不通。』意思就是說，任何成功和幸福都離不開人的方寸之心，一切追求最終是否成功，都取決於人的想法。要追求一切，首先就必須從改變心靈開始。所以，子說的求在自己，不僅僅指道德修養，功名富貴也是如此。道德修養是內在修為，功名富貴是外在的，但這兩者的獲得都應該從內心開始，而不要捨棄內心，盲目地在外面去追求。從內心入手，內外的追求都可以得到。如果不反躬內省，只一味地追逐外界，那麼，儘管你拼命努力，用盡了許多方法和手段，但這一切都是外在的短暫的，內心沒有覺悟，你就永遠只能像無頭蒼蠅一樣四處碰壁。所以，一個人從外面去追求功名富貴，往往會內外兩者都失去。」

聽完雲谷禪師的話以後，他豁然開朗，猶如醍醐灌頂。

雲谷禪師告訴他說：「孔先生說你不能登科，沒有兒子，這是根據你的天性而料定的，這是天作之孽，但是完全可以透過內心的努力去改變它。只要你改變自己的德性，改變自己的思想，多做善事，多積陰德，那麼，你就能掌控自己的命運。《易經》是一部高深的著作，核心就是教人趨吉避凶。如果說人的命運是天注定的，又何須去趨吉避凶呢？」聽完雲谷禪師的話以後，他便改名叫了凡，意思是自己了解了安身立命之說，立志不走凡夫俗子之路，一定要改變自己的命運。他的想法開始發生了變化，心態也逐漸轉變。以前，他放縱自己的個性，言行隨隨便便，得過且過。而現在，他時刻警覺，不斷反省檢點自己的行為，即使一個人獨處的時候，也常常感覺有一種無形的力量在監視著自己；遇到有人憎恨誹謗他，他也能安然大度，內心相當平靜，不像從前那樣心浮氣躁，一點點委屈都受不了；平日小心謹慎，不讓自己的行為越雷池半步。

次年，禮部進行科舉考試。孔先生算他該考第三名，他卻考了第一名，孔先生的卦開始不靈驗了。秋天的大考，他又考中了舉人。孔先生算他命裡不會中舉，而他居然考中了。

從此以後，袁了凡便對命運變通之理深信不疑，時時刻刻檢點反省自己的行為，是否積善行德不夠？是否救人的時候常懷疑慮？是否自己的言論還有過失？是否清醒時能做到而最後又放縱了自己？之後，袁了凡還有了兒子，取名天啟；不僅考中舉人，而且還考取了進士；孔先生說他命裡本應去四川當知縣，他後來卻在天津寶坻當了知縣，最後官至尚寶司少卿；孔先生算他壽命只有 53 歲，可是他卻一直活到 74 歲。

只要你改變想法，就會出現意想不到的奇蹟，只要你改變想法，開始走一條新道路，命運之說也會被顛覆。命運是與想法是相輔相成的，有什麼樣的想法，就會有什麼做法，不同的做法就會造成不同的結果，選擇不一樣自然也會有不同的命運。你的想法決定了你的行為和人生，決定了你是否能成為一個成功的人。改變想法，才能改變你的命運。

積極的人生態度能征服生命中最大的障礙

生命的高度取決於思想的高度，思想有多高，路就能走多遠，而積極的人生態度又是奠定思想高度的基礎，沒有向上的態度，人生就是風中落葉，水中浮萍。

曾任微軟總裁兼執行長的史蒂芬·巴爾默（Steve Ballmer）說，在過去的 25 年裡，史蒂芬·巴爾默積極地為比爾蓋茲工作，最後成為身價百億美元的富翁。他發表演講時曾說：「大家從今天能夠做的事情入手，也許你們就可以在明年、後年或大後年讓夢想變成現實。」

史蒂芬·巴爾默用他成功的經歷和積極的人生態度告訴我們，一個人如果把注意力放在積極的方面，對他事業的發展就會產生加速度的效應，從而形成一種高度，一種事業的高度、人生的高度。

一個人要想有所成就，有一番作為，抑或是不那麼碌碌無為，就應該擁有積極的人生態度。而要想擁有積極的人生態度，首先得學會自我調整，改變自己，全方位思考。很多人常常不願意反省自己身上的缺點，而是習慣地抱怨其他客觀原因。這是我們容易忽視的一個問題。其實，與其抱怨他人、對事情太過挑剔，倒不如用行動去改變自己的心胸，學會自我調整，學會原諒，學會寬容。一個真正想要獲得成功的人，需要高姿態的思維、高境界的胸懷，只有不斷地改變自己，超越自己原本的思維格局，才能從繁瑣的事務中理清思路，正確拿捏自己想要的成功。

其次要準確進行自我定位，腳踏實地。電視臺曾經播放過一個公益廣

告，「心有多大，你的舞臺就有多大！」所以說，要想謀事，就必須給自己一個定位、一個清晰的目標，自己究竟想要什麼、要怎麼去做，心裡必須明白。只要我們定位好自己的目標，腳踏實地地堅持下去，就會離目標越來越近。一個人如果有想做成一件事的強烈願望並腳踏實地地為之付出，那麼，他所爆發出來的能量往往是無法估量的，成功也將越走越近。

另外要自我挑戰，厚積薄發。要做成事，談何容易，因為困難無時不有、挫折無處不在。因此，我們需要明白，心志的成長絕非一日之功，冰凍三尺也絕非一日之寒，成功需要我們經歷點點滴滴的體驗、不斷的累積和不斷的挑戰。「不經歷風雨怎能見彩虹，沒有誰能隨隨便便成功……」當我們看到一些人成功的時候，是因為他們已經經歷並戰勝了很多常人無法面對的困難，最後堅實的站在了土地上。很多人認為簡單的事不能展現自身的價值和提升自身的才能，因而對於身邊的一些小事、雜事不屑一顧。其實，只要我們用心體會，即使是做一些所謂的小事、雜事，一樣能學到新的東西、累積一些好的經驗。有句話是這樣說的：什麼是不簡單？不簡單就是把所有簡單的事情都做到最好，那就是不簡單。要知道，一滴水雖然渺小，但一樣能夠折射出太陽的光輝。我們要做的就是那一滴一滴的水，不斷地累積，不斷地匯聚，最後定能厚積薄發，贏得未來。

堅定積極的人生態度能征服生命中最大的障礙。所以，無論人們置身於何種處境，尤其是艱難的環境，都要勇敢地對自己說：「你的潛力是無限的，你一定能成功。」

「眼睛所看著的地方，就是你能到達的地方。」是的，一個人能走多遠，取決於他能想多遠；而一個人的成功，則取決於他積極的人生態度。

有一位老人已經 70 多歲了，她在回顧自己的人生時，說自己最大的遺憾，就是沒有登上日本的富士山，觀賞爛漫的櫻花，這種人生之憾折磨著老人太，很快，她對自己說：「反正也是快入土的人了，倒不如去嘗試一下，說不定還能如願呢。」

於是，老人便在 70 歲時開始學習登山技術。她周圍的人對此無不加以勸阻，認為這無非是一個沒有實現的夢想罷了，也沒有必要再去堅持。老太太不以為然，她不顧任何人的勸阻，毅然進行著艱苦的登山訓練。隨著訓練的進行，老太太登富士山的願望越加堅定，逐漸成為她心中最為神聖的夢想。她不辭辛苦地進行訓練，對富士山發起一次次的挑戰，但很多次都以失敗而告終。老人依然毫不畏縮，因為任何困難都已嚇不住她了。終於，在 95 歲高齡之時，老人登上了富士山，打破了攀登者年齡的最高紀錄。那一刻她對著富士山說 :「我來了 !」這位老人叫胡達 · 克魯斯。大多數人都自以為能力有限，做不成什麼大事。然而，我們所謂的「以為」根本不是真正的情況，而只是對一種不正確的、自我局限的成見信以為真。而自我限制的成見，是我們獲取傑出成就的最大障礙。讓你的理想高於你的才幹，你的今天才有可能超過昨天，你的明天才會超過今天。

1994 年 4 月的一天，在一場橄欖球比賽中，年僅 18 歲的佩里在做一個高難度的防守動作時，不幸地摔倒在地，脖子被折斷。

佩里的倖存是現代醫學的奇蹟之一。傷後三個月他不能進食，六個月之後才開始能夠講話。在家人一如既往的支持下，他跟醫生進行了持久的談判，醫生最終允許他出院，回到在黃金海岸的家中去休養。

他創下了一項時間紀錄 —— 很多四肢癱瘓的病人永遠都沒有離開醫院，即使出院，也是在 18 個月這個里程碑之後。而他從脖子被折斷到出院歷時僅八個月 !

20 歲時，佩里報名參加了一個演講訓練班，他想讓演講代替體育成為他新的職業。起初，老師對佩里持懷疑態度。但隨著談話的繼續，老師的疑慮很快就被融化了。是的，他很清楚課堂上的其他學員可能會覺得他的舉動很難接受，甚至第一次見面還會嚇著他們。然而，佩里相信他能完全地投入課

程學習，並在六週的學期內完成每週一次的作業。

第一天開課，佩里坐在他那架電動輪椅裡「走」進了討論室。他講起話來如行雲流水一樣順暢自然，大家都被他身上沒有絲毫的自憐痕跡和表現出的巨大能量所震撼。六個星期的課程很快就結束了，每個人都對這位不可思議的年輕人產生了仰慕、尊重和關心之情。

佩里的新職業開始後的僅僅六個月，便登臺進行演講。每當佩里的關於征服生命中的障礙。以及價值關係的鼓舞人心的演講結束時，聽眾都報以持久的熱烈掌聲。

佩里創造了奇蹟，成為澳洲第一位四肢癱瘓的職業演說家。

「百分之九十的失敗者不是被打敗的，而是自己放棄了成功的希望。」在工作和生活中，我們常常被許多問題困擾，但解決這些問題的鑰匙其實就握在我們自己手裡。這把鑰匙，就是我們的心態。歡喜與煩惱，成功與失敗，僅在一念之間。轉念間改變你的一生，就從現在開始！

每個人身上都有著一個巨大的寶藏

在生活中，人們常常會捨近求遠，四處去尋找夢寐以求的寶藏。而往往寶藏不在遠方，就在自己的身邊，在人們的心裡。人們往往看不到自己心中的寶藏，無法認識到真正的「自我」，所以總是將眼前最好的東西輕易放棄，而最終的結果是什麼也得不到。

一個年輕人非常苦惱，於是就去請教老師，「老師，我覺得自己什麼事也做不好，大家都說我沒用，又蠢又笨。我真的是這樣嗎？該怎麼辦呢？」。

老師什麼也沒說，而是把一枚戒指從手指上摘下來，交給年輕人，說：「請你騎著馬到集市去，先幫我賣掉這枚戒指，然後我才能幫你。記住要賣一個好價錢，最低不能少於一個金幣。」

年輕人拿著戒指就離開了。

一到集市，他就拿出戒指給趕集的人看。人們圍上來觀看，而當年輕人說出了戒指的價格後，有人嘲笑他，有人說他瘋了，有人想用一個銀幣和一些不值錢的銅器來換這枚戒指，但年輕人記著老師的叮囑，全都拒絕了。年輕人騎著馬鬱鬱而歸。他沮喪地對老師說：「對不起，我沒有換到您要的一個金幣。只能換到兩個或三個銀幣。」

老師微笑著說，「年輕人，首先，我們應該知道這枚戒指的真正價值。你再騎馬到珠寶商那裡去，告訴他我想賣這枚戒指，問問他能給多少錢。但是，不管他說什麼，你都不要賣，帶著戒指回來。」年輕人來到珠寶商那裡，珠寶商在燈光下用放大鏡仔細檢驗戒指的含量，說：「年輕人，告訴你的老師，如果他現在就想賣，我給他 58 個金幣。」「58 個金幣？」他驚呆了，簡直不敢相信自己的耳朵。「是啊，我知道，要是再等等，也許可以賣到 70 個金幣。但是，我不知道，你的老師是不是急著要賣……」珠寶商說。

年輕人激動地跑到老師家，把珠寶商的話告訴老師。老師聽後，說：「孩子，你就像這枚戒指，是一件價值連城、舉世無雙的珠寶。但是，只有真正的伯樂才能發現你的價值。」

是金子總會發光，在人生這個大市場裡，要珍視自我，一定能找到自己的價值所在。因為我們每個人都是無價的寶石。

印度流傳著一位生活富足的農夫阿利．哈費特的故事。

一天，一位老者拜訪阿利．哈費特，他說：「倘若您能得到拇指大的鑽石，就能買下附近全部的土地；倘若能得到鑽石礦，還能夠讓自己的兒子坐上王位。」

從此，他對什麼都不感到滿足了。鑽石的價值深深地印在了阿利．哈費特的心裡。

那天晚上，他徹夜未眠。第二天一早，他便叫起那位老者，請教他在哪裡能夠找到鑽石。老者想打消他那些念頭，但無奈阿利．哈費特聽不進去，執迷不悟，仍糾纏不休，最後他只好告訴他。」您到很高很高的山裡尋找淌著白沙的河。倘若能夠找到，白沙深處一定埋著鑽石。」

於是，阿利．哈費特變賣了自己所有的地產，讓家人寄宿在街坊家裡，自己出去尋找鑽石。可是，上天似乎跟他開了一個很大的玩笑。

一天，阿利．哈費特的房子的新主人，把駱駝趕進後院，想讓駱駝喝水。後院裡有條小河。駱駝把鼻子湊到河裡時，他發現裡面有塊發著奇光的東西。他立即挖出來，原來只是一塊閃閃發光的鵝卵石，於是他把它帶回家，放在了桌子上。

隔了一段時間，那位老者再次拜訪時，進門就發現桌上那塊閃著光的石頭，不由得奔跑上前。

「這是鑽石！」他驚奇地喊道，「阿利．哈費特回來了？」

「沒有！阿利．哈費特還沒有回來。這塊石頭是在後院小河裡發現的。」新主人答道。

「不！您在騙我。」老者不相信，「我走進這房間，就知道這是塊鑽石。雖然我有些老了，但我還是認得出這是塊真正的鑽石！」

於是，兩人立即跑出房間，到那條小河邊邊挖掘起來，接著便露出了比第一塊更光澤的石頭，隨後，他們在小河的附近又發現了一些天然的鑽石。後經勘測發現，小河周圍的地下蘊藏著一個巨大的鑽石礦。而那位去遠方尋找寶藏的阿利．哈費特卻一去不返。再也沒人知道他的去向。

毋庸置疑，潛能是人類最大卻又開發得最少的寶藏！潛能猶如一座有待開發的金礦，價值無限，但是，由於沒有良好的信念與訓練，絕大部分人都只能像最貧窮的富翁一樣，守著潛能的寶庫，卻不知如何運用。

那麼，如何才能充分利用好自己的「寶藏」呢？

人的潛能很多時候都是「逼」出來的，很多人在緊急情況下都「逼」出了超常的潛能。有一位體弱多病的婦女，家住二樓。一天她不慎將腰部扭傷，疼痛難忍，只好臥床休息。黃昏的時候，她突然聽到有人在大聲喊叫：「失火了，快救火！」很快她也聞到了嗆鼻的煙味，原來是隔壁的鄰居家失火了。她感到異常緊張，不知從哪裡來的力量，她居然一下子就起身下床，迅速衝向一個裝著家裡貴重東西的大木箱，並將大木箱抱起，快步跑到了樓下的馬路上。所幸的是，由於救火及時，大約十分鐘火就被撲滅了。當一切平靜下來後，這位體弱多病並且腰部受傷的婦女，看著眼前又大又沉的箱子，怎麼也不敢相信竟然是自己親手將它從樓上抱下來的。

據一項測試所得：如果一個人能夠發揮出自己大腦功能的一大半能量，那麼就可以輕易地學會四十種語言，背誦整本百科全書，拿十二個博士學位！這種描述雖然不夠精確，但是合情合理，一點也不誇張。

可是，事實是，幾乎每個普通人都只開發了他所蘊藏能力的十分之一，與應當取得的成就相比較，我們不過是半醒狀態，我們只利用了自己身心資源的很小很小的一部分，這是美國心理學家詹姆斯的研究成果。

據史書記載，漢代有名的「飛將軍」李廣是一個騎射高手。有一天他外出打獵，突然看見草叢裡有一隻老虎正向他走來。危急關頭，他本能地放了一箭。待他近看時才發現，「老虎」原來只是塊大石頭，奇怪的是箭竟然深深地陷入了石塊之中。隨後他又盡力對著石頭射了幾箭，可箭都是碰石而落。

現今考大學，競爭激烈，當外在的壓力太大，自己不能承受時，壓力就會成為一種阻礙；但如果能主動地進行自我加壓，壓力就會轉化為動力，就會加速自己的勝利。逼自己提升時，注意力就會專注；逼自己向前時，就會有眼下的日標；逼自己超越時，就會馬上應對；不應對、不突破，就會陷入

困境，於是潛能在自我「逼迫」之下因緊急集聚而爆發。自我加壓時，一方面要勇於接受挑戰，正視困難；另一方面要自我激勵，不斷修改目標、嚴格對自己的管理。

一個人一生的潛能有多大呢？美國科學家公布了一個驚人的數據。他們發現把一個人一生的能量全部收集起來，用電能折算，相當於可以照亮北美大陸一個星期的電能，價值數百億美金！每個人的一生都蘊藏著無限的潛能沒有釋放，這真是一種大眾式的悲哀！

第三章　這輩子，苦難讓人變得堅毅

海燕在暴風雨中振翅飛翔，鳳凰涅槃浴火重生，彩虹總在狂風暴雨後絢爛，苦難的過程總是讓人不堪回首，但經歷苦難磨練過的事物卻能夠得到昇華，光彩耀人。

苦難折磨的人生，似磨刀之石；多一份苦難，便多一份堅毅。花朵擁有堅毅，在無言的搖曳中成就自己綻放的快樂;大海擁有堅毅，在默默的流淌中，實現自己浩瀚的快樂；珠蚌擁有堅毅，在痛苦的煎熬中成就自己孕育的快樂。快樂便是向人生奏響不屈的樂章，堅毅是其中最明快響亮的音符。我們執堅毅之手，才能與快樂同行。

苦難，是一把鋒利的慧劍，能斷妄想的葛藤；苦難，是點石成金的手指，能化腐朽為神奇。人生不是兩點之間的一條直線，挫折會讓快樂的天空布滿陰霾。此時，堅毅是抵禦苦難的盾，是戰勝挫折的槍，是驅散陰霾的豔陽，堅毅會使你擁有「山重水複疑無路，柳暗花明又一村」的快樂；也會使你實現「不管風吹雨打，勝似閒庭信步」的快樂；有苦有樂的人生是充實的，有成有敗的人生是合理的，有得有失的人生是公平的，有生有死的人生是自然的。

苦難是完美人生的開始

人的一生，不可能都是一帆風順，相反地，與充滿苦難相比，一帆風順的人生幾乎不存在。人生就是不斷接受苦難，挑戰自我，從而實現人生價值的過程。

許多人遇到挫折時，往往會沉浸在痛苦中迷失自我，自怨自艾，信心瓦解，這樣的人，做事缺乏動力，生活單調乏味，相反，有些人則不斷發揮自己的優點，一點點把它呈現出來，就像寶石專家一般，經過不斷地切割打磨後，讓它顯現出璀璨耀眼的光彩。

人生成長中總會遇到很多挫折，總會有很多低潮，比如生存的苦難、感情的受挫、創業的波折、健康的挫折、意外事故的降臨等等。這麼多的挫折，我們要如何應對呢？是像鴕鳥一樣選擇逃避還是像海燕一樣勇敢面對？

這些時候恰恰是人生最關鍵的時候，因為大家都會碰到挫折，而大多數人過不了這個門檻，誰能過，誰就是成功者。在這樣的時刻，我們需要滿懷信心地戰勝挫折，始終要相信，生活不會放棄你，機會總會來的。

在逆境中，心中不滅的信念和勇氣是人們經受住種種苦難考驗的強大支撐力。生活中如此，對事業的追求也是如此。成功者與失敗者的最大區別是：如何對待挫折。堅持自己的信念，面對逆境，不畏困難和悲傷，矢志不渝的堅持自己理想的精神是我們應該學習的。

在人生的道路上，每一個苦難背後都隱藏著發展的機遇，只要我們不畏挫折，笑對生活，就已經成功了一半。

＊　　＊　　＊　　＊

美國康乃爾大學曾做過一個青蛙的實驗：

實驗研究人員做了十分完善的精心企劃與安排，他們把一隻青蛙，冷不防地丟進煮沸的油鍋裡，這隻青蛙反應靈敏，在千鈞一髮、生死關頭之際，說時遲、那時快，用盡全身的力氣，躍出那個會使牠葬身的油鍋，安然逃生。

隔了半小時，他們用同樣大小的鐵鍋，這一回在鍋子裡面放滿五分之四的冷水，然後，再把剛剛那隻死裡逃生的青蛙放到鍋裡，這隻青蛙在水裡不斷游泳，接著，實驗人員不斷在鍋底加熱。而這隻青蛙仍然在水中悠遊並享受三溫暖的滋味，等到意識到鍋中的水溫已經讓牠受不了的時候，牠已欲躍乏力，全身癱瘓，只能臥以待斃，終致葬身鍋底。

這個青蛙實驗告訴我們一個殘酷的事實，當一個人對周遭環境沒有任何警覺時，很容易被一個小小的危機打倒。我們若換另一個角度來看，當生活中面臨著許多的重擔和挫折時，反而能激起人的潛能，找到一條活路。可是，當你生活順遂，志得意滿，功成名就之時，結果反而陰溝裡翻船，終致一敗塗地。

曾擔任新聞主播的葉樹姍，曾對媒體有感而發的說，人生若是順順利利，就乏善可陳、味如嚼蠟，只有經歷挫折，生命才會成長。

她用感恩的心來撫平傷口，她說，三十五歲以前，她拿過三個金鐘獎，有入圍就得獎，順順利利的，但讓她真正成長的是三十五歲那年，因老公的官司而被拖累，她才認真的了解到世事無常，以前碰到不順利時，都會認為是倒楣，如今才深刻了解，這才是人生的必然，有起有伏的人生才精彩。

大文學家韓愈及歐陽修都曾提出「文窮而後工」的文學理念，意思是說，人在窮困之時，反而能將文章寫得非常的好，因為在困頓中所激發的潛力是非常驚人的，在不如意的環境中，反而能夠有一番作為。

俄國作家杜思妥也夫斯基宿疾纏身，這對他個人來說，是一樁不幸的事情，換個角度來看，假如他是個身心完全健康的人，不一定能寫出這麼偉大的小說來，也許這是他個人所遭受的困厄，卻也造就了一個不凡的作家來。

一個人最需要勇氣、忍耐與堅毅的時刻，就在於他所處的環境是十分不順利的時候，有很多人就是不能忍受一時的挫折，而與成功無緣。

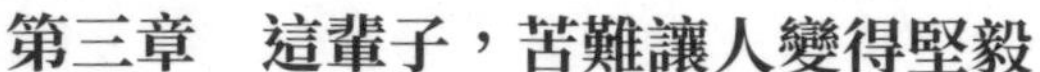

若能在別人放棄時，自己還是堅持；他人後退，自己還是向前，就能成功。

當我們面對人生的坎坷、困窘時，其實也不必太早感傷，也許有一天，你會認為這是值得感謝的一件事。因為人的潛能和本領往往要在挫折中才能成長，過於順遂的人生，反而失去了應有的鬥志，又往往是墮落的根源。

人最需要的是愛的承擔和分享

這是一個發生在日本的真實故事。

有人為裝修屋子拆開了牆壁。日本式住宅的牆壁是中間加了木板後，兩邊是泥土，裡面是空的。

他拆牆壁的時候，發現一隻壁虎困在牆壁中間。一根從外面釘進去的釘子釘住了那隻壁虎。那主人覺得又可憐又好奇，仔細看那根釘子，他很驚訝，因為那釘子是 10 年前蓋這棟房子的時候就釘的。到底怎麼回事？那隻壁虎困在牆壁裡居然能整整活了 10 年！黑暗的牆壁裡 10 年，真是奇蹟！

尾巴被釘住了，一步也走不動的壁虎到底靠什麼堅持活了 10 年呢？

那主人暫時停止了工程。過了不久，不知從哪裡又爬來一隻壁虎，嘴裡含著食物……這是多麼深厚的感情！是無比高尚的感情！為了被釘住不能走動的壁虎，另一隻壁虎在這 10 年的歲月裡一直都悉心餵養牠。

聽到這件事，每個人都會被那愛的力量所深深地感動！……

生命是一種愛，除了這樣的解釋，我再也找不出用來說服自己的答案。

羅伯特與妻子瑪麗終於攀到了山頂，站在最高峰眺望。兩人高興地手舞足蹈。對於終日勞碌的他們，這是一次難得的旅行。突然羅伯特一腳踩空，高大的身軀搖晃一下，隨即向萬丈深淵滑去……短短地一瞬，瑪麗明白了要發生什麼，當時她正蹲在地上拍攝遠處的風景，下意識地，她一口咬住了丈夫的上衣，同時，她也被慣性帶到岩邊，倉促之中，她緊緊的抱住了一棵樹。

羅伯特懸在空中，瑪麗緊咬牙關，她的牙齒承受著一個高大魁梧身軀的全部重量。

瑪麗不能張口呼吸，一小時過後，過往的遊客救了他們。這時的瑪麗，美麗的牙齒和嘴唇早已被鮮血染得通紅。

有人問瑪麗靠什麼挺這麼長時間，她回答說：「我一鬆口，他必死無疑。」

死神也怕咬緊牙關！

每當我聽到這樣的故事，總會在心中自問「在生命中有什麼樣的力量能比愛更偉大。」

在阿諾·史瓦辛格（Arnold Schwarzenegger）主演的《魔鬼終結者2》（*Terminator 2: Judgment Day*）中有這樣一個場景：施瓦辛格扮演的冷酷的機器人終結者問小孩：「你們人類為什麼要哭？」小孩一時答不出來。直到影片最後，一直保護著小孩的終結者為銷毀儲存在腦中的晶片，不得不將自己融化在鋼水中時，小男孩留下了難過的淚水。這時終結者方才明白，他說出了他的最後一句話：「我已經明白了，你們為什麼要哭！」隨後，毅然地滑入沸騰的鋼水之中……

人類為什麼會哭？因為他們有生命，因為他們懂得愛，懂得愛是必死與不朽的交匯點。

終結者了解到這點，他認為這是他贏得的最好的一場勝利，可以無憾的離去了。

人最需要的是愛的承擔和分享。

哲學家叔本華所說：「人生好比刺繡，要看正面，也要看背面。」人生

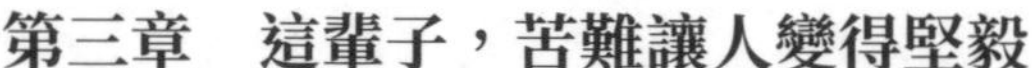

也是如此，當失意時，千萬不要只看到負面的，有時候失敗與挫折只是一種人生的試驗，唯有透過這一層層的試驗，你才能看見成功的果實。

凡事皆有正反面，正面代表著亮麗和光明，反面代表著醜陋與黑暗，就好像禍福相倚的道理是一樣的，當你用正面看的時候，也要學會反著看，從多個角度來看人生，你才不會有一隅之見的遺憾。

逆境能夠磨練人的意志

古人有云 :「天將降大任於斯人也，必先苦其心志，勞其筋骨，餓其體膚，空乏其身，所以動心忍性，行夫亂其所為」。人生的逆境是一種難得的歷練，只有面對挫折時，還能夠微笑以對，在困境中學會了感謝，才能夠掙脫人生的困境，走向光明未來。

挫折往往是美好的開端。早年的逆境通常是一種幸運，並非每一次不幸都是災難，有人在挫折中成長，也有人在逆境中跌倒，差別就在於如何面對挫折。站起來的便能更成就更好的自己。不曾經歷過挫折的人生，不算完美的人生，挫折就是人生的原色，我們的成長是由無數挫折組成的。面對挫折和逆境，一定要調整好自己的心態，把它看成是一種歷練，勇敢的面對。挫折是一個人的鍊金石，但人不是鐵打的，難免有失落的時候，承受不住的時候。那怎麼辦呢？也許敞開心扉找人傾訴或一個人大哭一場，將所有的難過和悲傷都宣洩出來，把難過和悲傷一腳踢到九霄雲外，就是最好舒展壓力的藥。痛苦過後繼續挺起身去和生活打仗了。當你選擇看待事物的陰暗面時，你就看不見光明的一面。當你選擇悲觀時，就很難再樂觀不起來。所以說，不管怎樣也要保持積極樂觀的態度，不管遇到什麼困難，什麼窘境，都要笑著面對，只有這樣才能想到好辦法解決它。在生活中如果你沒有被困難挫折等等的一切不如意所征服，而是樂觀的態度接受它，那麼你就極有可能把逆境反轉為順境。始終都要相信自己是好樣的。

順境使我們的精力閒散慵懶，使我們感覺不到自己的力量，很容易變得隨波逐流，但是障礙卻喚醒內心深處的力量，讓人變得強大無畏。善待逆境，陽光總在風雨後。

逆境是人生的試金石。面對逆境，是強者的，就會戰勝它，取得成功；是弱者的，就只有面臨失敗的結果了。向逆境乾杯，跟苦難致敬，英雄往往就是誕生在這樣的時刻，這也是你重新認識自己的關鍵。

梁啟超曾說：「患難困苦，是磨練人格之最高學校。」只有在患難困苦面前始終堅守內心中執著的聲音，我們才會有良好的人格和不尋常的作為。

逆境雖然是人生中的障礙和阻力，但是，它只是增大了我們向理想、目標前進的難度，並沒有剝奪我們為理想和目標奮鬥的權利以及實現理想目標的可能性。逆境可以磨練意志、陶冶品格，充實人們的人生。因此，逆境既能打擊一個人甚至毀滅一個人，也能成就一個人。逆境使強者獲得新生，使弱者走向沉淪。

真正有價值的人，是在逆境中含笑的人。在逆境中總結經驗，積極創造條件，就會改變自己的處境，由逆境變為順境，必將獲得成功，並在這個過程終磨練自己的意志，提高自己的認識世界和改造世界的水準。巴爾札克（Honore de Balzac）指出：「世界上的事永遠不是絕對的，結果完全因人而異。苦難對於天才是一塊墊腳石，對能幹的人是一筆財富，對弱者是一個萬丈深淵。」

「自古英雄多磨難。」縱觀古今，但凡取得重大成就的人都曾歷經百般風雨，遭遇百般挫折，最終憑藉頑強的毅力和對理想的堅定信念，戰勝困難，取得成功。正因為生命有了困境和磨難，才讓生命更加茁壯與飽滿。

處於逆境，受到挫折不可怕，可怕的是我們在逆境中一蹶不振。

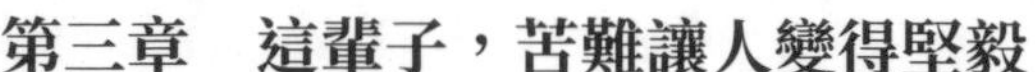

吳敬梓寫出了著名的《儒林外史》。他的一生卻也是飽經磨難，但他卻是一個不服輸，努力奮鬥的人。他從 37 歲開始寫這部書，依靠典當衣服、賣文和友人的周濟勉強維持生活。冬天天氣寒冷，家中沒有火取暖，夜間寫書寒冷，他就邀朋友乘月光繞城跑步，以此取暖。他就是在這樣艱苦的環境下，3 年的時間裡完成了 33 萬字的巨著《儒林外史》。面對逆境，吳敬梓毫不退縮，越挫越勇，這種精神是值得我們學習的。

拿破崙．波拿巴（Napoleon Bonaparte）曾說過：「人生之光榮，不在於永不失敗，而在於屢仆屢起。」也就是說，我們如果面對的是逆境，我們也要去戰勝它，倘若失敗了，也要重新振作起來，經受住不斷受挫的磨難，繼續努力奮鬥。

困境最能激發一個人的潛能。理查．尼克森（Richard Milhous Nixon）小時候家裡的生活比較窘迫，為了生計，尼克森的父親開了一家小小的汽車加油站兼食品雜貨店。當時年僅 10 歲的尼克森每天必須到店裡幫忙工作，長大一點之後，他便獨自承擔起採購水果和蔬菜的任務。這個工作是非常辛苦的，他必須每天凌晨 4 點起床，以便 5 點之前把馬車趕到菜市場。當他把採購好的貨物運回後，還必須分秒必爭將其洗淨、規整，送上貨架陳列好，到 8 點趕到學校去上課。下午放學之後，他第一個任務不是回家完成功課，而是要去店裡做幾個小時的活。因此，他幾乎每天都是到了深夜才能做完功課，完成功課，睡不了多久，又要去採購了。當年的加利福尼亞對不畏艱苦的人來說，似乎是一個有無限機會的地方，少年時的尼克森就是在這裡受到了磨練。進入中學後為了鍛鍊自己的競爭能力和減輕生活壓在自己工作和學習上的重負，他與足球結下了不解之緣。由於他具有堅強的意志和良好的自我管束能力，儘管學習環境艱苦，但他的學業成績卻一直很好。尼克森面對那麼大的壓力始終沒有放棄，面對逆境，他勇敢地迎了上去，最終成就了自己，成就了未來。

伏爾泰曾說 :「人生布滿了荊棘，我們知道的唯一方法就是從那些荊棘上迅速踏過。」唯有勇敢疾速渡過生命低潮，手心握住逆勢中的崛起力量，才能趁勢而起。

感激生活給你的苦難

人生到底是失意，或者得意，完全取決於個人如何對待人生，倘若在遭受打擊時，仍能體會到生命的美好之處，當你細細品味痛苦的滋味，慢慢咀嚼失意悵惘之時，你就永遠都不會忘記這種「刻苦銘心」的感受。

此時若能化挫折為動力，化困境為動能，那些打擊你的人，就是上天給你最好的禮物，也是上天給你最好的成全。

因此，我們都應該學會感謝那些曾經讓我們經受磨難的朋友，因為，成功是來自貴人的提攜，也來自小人的激勵，若沒有重重跌倒過，就不會想要風風光光再站起來。

南非總統曼德拉（Nelson Rolihlahla Mandela）因為領導反對白人種族隔離政策，被白人統治者關在荒涼的大西洋羅本島（Robben Island）上達數年之久。可是就在他 1991 年出獄當選總統後的就職典禮上，他卻邀請了 3 名羅本島的獄警，並且站起身恭敬地向這 3 名曾關押過他的獄警致敬。這個舉動震驚了整個世界，在場的所有嘉賓肅然起敬。

後來，曼德拉向朋友們解釋說，自己年輕時性子急，脾氣暴躁，正是在獄中學會了控制情緒才活了下來。他的牢獄歲月給他力量與激勵，使他學會了如何正確對待自己遭遇的苦難。他說，感恩與寬容經常是源自痛苦與磨難的，必須以極大的毅力來鍛鍊。

為什麼人們總是被煩惱包圍，總是充滿痛苦，總是怨天尤人，總是有那麼多的不滿和不如意，是不是因為我們缺少曼德拉式的寬容和感恩呢？當我

們的思緒身陷囹圄的時候，是否應該想想曼德拉獲釋出獄當天的心情：「當我走出囚室、邁向通往自由的監獄大門時，我已經清楚，自己若不能把悲痛與怨恨留在身後，那麼我其實仍在獄中」。

是否我們把自己的心靈囚禁在牢獄裡，而選擇了怨恨，放棄了讓自己生活得更好的可能？得失之間，只須一點小小的改變。

我們只是凡人，可能無法做到像孔聖那樣去愛那些傷害、侮辱過我們的人，可是為了我們自己生活得健康和快樂，選擇原諒和遺忘才是明智之舉。把怨恨從心裡驅走，才有更大的空間來承載愛和感激。

臺灣有句俗諺：「有量才有福」，意思是說，有度量的人才是真正有福之人。

「二戰」期間，一支部隊在森林中與敵軍相遇，激戰後有兩名戰士與部隊失去了連繫。這兩名戰士來自同一個小鎮。

兩人在森林中艱難跋涉，互相鼓勵、互相安慰。十多天過去了，仍無法與部隊取得連繫，而且食物也越來越少了。一天，他們打死了一隻鹿，依靠鹿肉又艱難地度過了幾天。也許是戰爭使動物四散奔逃或被殺光，以後他們再也沒看到過任何動物。他們僅剩下的一點鹿肉，背在那個年輕戰士的身上，這是他們最後的希望了。這一天，他們在森林中又一次與敵人相遇，經過再一次激戰，他們巧妙地避開了敵人。就在自以為已經安全時，只聽一聲槍響，走在前面的年輕戰士肩膀中了一槍！後面的士兵惶恐地跑了過來，他被嚇得語無倫次，抱著戰友的身體淚流不止，手忙腳亂地把自己的襯衫撕下包紮戰友的傷口。

晚上，未受傷的士兵守護著受傷的戰友，他一直惦記母親的名字，兩眼直直的。他們都以為熬不過這一關了。儘管飢餓難忍，可是他們誰也沒動身邊的鹿肉。天知道他們是怎麼過的那一夜。第二天，部隊救出了他們。

事隔 30 年後，那位受傷的戰士說 :「其實我知道誰開的那一槍，他就是我的戰友。

當時在他抱住我時，我碰到他發熱的槍管。我怎麼也不明白，他為什麼要朝我開槍。但當晚我就原諒了他。也許他想獨吞我身上的鹿肉，我也知道他想為了他的母親而活下來。此後 30 年，我假裝根本不知道此事，也從不提及。戰爭太殘酷了，他母親最終還是沒有等到他回來。退伍後，我和他一起祭奠了老人家，那一天，他跪下來，請求我原諒他，我沒讓他說下去。我們又做了幾十年的朋友。」

我們可以試想一下，如果受傷的戰士始終記恨他的戰友，那結果會怎麼樣，他能得到什麼？報復？仇恨？這些對他的生活全無益處，反而會使他失去一個朋友和一個平靜的心靈。

每個人都會犯錯，也都可能會傷害到身邊的人。別說是生死大事，就算是誰踩了誰一腳、誰說了幾句不中聽的話，可能都會有人記恨一輩子。怨恨就像毒蛇，可是牠咬噬的不是你的仇敵，而是你自己。

民國初年，軍閥割據時代，一位高僧受某軍閥邀請赴素宴。席間，發現在滿桌精緻的素餚中，竟在一盤菜裡有一塊豬肉。高僧的徒弟故意用筷子把肉翻出來，高僧卻立刻用菜把肉遮蓋起來。一會兒，徒弟又把豬肉翻出來，想讓軍閥看到，高僧再度把肉遮蓋起來，在徒弟的耳邊說 :「如果你再把肉翻出來，我就把肉吃掉！」徒弟聽到後，就再也不敢把肉翻出來。

宴散後，高僧辭別了軍閥。歸寺途中，徒弟不解地問 :「師傅，那廚子明明知道我們不吃葷，為什麼把豬肉放在素菜中？這不是存心壞我們的修行嗎？應該讓統帥知道，處罰他一下。」

高僧說 :「每個人都會犯錯，無論是『有心』或『無心』。如果剛才統帥看見了豬肉，盛怒之下嚴懲廚師，這不是我所願見的，要知道，因為這

一塊肉，廚師可能會搭上一條命啊！所以我寧願把肉吃下去。」徒弟點著頭，深深體悟著這個道理。

我們所收穫的，就是我們所栽種的。種下仇恨，收穫的就是災難、痛苦；種下寬容，收穫的則是感激、快樂，與其憎恨敵人，不如原諒他們，並感謝上天沒有讓我們經歷跟他們一樣的人生。面對生活給予我們的苦難，不如選擇坦然面對，並感謝上天沒有給我們更糟糕的生活。

只要我們以感激之心對待一切，苦難也就變得無足輕重了。不要把時間浪費在憤怒、仇恨、責難、攻擊和埋怨中，讓它更好地來改進我們的生活吧。

有一個沒有雙手的女孩，以自己的努力考上了大學，當別人問起她的求學經歷的時候，她眼含淚水說：「我永遠都感激我的小學老師，是他為我打開了知識的大門。」

那是一個冬天，非常冷，女孩子因為身體的殘疾不能進入學校讀書，可是她是那麼渴望上學，於是就頂著寒風趴在教室外的牆上聽老師講課。教師提了一個問題，班上的學生都答不出來。已經聽得入迷的女孩子忘了自己是在「偷聽」，就把答案說了出來。

老師聽到教室外傳來的聲音，感到很驚訝，就推開門出來看。女孩子嚇壞了，她以為這下子一定會被老師責罵。讓她沒想到的是老師把她帶進了教室，並對學生們說：「以後讓她和你們一起上課，大家不要將此告訴學校。」就這樣，她上完了小學，並且取得了全縣第一的考試成績。

可是，沒有一個中學願意錄取她，因為她沒有雙手。輟學在家的女孩除了做些簡單的家務，依然堅持自學了中學的課程。她會用腳切馬鈴薯絲、蒸包子、包餃子，還會用腳畫畫、寫毛筆字。她的字端正大方，根本看不出來是用腳完成的。

後來，女孩子被一所大學破格錄取。軍訓時她疊被子的情景讓主管吃驚，說那是最標準的「豆腐塊兒」，主管要把她疊被子的錄影放給那些入伍的新兵看，讓他們看看有人用腳比他們用手做得更好。

女孩子的雙手是因為母親離家出走而失去的，有人問她恨不恨她不負責任的母親。女孩子馬上搖頭說：「不，我從來都不恨她，我很愛她。我一直覺得對不起她。她是因為精神有問題才會經常離家出走的。」一次，她的母親又一次出走後，再也沒有回來。後來，在河裡找到了母親的屍體。一想起來，女孩子就淚流滿面，說：「是我沒有照顧好母親。」

沒有雙手，沒有母親，沒有一個溫馨的生活環境，可是女孩子從不怨恨，她曾寫過一篇作文，題目是〈我最幸福〉。這篇作文裡沒有一句抱怨自己所沒有的，有的只是感激和珍惜已經得到的。在全縣的一次徵文中得了一等獎。

正如法國印象派大師雷諾瓦說的那樣，「痛苦會過去，美會留下。」她的經歷如此坎坷，承受了太多的苦難。可是她卻感覺自己「最幸福」，在苦難的重壓下，頑強不屈的活著，並當作是一種額外的施與，用感恩之心面對苦難。她的生活也因此不曾被苦難所束縛，而是不斷向她展現美好，讓她越走越開闊。

苦難中成長的人生才是完美的人生。我們應該感謝生活賜予的苦難，因為這是難得的人生財富，有了鹽的對比，糖才更加甜；有了痛苦和磨難，生活的美好才更顯滋味。

人生在零度下也能沸騰

有人說過：「受苦的人，沒有悲觀的權利。」零度以下的人生更應該沸騰。

「機會、天命、運氣，都阻攔不了、控制不了一顆堅定不移的心。」自信是人們從事任何事業最可靠、最不可缺的資本，它較之金錢、勢力、出身都更有力量。一個擁有自信的人就能排除各種障礙，克服重重困難，即使你的人生處在零度，堅定的自信心和不懈的精神也同樣能讓它沸騰。

大文學家韓愈及歐陽修都曾提出「文窮而後工」的文學理念，意思是說，人在窮困之時，反而能將文章寫得非常的好，因為在困頓中所激發的潛力是非常驚人的，在不如意的環境中，反而能夠有一番作為。

俄國作家杜思妥也夫斯基宿疾纏身，這對他個人來說，是一樁不幸的事情，換個角度來看，假如他是個身心完全健康的人，不一定能寫出這麼偉大的小說來，也許這是他個人所遭受的困厄，卻也造就了一個不凡的作家來。

日本現在擁有上萬個麥當勞店，一年的營業總額突破 40 億美元。收穫這兩個數據的主人是一位叫藤田田的日本老人，日本麥當勞社名譽社長。

藤田田 1965 年畢業於日本早稻田大學經濟系，畢業後在一家大電器公司工作。1971 年，他開始創立自己的事業，經營麥當勞生意。麥當勞是聞名全球的連鎖速食公司，採用的是特許經營資格和經營機制，而要取得特許經營資格是需要具備相當財力和特殊資歷的。而當時藤田田只是一個才出校門幾年、毫無家族資本支持的工作一族，根本就無法具備麥當勞總部要求的 75 萬美元現款和一家中等規模以上銀行信用支持的苛刻條件。

可是藤田田看準美國連鎖速食文化在日本的巨大發展潛力，在只有不到五萬美元存款的情況下，決意要不惜一切代價在日本創立麥當勞事業，於是他費盡心思，東挪西借。可事情進展並不順利，五個月下來，他只借到了四萬美元。面對巨大的資金缺口，要是一般人，也許早就心灰意冷，前功盡棄了。然而，藤田田卻偏偏有著對困難說「不」的執著和堅定的自信。

在一個風和日麗的早晨，他走進了住友銀行總裁的辦公室。藤田田以極其誠懇的態度，向對方表明了他的創業計畫和求助心願。在耐心細心地聽完他的表述之後，銀行總裁說：「你先回去吧，讓我再考慮考慮。」

藤田田聽後，心裡即刻掠過一絲失望，但他馬上鎮定下來，懇切地對總裁說：「先生，可否讓我告訴你我那五萬美元存款的來歷呢？」

總裁回答：「可以。」

「那是我六年來按月存款的收穫。」藤田田說道，「六年裡，我每月堅持存下三分之一的薪資獎金。六年裡，無數次面對過度緊張或生活拮据的窘迫局面，我都咬緊牙關，克制欲望，硬挺了過來。有時候，碰到意外事故需要額外用錢時，我也照存不誤，甚至不惜厚著臉皮四處借貸，以增加存款。我必須這樣做，因為在跨出大學門檻的那一天我就立下宏願，要以 10 年為期，存夠 10 萬美元，然後自創事業，出人頭地。現在就是一個絕好的機會……」

藤田田一口氣講了 10 分鐘，總裁越聽神情越凝重，並向藤田田問明了他存錢的那家銀行的地址，然後對藤田田說：「好吧，年輕人，我下午就會給你答覆。」

送走藤田田後，總裁立即驅車前往那家銀行，親自了解藤田田的存錢情況。櫃檯小姐了解總裁來意後，說：「哦，是問藤田田先生，他可是我接觸過的最有毅力、最有禮貌的一個年輕人。六年來，他真正做到了風雨無阻地準時來我這裡存錢。坦白地說，這麼嚴謹而執著的人，我真是要佩服得五體投地了！」

聽完櫃檯小姐的話後，總裁大為動容，立即撥通了藤田田家的電話，告訴他住友銀行可以毫無條件地支持他創建麥當勞事業。藤田田追問了一句：「請問，您為什麼決定支持我呢？」

總裁在電話那端萬分感慨地說：「我今年已經58歲了，再有兩年就要退休，論年齡，我是你的兩倍，論收入，我是你的30倍，可是，直到今天，我的存款還沒有你多……光說這一點，我就自愧不如了。年輕人，好好做，我敢保證，你會大有作為的！」

不出所言，藤田田成功了，而且取得的是讓人刮目相看的巨大成就。

一個人最需要勇氣、忍耐與堅毅的時刻，就在於他所處的環境是十分不順利的時候，有很多人就是不能博取一時的失利，而與成功無緣。想要收穫人生的幸福與成功，在關鍵時刻，一定要有知難而上的勇氣和信心。在人生的關鍵時刻，只要我們堅持下去，我們的人生之路才會越走越明亮，事業也會越來越成功，只有透過不斷的努力獲得的成功，才更具有魅力，只有努力的奮鬥的人生，才是快樂而無憾的人生！

苦難也是人生路上的一道風景，若能在別人放棄時，自己還是堅持；他人後退，自己還是向前，就能成功。要展示給人的是一種自信、勇敢和無所畏懼、勇於冒險犯難的精神，是你擁有堅定的信心。

苦難過後是輝煌

苦難才會產生撼動人心的力量。

人生就是一個舞臺，這個舞臺，正上演著一齣又一齣的悲喜劇，正因為人人都有悲傷，也都悲傷過，所以，悲劇才成為理解人生的一把鑰匙，苦難才成為人生體驗的折射與昇華。

真正的偉人從不懼怕自己面臨的苦難，從不抱怨曾經有過的失意，而且總是微笑面對人生。因為，他們知道，苦難過後便會獲得上天豐厚的禮物，會讓他們更加偉岸，富有，快樂。

在這個世界上有很多人沒有經歷過苦難的磨練，深藏著的潛力沒有被釋放出來，所以他們永遠得不到淋漓盡致的發揮。思想永遠不成熟，停留在原來的地方，沒有任何進展，而只有努力奮進，擁有不屈的鬥志才能擺脫危機困擾，才能達到成功的境地。

挫折和苦難並不是我們的仇人，而是我們恩人！因為當人們遇到的時候，如果用積極的心理遏制反抗的力量，所承受的痛苦和磨難就會激發我們的創造力，鍛造堅強的鬥志！

沒有經歷過挫折，就不知道一個真正勇敢的人，越為環境所迫，反而越加奮勇！昂首挺胸，意志堅定，經歷過苦難磨練的人，終將會取得人生的輝煌！

世界上的事情，都有好的一面，也有壞的一面，世間事千變萬化，無奇不有，有的人樂觀以對，有的人悲觀視之，雖然，天底下總有一些讓人不如意的事，不過，聰明的人永遠有新的方式來對應人生。

其實，人生本是一齣悲喜劇，只是悲劇的成分又比較多一點，雖說苦比樂多，但我們還是可以用另一種方式來表達對生命的敬意，亦即用喜劇來表達對生命的熱愛，與其哭哭啼啼來看人生，倒不如笑笑的來看人生。

斯潘琴說 :「許多人的生命之所以偉大，都來自他們所承受的苦難。」最好的才幹往往是從烈火中冶煉的，都是從苦難中磨礪出來的。

正是由於苦難與障礙的出現，使得我們體內克服障礙、抵制苦難的力量，得以發展。這就好像森林裡的橡樹，經過千百次暴風的摧殘，非但不會折斷，反而越更加挺拔。正像暴風雨吹打橡樹一般，人們所承受的種種痛苦、折磨和悲傷，也在開啟著人們的才能，在鍛鍊人們。

在克里米亞的一次戰爭中，有一枚炮彈擊中一個城堡後，毀滅了一座美麗的花園。可在那個炮彈落下的深穴裡，竟不住地流出泉水來，後來這裡竟然成了一個永久不息的著名噴泉。同樣，不幸與苦難，也會將我們的心靈爆破，而在那裂開的縫隙裡，也會時刻流出深藏新鮮的泉水來。

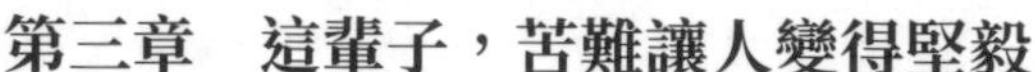

上帝在關閉了一扇門，但永遠都還會有一葉窗為你開啟著。許多人不到喪失一切、窮途末路的地步，就不會發現自己究竟有怎樣的力量，有時災禍的折磨反而使人發現真實的自己。困難與障礙，好似鑿子和鎚子，能把生命雕琢得更加美麗動人。

一個著名的科學家曾經說過，每當他遇到眼看不能克服的困難時，總是他有奇蹟的發現。失敗往往激發人的潛力，喚醒沉睡著的雄師，引人開啟成功的大門。有勇氣的人，會把逆境變為順境，如同河蚌能將惱它的沙泥化成珍珠一樣。

一旦雛鳥能起飛，老鷹便會立即將他們逐出巢外，讓他們在空中做飛翔的鍛鍊。而雛鷹因為有了這種的磨礪，這種本領，將來才配做百鳥之王，才會凶猛敏捷，才能做追逐獵物的高手。

苦難更能創造天才。凡是在幼年常遇阻礙挫折的孩子們，往往會更有可能成功；而從沒有遇過挫折的人，反而很難有出息。

貧窮與困難是最能激勵人的力量，它能堅定人們的信念，發展人民的潛力。鑽石越堅硬，它的光彩也越眩目，而要將其光彩顯示出來，其所受的思索也須越有力。只有思索，才能顯露出鑽石的耀眼美麗來。

火石不經摩擦，不會發出火光；同樣，人們不遇苦難，人體裡的力量也將永遠不會被充分發揮出來。

在馬德里的監獄裡，塞凡提斯寫成了著名的《唐吉訶德》，那時他窮困潦倒，甚至連稿紙都無力購買，以小塊的皮革當作紙寫。有人勸一位富裕的西班牙人來資助他，可是那位富翁答道：「上帝禁止我去接濟他的生活，唯因他的貧窮才使世界富有。」

約瑟嘗盡了地坑暗牢的痛苦，終於做到了埃及的宰相。馬丁·路德被監禁在華脫堡堡壘的時候，把聖經譯成了德文。但丁被宣判死刑，在他被放逐的 20 年中，他仍然孜孜不倦地在那裡工作。

有史以來，猶太人就一再受盡異族的壓迫，可是世界上最可貴的詩歌、最明智的箴言、最悅耳的音樂，卻都是由猶太人貢獻的。對於他們來說，正是不斷的外界壓迫給了他們優秀和繁榮。如今，猶太人依然很富有，不少國家的經濟命脈幾乎就是控制在猶太人手中。對於他們，困苦是快樂的種子。

席樂病魔纏身十五年，卻在此期間寫就了他最好的著作。音樂家貝多芬（Ludwig van Beethoven）在他兩耳失聰、窮困潦倒之時，創作了他最偉大的樂章。密爾頓就是在他雙目失明、貧困交加之時，寫下他最著名的著作的。所以，為了得到更大的成就與幸福，班揚甚至說：「如果可能的話，我寧願祈禱更多的苦難降臨到我的身上。」

因為隆冬的嚴寒殺盡了地下的害蟲，植物才能繁茂地生長。一個真正勇敢的人，越為環境所迫，反而越加奮勇，不戰慄不畏懼，昂首挺胸，傲若臘梅；他勇於對付任何困難，輕視任何厄運，嘲笑任何障礙，因為貧窮困苦不足以損他毫髮，反而激發了他的意志、品格、增強了他的力量與信念，最終使他成為出色卓越的人。

坦然面對生活的苦難

生命也許艱難險阻，你尋找幸福，來的卻是悲哀；你尋找和平，來的卻是排擠；你尋找希望，來的卻是失望。歡樂找上不怕孤獨的人，生機找上不怕死的人。生活中常有不順遂的事發生，只要我們坦然地面對，就會柳暗花明又一村。

月有陰晴圓缺，人有悲歡離合，生活不可能盡善盡美，人生不可能完完美美。人生在世，風雨雷電，人情冷暖，聚散離合。無論如何，歡笑中少不了淚水，痛苦中伴隨著希望，失敗中孕育著成功。不論是偉人領袖，還是凡夫俗子，誰都不可能一帆風順，平步青雲，事事如意，永遠順利。人生充滿

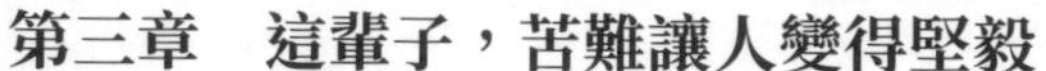

了酸甜苦辣，有成功也有失敗，有歡樂也有痛苦，有希望也有失望，有得到也有失去。

塞翁失馬，焉知非福。面對成功，我們不要狂妄自大；面對得到，我們不要滿足樂觀；面對失敗，我們不要消極悲觀；面對失去，我們不要怨天尤人。其實成功與失敗，得到與失去都是互相依存、互相轉化，有得必有失，有失必有得，福禍相依；要歷史地、辨證地、唯物地看待問題，看待事物，做到勝不驕，敗不餒。當你快樂時，你要想，這快樂不是永遠的；當你痛苦時，也要想，這痛苦不是永恆的；如果你能夠平平安安度過一天，那就是一種幸福了；多少人在今天，已經看不到明天的太陽；多少人在今天，已經失去了寶貴的健康。人生的很多體會，只有在失去的時候，才能感悟。這種失去誰又能說只有遺憾呢？任何事物都有它的兩面性，好事可以變成壞事，壞事也可以轉變成好事，世間沒有一成不變的東西。不要對生活抱有過多的奢望，也不要有過高的期望，希望不大，失望就不會太多，不要刻意去追求完美的生活。

許多人許多事，我們是左右不了的，也捉摸不透的，但我們不必在意，不必計較，我們可以在面對的時候，獻上我們的真誠，獻上我們的熱情，只為了求得心靈的寧靜和自在。俗話說，謀事在人，成事在天。對待事業，只要我們努力拚搏了，就沒有遺憾了；對待愛情，只要我們真誠付出了，就無怨無悔了。我們的努力，我們的真誠，只為了求得一份付出後的快樂和坦然。

坦然，是一種平淡中的自信，是一種失意後的樂觀，是一種沮喪時的調適，是一種逆境中的從容。坦然，使你活得自然，活得真實，活的愜意；坦然，使你不為名利所捆綁，不為仕途為憂慮，不為得失所忐忑；坦然，使你睿智灑脫，使你胸懷博大。坦然，是一種深層次的文化涵養，是一種寵辱皆忘的豁達情懷，是一種豁然開朗的大氣從容。

我們要理智對待生活中的得失成敗，正確對待生活中的風雨陰晴。豔陽高照、春風得意時，我們精神抖擻、意氣風發；陰雨連綿、失意落魄時，我們鬥志昂揚、信心百倍，因為我們的心中有著無比堅定的信念，因為我們的心中有著無限美好的希望。

生活處處充滿魅力，人生的路上風景無限。走出黑夜，便是黎明，經歷風雨，才見彩虹。經過了冬的孕育，春的播種，夏的成長，就必將會迎來秋的豐收。這是自然的規律，也是人生的法則。

21 歲的麥可進入軍中服役，他在一次戰鬥中受了嚴重的眼傷，眼睛因此而失明了。雖然他受了這麼大的傷痛，個性仍然十分開朗。他常常與其他病人開玩笑，並把自己分配到的香菸和糖贈與其他人。

醫師們盡最大努力想恢復麥可的視力。可是，經過一番的努力後，似乎並沒有什麼明顯的效果。醫生決定把實情告訴麥可。

一天，主治醫師親自走進麥可的房間對他說：「麥可，你知道我一向喜歡跟病人實話實說，從不欺騙他們。麥可，我現在要告訴你的是，你的視力不能恢復了。我很抱歉。」

時間似乎停止下來了，房間裡出現可怕的安靜。

「大夫，我，我不知道……」麥可終於打破沉寂，努力平靜地回答醫生的話，「非常感謝你為我費了那麼多心力，其實，我一直都知道會有這個結果。」

誰也沒有說話，大家都不知道該怎麼安慰這個還這麼年輕的年輕人，只是在一邊默默地看著他。

幾分鐘後，麥可終於恢復了平靜，他對他的朋友說：「我覺得我沒有任何理由可以絕望。不錯，我的眼睛是看不見了，但我還可以聽得清楚，講得很好呢！我的身體強壯，不但可以行走，雙手也十分靈敏。何況，據我所知，政府可以協助我學得一技之長，那足以讓我維持生計。我現在所需要

的，就是適應一種新生活罷了。」

多麼豁達的麥可啊！一個內心無比暢亮的年輕盲眼士兵。他沒有去抱怨自己的不幸，詛罵上帝的不公，而是用心計算自己所擁有的幸福，並想著怎樣去走好明天的路．而這才是強者面對困難時最好的解決辦法。

上帝為你關閉了一扇門，同時也會為你打開一扇窗。人生不是一帆風順的幸福之旅，而是不停地搖擺在幸與不幸、成功與失敗之間。

正確的放棄未嘗不是一件好事。朝自己的目標勇往直前固然好，但要明確自己真正需要的，不要盲目地追求，對不可能實現的，要學會果斷地放棄。放棄需要勇氣，需要挑戰自己，它並不意味著失敗，而是一個全新開始的象徵。

陶淵明放棄了高官厚祿，過著隱居的田園生活，活得自由自在，否則怎會有那流芳千古的作品；當代大學生徐本禹放棄了錦繡前程，為教育事業毅然走進了貧窮落後的小山溝。放棄同樣是一種境界，一種胸懷。

放棄也是另一種美麗。曇花放棄了生命，只為那美麗的一瞬間；生長在戈壁的依米花經過五年時光，才綻放一次，兩天後便香消玉殞，留給人最美好的回憶。人生何嘗不是如此，只要美麗一次，足矣。

坦然面對生命中的痛苦和悲傷，生命反而不必承載平日的矯飾與虛偽，唯有鬆動靈魂的焦躁與不安，才能獲致內心的澄澈與平靜。生活如同一篇文章，取其精華，去除糟粕，才會更有品味，更耐人尋味。改變態度，坦然面對，你就會得到意想不到的奇蹟。

第四章　這輩子，不抱怨的人最幸福

不抱怨是一種生活態度，一種看似簡單卻很有講究的大智慧，它更是一種精神，每個人都需要這種精神，也匱缺這種精神。抱怨是最消耗能量的無益舉動。有時候，我們的抱怨不僅會針對人、也會針對不同的生活情境，表示我們的不滿。而且如果找不到人傾聽我們的抱怨，我們會在腦海裡抱怨給自己聽。本書作者提出的神奇「不抱怨」運動，來的恰是時候，它正是我們現代人最需要的。我們可以這樣看：天下只有三種事：我的事，他的事，老天的事。抱怨自己的人，應該試著學習接納自己；抱怨他人的人，應該試著把抱怨轉成請求；抱怨老天的人，請試著用祈禱的方式來訴求你的願望。這樣一來，你的生活會有想像不到的大轉變，你的人生也會更加地美好、圓滿。把時間花在進步上，而不是抱怨上，才是成功的祕訣。

抱怨生活，只能使自己更疲憊

我相信一句話：如果你喊痛，傷害就會出現；如果抱怨，就會遇上更多想抱怨的事。這是行動上的吸引法則。當你抱怨時，就是用不可思議的念力，在尋找自己說不要，卻想得到的東西。

不要讓抱怨操控、支配你。儘管它實在是一件隨時都可能發生的事情。早上起床晚了，抱怨的人會想「唉！又要扣薪資了」，不抱怨的人會想「也許是我太累了，是該找時間好好休息一下了」；路上與別人撞了一下，抱怨的人會想「沒長眼睛啊？」，而不抱怨的人可能根本就沒意識到，最多會想「他也不是故意的」；工作上辛辛苦苦完成了一個任務，自認為無可挑剔，哪知交上去了才發現還有個小錯誤，抱怨的人會想「為什麼事先沒想到啊，真是白辛苦了」，不抱怨的人會想「我這麼小心還是有疏漏，下次要吸取教訓，要更加小心了」；到了公司，有個同事對面走過連個招呼也沒打，抱怨的人會想「對我有意見？我還懶得理你呢」，不抱怨的人可能想都沒想，最多會想「他也是想著做事，沒留神」；喝口水嗆著了，抱怨的人會想「怎麼這麼倒楣，喝水都要找我麻煩」，不抱怨的人會想「我現在有點急燥了，沉穩一點」；下班了，主管說大家留一留，晚上要開會，抱怨的人會想「又開會，怎麼不在工作時間開啊？我與女朋友的約會怎麼辦」，不抱怨的人會想「原來這就是魚與熊掌不可兼得也」；晚上回到家，累得不行，抱怨的人會想「為什麼生活會這麼累啊」，不抱怨的人會想「又過一天了，今天還是有不少收穫的，現在馬上好好休息，明天該做……」吃飯咬到沙子，抱怨的人會想「誰洗的米，這麼笨，沙子都不去掉」，不抱怨的人會想「有沙子是正常的，怪我不小心沒看到」……

如果不喜歡一件事，那就改變那件事；如果無法改變，就改變自己的態度。不要抱怨。沒有一種生活是完美的，也沒有一種生活會讓一個人完全滿意，我們做不到從不抱怨，但我們應該做到讓自己少一些抱怨，而多一些積極的心態，如果抱怨成了一個人的習慣，就像搬起石頭砸自己的腳，於人無益，於已不利，生活就成了牢籠一般，處處枷鎖，處處不滿，反之，則會明白，自由的生活著，其實本身就是最大的幸福，哪會有那麼多的抱怨呢。

為什麼抱怨的人會說生活的這麼累，因為他只看到了自己的付出，而沒有看到自己的所得，而不抱怨的人即使真的很累，也不會埋怨生活，因為他知道，失與得總是同在的，一想到自己獲得了那麼多，真是高興啊。

很久以前，有個寺院的住持給寺院裡立下了一個特別的規矩：每到年底，寺裡的和尚都要面對住持說兩個字。第一年年底，住持問新和尚心裡最想說的是什麼，新和尚說：「床硬。」第二年年底，住持又問新和尚心裡最想說什麼，新和尚說：「食劣。」到第三年年底，沒等主持提問，新和尚就說：「告辭。」住持望著新和尚的背影自言自語地說：「心中有魔，難成正果，可惜！可惜！」住持說的「魔」，就是新和尚心裡沒完沒了的抱怨。他只考慮自己要什麼，卻從來沒有想過別人給過他什麼。這樣的人在現實生活中有很多，他們這也看不慣，那也不如意，怨氣沖天，滿腹牢騷，總覺得別人欠他的，社會欠他的，從來感覺不到別人和社會對他所做的一切。這種人心裡只會產生抱怨，不會產生感恩。

我們經常會聽到這樣種種的抱怨：「上天太不公平了，為什麼別人都那麼優秀，而我卻一無所有？我沒有花容月貌，沒有才高八斗，沒有政治家的文韜武略，又不及軍事家能運籌帷幄。我缺乏天賦啊！天賦，那是上天賜予的財富。上天啊，既然讓我來到這個世間，為什麼又不給我超越　切的力量？」

選擇抱怨就等於把力量給了黑暗。抱怨的人們，一心仰面向天乞求財富，卻從不低下頭來仔細想想自己已經擁有的一切。於是，時間在怨天尤人中悄悄流逝，他們躊躇、苦悶，蹉跎了歲月，最終一事無成。

在印度，有一個師傅對徒弟不停地抱怨感到非常厭煩，於是就派徒弟去取一些鹽回來。當徒弟很不情願地把鹽取回來後，師傅讓徒弟把鹽倒進水杯裡，再把它喝下去，然後問他味道如何。

徒弟吐了出來，說：「很苦。」

師傅笑著讓徒弟帶著一些鹽和自己一起去湖邊。

他們一路上沒有說一句話。

來到湖邊後，師傅讓徒弟把鹽撒進湖水裡，然後對徒弟說：「現在你喝點湖水。」

徒弟喝了口湖水。師傅問：「有什麼味道？」

徒弟回答：「很清涼。」

師傅問：「嘗到鹹味了嗎？」

徒弟說：「沒有。」

然後，師傅坐在這個總愛怨天尤人的徒弟身邊，對他說：「人生的痛苦如同這些鹽，有一定數量，既不會多也不會少。我們承受痛苦的容積大小決定痛苦的程度。所以當你感到痛苦的時候，就把你的承受容積放大些，不是一杯水，而是一個湖。」

當我們看報紙看電視的時候，誰買彩券又中了 500 萬，你在想他的運氣怎麼就那麼好呢？而我還在上班下班賺著寥寥無幾的薪資，其實中獎機率低，能中獎的人又有幾個呢？所以我還是建議我們不要去買彩券，與其浪費時間和金錢，還不如把更多的精力投入到工作之中來，萬丈高樓平地起，什麼事都是一點點做起來的，只要你從現在努力，就不晚，有顆成功心，做什麼都會有你滿意的結果。

生活是公平的，對每個人都是一樣，只有我們用積極心態去對待，那麼好運氣一定會照顧著你。有人說，我沒有好的父母，不能給我更好的環境和好的工作，看人家誰誰誰，爸媽只要那麼一疏通，就什麼都有了 ；有人說，我學歷低微又什麼也不會，有好工作會給我做嗎 ；有人說，我就是普通人一個啊，又能做什麼呢？還不如就這麼混日子呢？其實所有的這些都是藉口，是逃避現實的一種謊言。到頭來你還是庸人一個，其實並不是每個人都要像李嘉誠那樣白手起家，最起碼也要有自己的小目標，那怕為了我們的父母，我們的妻兒，你也要做個成功的人。

一個哲人說 :「世界上最大的悲劇和不幸就是一個人大言不慚地說『沒人給過我任何東西。』」成功的人，並不是排除了生命中的挑戰，而是去面對生命中的挑戰，去接受發生在自己身上的一切，並藉此來幫助自己成長。我們可以努力實現自己的期許，而不是抱怨現況來獲取想要的結果。

抱怨的人改變不了公平

整天怨天尤人，滿腹牢騷的人，都是站在自我的角度上思考問題，總覺得自己是弱者，認為世界不公平，內心空虛，而又不積極思考，從主動改變自己開始。

比爾蓋茲說過 :「人生是不公平的，習慣去接受它吧。請記住！永遠都不要抱怨！」世上從來就沒有絕對的公平，每個人來到世上，都會和別人有所不同，比如出身背景不同、家庭關係不同、受教育的程度不同……如果這些方面都絕對「公平」了，反而是另一種「不公平」。其實，每個人從出生開始，就必須無條件地接受這些「不公平」。

是的，公平，在不同的人眼中有不同的意義。所以，這個世界上找不到絕對的公平。公平只是人們相對的內心感受。

世界上總是有很多窮人和部分富人，甚至可能是窮人越來越窮，富人越來越富，這也的確也是一種「不公平」。但是，對於窮人與富人來說，除了機會和運氣以外，他們的思想和行為方式也是不同的。很多富人也不是一開始就是富的，窮人要想變成富人，就不要只盯著富人的口袋，而是要思考走出困境的方法。

就像西方一句俗語說的：「人們只注意到富翁坐在賓士車上，卻很少有人注意到他因為操勞而變成禿頭。」因為人們都有一個思維盲點，都喜歡只看到別人的表面優勢，喜歡嫉妒別人擁有的光環，卻不留意他們為成功所做的艱辛付出。如果人們能深入的去探究原因，也許就是另一個光明的開始，不會只有那麼多可憐的抱怨。

因此，我們不要整天抱怨社會的不公平，更不要把「這個社會原本就是不公平」的謬論作為藉口，而放棄所有的努力。因為「不公平」的存在只是相對意義上決定了你的起點，卻無法決定你的終點。有因才有果，成功是需要努力去爭取的。

現實生活中，有些人可能會利用自己優先占有的某些社會資源，從而迅速過上了令人羨慕的生活，但這種唾手可得的成功，往往是不長久的。而對於那些因為缺少某些資源，面臨許多「不公平」的人，他們擅長的卻是把自己的劣勢變成努力奮鬥的動力，他們會尋找機會發揮自己的長處，竭盡全力闖出自己的一片天地。只有這般「梅花香自苦寒來」的成功，才是最經得起時間的考驗。

古往今來很多偉大事業的起點，常常都是因為「不公平」。生活不可能絕對公平，我們要學會接受現實，改變現狀。要鼓起勇氣，把「不公平」甩在身後，就會創造不一樣的精彩，而且這種「不公平」還會成為激勵我們奮鬥的動力。

所以，正視現實的人，不會陷入自我感傷，也不幻想靠抱怨來獲得所謂的「公平」。正如一句名言說的那樣：「上帝為你關上一道門，同時也會為你打開一扇窗。」因為他們知道，造物主給一個人某些劣勢的同時，必然賦予他一些優勢，而這些優勢可能深藏在身體的某個地方，需要透過我們的努力才能去發揮作用。

優秀的人從不抱怨

優秀的人，絕不讓滿腹牢騷來消耗自己，也不會讓抱怨的思維限制自己。他們總是去積極思考解決的出路，並行動起來去實現目標。

索尼公司是世界上最受敬仰的公司之一，創始人盛田昭夫曾經講過：

東京帝國大學的畢業生，在索尼公司一直非常受歡迎。有個叫大賀典雄的帝國大學高材生，是一位很有才華的青年。他加入索尼公司之後，年輕氣盛、直言不諱，還曾多次與盛田昭夫爭論。但盛田昭夫很喜歡這個勇於獨立思考的年輕人，非常器重他。

可不久，出人意料的，盛田昭夫居然把大賀典雄下放到了生產一線，給一位普通工人當學徒。這讓很多員工迷惑不解，他們猜測，他一定是由於說話過於直接，得罪了盛田昭夫。還有人為大賀典雄感到不平，但大賀典雄對此只是淡淡一笑，踏踏實實地做他的學徒。

一年後，更讓人匪夷所思的事情發生了，還是學徒工的大賀典雄居然被直接提拔為專業產品總經理，員工們對此更加百思不得其解。

在一次員工大會上，盛田昭夫為大家揭開了謎團：「要擔任產品總經理，必須要對產品有絕對清楚的認識，這就是我要把大賀典雄下放到基層的原因。讓我高興的是，大賀典雄在他的職位上做得很出色。不過，真正讓我堅定提拔念頭的還是這件事：整整一年，他在又累又髒又卑微的工作環境下，居然沒有任何的牢騷和抱怨，而且兢兢業業，甘之若飴。」

人們終於明白了其中的原因，不禁得抱以熱烈的掌聲。5 年後，也就是

在 34 歲那年，大賀典雄成為了公司董事會的一員，這在因循守舊的日本企業，簡直是前所未有的，破天荒的奇蹟。

究竟是什麼力量，促使大賀典雄整整一年處在髒累而卑微的工作環境中，卻沒有任何抱怨？抑或是說，像大賀典雄那樣，能面對挫折而泰然處之的人，他們究竟有什麼與眾不同的地方呢？

其實在他們身上往往具有容易被常人忽略的素養：

首先，永遠客觀的正視現實，從不為困難找藉口。

他們不追求絕對的「公平」，就算一時的收穫抵不上付出，他們也能接受這一切，心甘情願從頭做起，從基層做起。他們不追求小說故事裡那些一蹴而就的成功，他們接受「年輕人要從基層做起」的思想。他們並不從一開始就給自己定下什麼「偉大的目標」，而是一個個現實的目標，透過一步步的努力走向成功。

其次，化解困惑，擅長從具體工作中尋找樂趣。

樂觀的心態，是支撐一個人度過「低谷」的基礎。可以想像，當大賀典雄被派去做學徒，他當時並不知道盛田昭夫的用意，肯定也會覺得困惑、不解。但現實是必須面對的，他該如何度過自己的學徒歲月呢？也許，大賀典雄一定喜歡自己的工作，一定從學徒的工作中尋找到了樂趣。畢竟這是當時其他大學畢業生一輩子可能都不會碰到的經歷。也正因為他珍惜這段經歷，在學徒的職位上也做得有聲有色，所以，才讓盛田昭夫更加清晰地認識到他與眾不同的心理素養和才能。

再次，富有遠見，不計較一時得失。

固然，大賀典雄是幸運的，他的「不幸」僅僅是盛田昭夫刻意安排的「考驗」。可實際上，更有無數「一開始就沒那麼幸運」的成功者，不計較一時得失，憑藉自己強大的堅毅和耐心，完成了命運安排給他們的嚴酷「考驗」。

最後，永遠採取積極的行動。

即使處在「低谷」，他們也不會自暴自棄或是怨天尤人，他們總會「做點什麼」，讓自己渡過難關，絕不會用嘴上滔滔不絕的抱怨來宣洩自己，積極行動是他們唯一的嚮導。

優秀的人，一般都需要具有上述幾項心理素養，他們不急不怨，不慍不火，著眼現實，積極行動，努力解決出現的問題，用建設性的態度來看待工作和生活。他們更不會抱怨命運，只是積極用行動改變自己的處境；他們不會抱怨同事、抱怨客戶，而是用善意的方式與人們進行溝通；他們不會抱怨老闆、抱怨公司，而是珍惜本職工作給自己提供的學習機會。他們遇到麻煩、挫折，都會「換一個角度」想問題，從「麻煩」中發掘快樂，創造機會。

下面是關於幾個事業有成者的經歷。

其中有一個人，他開車和專家一起參觀一家企業，卻恰巧碰上一路都是交通堵塞，幾乎是寸步難行。可是這位朋友卻說：「大城市交通就是這樣！沒關係，平時我也不開車，坐公司的班車上班，一路上可以閉目養神，還可以聽聽外語。上次我去美國考察，我發現自己的口語竟然提高了很多！這還得感謝大城市的塞車呢！」

另外一人是一個企業的老闆，朋友們從來都聽不見他的抱怨。按理說，他有太多需要抱怨的理由了：行業的政策變動、諸多合作夥伴的不誠信、員工的失誤等等，都給他帶來很多麻煩。但他從來不抱怨任何人，而是想辦法，找出路，把每一個考驗和挑戰一一化解，把每一個劣勢重新調配，全力做到細緻。

正是這些不抱怨的人，在朋友、同事之間散發著迷人的魅力，也讓別人感覺心胸開朗、心態陽光，在工作中充滿著力量。

一個真正有理想的人，是不會為身邊那些繁瑣的小事怨天尤人的；當一個人懂得時間的珍貴，就不會讓抱怨浪費自己的生命，生活中的陽光也會灑滿他們生命的每一個角落。

如果你還在喋喋不休地抱怨不停，至少可以肯定，你很難成為優秀的人。從現在開始停止抱怨吧，換一種態度去審視生活，你就會發現一個個被忽略掉的精彩。

每一次努力和付出都是有價值的

有人說過：「無常是正常」。有因才有果，有付出就有收穫。

上帝對每個人都是公平的，你付出了會得到回報的。付出的越多，得到的也就越多。當然上帝是要考驗我們的。每的人都有考驗，所以遇到困難無須懼怕，勝利就在你眼前了。俗話說：「經風的生命更亮麗，經雨的太陽更燦爛。」年輕的我們，撫平心靈的創傷，奔向明天的太陽吧！

有時你可能已經付出了好多，但是還總是失敗，覺的夢想離自己很遙遠。其實不然，你離夢想已經很近了，穿越過黎明前的黑暗，你就會看到曙光。但如果放棄夢想，那就真的離它越來越遠了！放棄了就徹底的失敗了！「失敗是成功之母」也永遠體會不到了！

有些事並不是我們所看到的樣子，讓我們看看下面這個故事！

兩個天使在旅行中到一個富店家借宿，這家人對他們並不友好，並且拒絕讓他們在舒適的客廳過夜，而是在冰冷的地下室找了個角落。鋪床時，較老的天使發現牆上有個洞，就順手把他修補好了。第二晚兩人到了貧窮家借宿，主人夫婦兩十分熱情款待客人，把僅剩的一點食物都拿出來給客人吃，還讓他們睡自己的床鋪，第二天早，天使發現主人夫婦在哭泣，唯一的生活來源——一頭乳牛死了。年輕的天使非常氣憤，質問老天使「為什麼不阻止，幫無情無義的富人補牆洞，而對有情有義的窮人不予幫助？」

老天使說，「有些事情並不像它看上去的那樣，我補牆洞那是牆裡面堆滿了金礦，我不要讓金礦被發現，而昨晚我得知死神來召喚農夫的妻子。於是就讓乳牛代替了她。」

透過這個故事，我們是否能有所領悟呢？有些時候得到回報雖然失敗了，但是你還可以再來，實際上如果你沒有付出，敗得會更慘！就像我們常自己說，怎麼會這樣。我明明用心努力的，怎麼還考試不及格！怎麼還考倒一，明明怎樣，然後又怎樣……千萬次地哀聲嘆氣，千萬次地不滿意，一次又一次地埋怨，直到自己放棄自己了自己，然後墮落。可是為何不去想想，有付出總是會有回報的！只有正視自己，才能脫掉失敗的繭，化蛹為蝶，成就一個嶄新的自己。

相信自己的每一次努力和付出都是有價值的，看似毫無結果的努力都是通向最後目標的階梯。因為付出總有回報。

無論在任何情況下，絕對不要放棄希望和自信，不要只看到一顆黯淡的心，相信上天是公平的，我們需要做的就是，用行動去改變自己。

放下抱怨，積極擁抱生活

莎士比亞（William Shakespeare）曾說 :「人生在世，也有潮汐漲落，掌握了潮的時機，便可成功 ；失去良機，一生航程必定觸礁擱淺，終生顛沛。」

在人生的海洋中，雖然不能每一次都順順利利、平平安安的，但是，我們所能做的，就是把帆準備好，隨時迎風待發。

有一個大學畢業的學生，工作兩年就換了六個公司，總是覺得自己得不到老闆的重視，身邊的同事大多也不願和他談話，他對那份工作一點興趣也

沒有了，他想辭職另找一份工作。他是那種有上進心，但是又很自負的人，總覺得自己比別人強，有時候甚至還不懂裝懂，瞧不起別人。在大學期間就由於這種性格和很多同學搞僵了關係，人際關係非常糟糕，所以在學校的時候，他就盼著能早點畢業，換個新環境來擺脫學校這個他認為很糟糕的環境。可是工作兩年來，他依然是頻頻跳槽，由畢業前的雄心壯志變成了現在的鬱鬱不得志。

試想，這樣的結果是誰的過錯呢？生活和工作中，我們更應該改造的是我們自己，轉變方式，改變態度，學會積極的生活。

還有這樣一個故事。一隻烏鴉打算飛往南方，途中遇到一隻鴿子，一起停在樹上休息。鴿子問烏鴉：「你這麼辛苦，要飛到什麼地方去呢？為什麼要離開這裡呢？」烏鴉嘆了口氣，憤憤不平地說：「其實我也不想離開，可是這裡的人們都不喜歡我的叫聲，他們看到我就討厭，有些人還用石子打我，所以我想飛到別的地方去。」鴿子好心地說：「別白費力氣了。如果你不改變你的聲音，飛到哪裡都不會受歡迎的。」

因此，改變自己，去適應社會，才是明智之舉。

經常遭受挫折、打擊和失敗的人，常常習慣於責備社會、制度、人生，抱怨自己運氣不好。對於別人的成功與幸福，總是憤憤不平。因為他認為，這些都說明生活使他受到不公平的待遇。

無論生活中還是工作中，當我們認為自己遇到了不公平的待遇時，先冷靜地想想到底問題出在哪裡，找到問題的癥結，解決問題才是正道，而不是用抱怨和逃避的消極態度去面對。

任何抱怨和類似的憤憤不平都只是企圖用所謂不公正、不公平的現象來為自己的失敗辯護，使自己感到好過一些。可實際上，作為對失敗者的安慰，怨恨是不起任何作用的。怨恨是精神的烈性毒藥，它遏制了快樂的產生，並且使成功的力量逐漸的消耗殆盡，最後形成惡性循環。自己並沒有多少本領而又非常怨恨別人的人，幾乎不可能和同事相處得好。對於由此而來的同事對他的不夠尊重，或者主管對他工作不當的指責，都會使他加倍地感到憤憤不平。可是任何的抱怨永遠都無濟於事，最明智的做法是將抱怨化為行動。

怨恨的結果是塑造惡劣的自我形象，並將自己孤立於眾。就算怨恨的是真正的不公正與錯誤，它也不是解決問題的方法，因為它很快就會轉變成一種不良情緒，繼續影響其他人和事。一個人習慣於覺得自己是受害者時，就會定位於受害者的角色上，並可能隨時尋找外在藉口，即使是在最不確定的情況下，他也能很輕易地找到不公平的證據。

產生怨恨的真正原因是自己的情緒反應。面對困境，抱怨是無濟於事的，抱怨顯得如此的蒼白無力，只有透過努力才能改善處境。因此，只有自己才有力量克服它，如果你能理解並且深信，怨恨不是使人成功與幸福的方法，你便可以想方設法控制住這種習慣。

許多成功的人往往就是在克服困難的過程中，形成了高尚的品格。相反，那些常常抱怨的人，終其一生，也無法產生真正的勇氣、堅毅的性格，自然也就無法取得應有的成就。對於生活中那些習慣抱怨的人，人們常會對他避而遠之；在工作中也很少有人會因為壞脾氣以及抱怨、嘲弄等消極負面的情緒而獲得獎勵和晉升。也許有些人的確承受了巨大的壓力，或者在公司得到極不公正的待遇，但是這些都不能成為無休止抱怨的理由。

一個受過良好教育、才華橫溢的年輕人曾經抱怨說，自己在公司長期得不到提升，其間流露出對老闆不滿。一旦有了這種心理，他也就根本無法主動用心地做事了。

人們在遭遇不公正待遇時，通常會產生種種抱怨情緒，甚至會採取一些消極對抗的行為，這是一種正常的心理反應。但是，如果我們從另外一個角度，

用一種豁達大度的心態來對待它，就會將這種不公正當成對人生的一種考驗。

有一個人計畫與一位離過婚的女人結婚，臨到結婚前卻放棄了。「事情怎麼會這樣呢？」他的朋友為之惋惜。那個人解釋說，「她總是歷數前夫的種種缺點，胡說八道、好吃懶做、無所事事、脾氣惡劣等，簡直一無是處。我想，世界上應該沒有一個如此壞的人吧。我突然覺得和她生活下去我會受不了的，於是乾脆趁早逃走！」

現在許多公司管理者對員工的耿耿於懷的抱怨都感到很困擾，一位老闆曾經這樣說：「許多職員總是在想著自己『要什麼』，抱怨公司沒有給自己什麼，卻沒有認真反思自己所作的努力和付出夠不夠。」

嘲弄和抱怨是慵懶、懦弱無能的最好詮釋，它像幽靈一樣到處遊蕩使人不安。與其毫無意義地抱怨和嘮叨，不如去尋找那些值得欣賞的東西，讚美它、理解它、支持它、擁護它，你肯定會發現截然不同的結果。如果還是無法釋放內心的壓抑和煩惱，你不妨到海邊去，在沙灘上將自己的憤怒和不滿寫出來，讓他們隨著潮水一起消失在天際間。

每天多做一點點

滴水穿石，積少成多，集腋成裘，不積小流，無以成江海等等，無不說明「小」的作用。「勿以善小而不為」，無論你是管理者，還是普通職員，若能抱著「比別人多做一點」的工作態度，你便可從競爭中脫穎而出。你的老闆、同事和顧客都會關心你、信賴你，也會漸漸引領你走向成功的大道。

一位成功的推銷員在分享自己成功經驗時說：「你要想比別人優秀，就必須堅持每天比別人多訪問 5 個客戶。」「比別人多做一點」，多簡單的一句話，卻是很多事業成功者的制勝法寶。

但是在現實生活中，大多數人更願意找些藉口來搪塞，而不是努力成為優秀的實踐者。因為他們覺得自己必須有巨大的付出才能夠成為優秀的人，而找個藉口搪塞自己為什麼不全力以赴讓自己變得優秀，對他們來說，那可真是不用費什麼力氣。

成功並不高深，實際上就是將勤奮和努力融入每天的工作、生活中的任何一個細節。著名投資專家約翰 · 坦普爾頓（John Templeton）透過大量的觀察研究，得出了一條很重要的原理 ：「多一盎司定律 」。盎司是英美重量單位，一盎司相當於 1/16 磅，在這裡以一盎司表示一點微不足道的重量。

所謂「多一盎司定律 」，意即只要比正常多付出一丁點就會獲得驚人的結果。

美國出版商喬治 ·齊茲12歲時便到費城一家書店當營業員，他工作勤奮，而且常常積極主動地替別人做一些分外之事。他說，「我並不僅僅只做我分內的工作，而是努力去做我力所能及的一切工作，並且是一心一意地去做。我想證明自己是一個比在別人想像中更加有用的人。」坦普爾頓指出 ：取得中等成就的人與取得突出成就的人幾乎做了同樣多的工作，他們所做出的努力差別很小，僅僅「多一盎司 」。但其結果，在所取得的成就方面，卻經常有著天壤之別，幾乎不可同日而語。這好比兩個人參加馬拉松比賽，在奔跑兩個小時以後，都已經完成了 42 公里的賽程，還有不到 200 公尺，就將到達終點。此時的兩人都十分勞累，每一步都是煎熬。前者選擇了放棄，而後者則堅持了下來。相對於他跑過的漫長路程，餘下這一段短短的距離所具有的價值和意義是不言而喻的，沒有這幾步，此前的努力將變得毫無意義 ；有了這幾步，他就成了一個征服馬拉松的勝利者。取得中等成就的人只是少跑了幾步，但是不幸地是，那是最有價值的幾步。輸贏也因此而見分曉。

「多一盎司定律 」可以廣泛地運用到人們生活和工作的任何一個領域。這一盎司把贏家跟一些入圍者區別開來。在朝氣蓬勃的高中足球隊中，你會

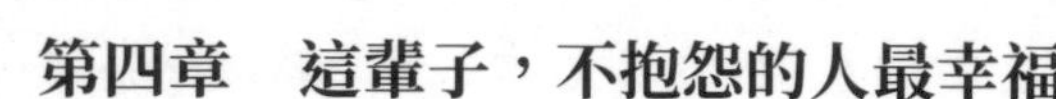

發現，那些多做了一點努力，多練習了一點的年輕人成為了球星，他們在贏得比賽中達到了實質性的作用。他們得到了球迷的支持和教練的青睞。而所有這些只是因為他們比隊友多做了那麼一點努力。

比別人多做一點會使你最大程度地展現你的工作精神，最大限度地發揮你的天賦，讓自身不斷升值，成為一個真正的優秀的人。多做一點是一個良好的習慣。你沒有義務做自己職責範圍以外的事，但是你卻可以選擇自願去做，來鞭策自己加速發展。率先主動是一種極其珍貴、備受青睞的素養，它能使人變得更加敏捷，更加積極。如今在很多公司，個人的工作內容相對比較確定，並沒有許多「分外」之事讓我們去做。而且，當一個人已經完成了絕大部分的工作，付出了 99% 的努力，再「多加一盎司」其實並不難。但是，我們往往缺少的卻是「多一盎司」所需要的那一點點責任、一點點決心、一點點敬業的態度和自發主動的精神。

在商業界，在藝術界，在體育界，在所有的領域，那些最知名的、最出類拔萃者與其他人的區別在哪裡呢？答案就是多勤奮、多努力那麼點一點。誰能使自己多加一盎司，誰就能得到千倍的回報。

第五章　這輩子，感恩讓世界充滿愛

英國作家威廉·梅克比斯·薩克雷（William Makepeace Thackeray）說：「生活就是一面鏡子，你笑，它也笑；你哭，它也哭。」你感恩生活，生活將賜予你燦爛的陽光；你不感恩，只知一味地怨天尤人，最終可能一無所有！成功時，感恩的理由固然能找到許多；失敗時，不感恩的藉口卻只需一個。殊不知，失敗或不幸時更應該感恩生活。感恩，一種生命形態。在我們的生命中應需要感恩。這不僅僅是一種禮儀，更是我們在生活中的特質。

感恩，使我們在失敗時看到差距，在不幸時得到慰藉、獲得溫暖，激發我們挑戰困難的勇氣，進而獲取前進的動力。感恩，是人與人之間珍貴的情感。感恩不僅包括對父母的感恩，也是對曾經幫助過你的人的一次感恩。或許有人曾助你排憂解難；或許有人曾助你登上頂峰；或許有人曾助你在你危難時刻的一隻援手。感恩，對愛感恩。感恩，是一筆巨大的財富。

正如歌中所唱，讓我們懷著一顆感恩的心，去擁抱世界吧！讓這個世界充滿愛。

生命之旅，不僅僅是為了趕路

對我們每個人來說，生命，不僅僅是為了趕路，在我們的人生旅程中，有感動，有溫暖，有熱情，當我們擁有快樂和幸福的時候，更不要忘記那些曾經給過我們感動，給過我們溫暖的人和事。在人生的旅途上，我們既是過路人，也是欣賞者。在很多人只顧著埋頭趕路的時候，往往忽視了生命中最容易感動我們的東西。懂得感恩，心懷感恩，我們的生活才會有更多的快樂，活著才會更加美好。

人的一生真的不算長，時間稍縱即逝，我們應該好好珍惜身邊的每一個人和每一件事。既然我們無法延伸生命的長度，那我們就在不斷完善自身價值的過程中擴寬生命的寬度。

生活因為有了感恩，才會變得美好；世界因為有了感恩，才會有寬容大愛。寬容他人，尊重他人，感恩生活，這是每一個人心靈之旅中必須經歷的。懂得了感恩，我們的胸懷才會更寬廣，學會了感恩，我們的生活才會更快樂，更幸福。

有一個年輕的年輕人，一天沒有錢上網了，於是，他跑到了一個老太太的家裡去偷錢。當老太太躺在床上聽到有人翻動自己的房間，昏暗的光線中，老太太看到了一個年輕的年輕人，於是，她躺在床上沒有動，只是很平靜地說：「錢在抽屜裡，櫃子裡沒有。」老太太說這話的時候就好像對自己的孫子說一樣，充滿了慈愛。

年輕人拿了錢後準備要離去，老太太又說：「收到東西怎麼也不說聲謝謝啊？」

「謝謝！」年輕人很自然地說了一聲。突然他愣住了，他想起了自己是來偷錢的，瞥了一眼躺在床上的老太太，年輕人的心中百味交集，於是，把手中的錢拿出一些放回原處。

後來，年輕人屢教不改被員警抓到了，當員警帶著年輕人來到老太太家了解情況的時候，老太太說 :「那些錢是我給他的，他並沒有搶。」年輕人聽了之後，不由的感激，人性中美好的一面被老太太善意的謊言喚醒了，年輕人跪在老太太面前說 :「我以後一定要金盆洗手，改過自新，做一個好青年，您就是我的親奶奶⋯⋯」

老太太是一個懂得感恩的人，她孤獨半生，都是由街坊鄰居定時地過來幫忙，她更知道年輕人其實並不壞，有著一顆善良的心，他不過是因為沒有家人的管教而造成了一些不良行為罷了。年輕人在老太太的心靈感召下，終於洗心革面，重新做人，從此以後，他完全變了一個人，學會了寬容和理解，懂得了感恩，用自己的實際行動來為他人和社會做著貢獻。

生命對我們每個人來說都是非常寶貴的，我們追求成功的人生、追求名利雙收，我們在勞累之餘，不妨靜下心來想一想那些曾經感動過我們，激勵過我們，給過我們溫暖和幫助的人和事，給自己一份動力，送自己一份溫馨，讓自己永懷感恩之心，感謝他人，感謝社會，感謝生活。相信，只要我們時常懷著一顆感恩之心，我們的生活一定會遍地花開，充滿幸福和甜美。

人生之旅是漫長而艱辛的過程，當我們得到自己想要的生活，走向富裕和幸福後，請不要忘記沙漠中的口渴，不要忘記無魚、無食、吃糠醃菜的三餐，不要忘記又累又餓又病的日子，更不要忘記在我們煎熬的時候，困苦的時候，那些給予我們無私的幫助和支持的人們，給過我們感動和溫暖的人們，讓我們永遠感恩生活中的那些溫暖和愛。

有 個失去雙手的女孩，她透過自己的努力，靠著頑強的毅力考上了大學，當別人問起她的求學經歷的時候，她總會飽含淚水說 :「我永遠都感激我的小學老師，是他為我打開了通往知識殿堂的大門。」

那是一個非常寒冷的冬天，女孩因為失去了雙手，不能去學校讀書。看著自己的同儕一個個都興高采烈地去上學了，她的心裡很不是滋味。她多麼渴望能夠和那些孩子一樣，在寬敞明亮的教室裡一起讀書！於是，她冒著寒風悄悄溜進學校，在寒風中趴在教室外的牆上聽老師講課。教師提了一個問題，班上的學生沒有一個人能答得上來。而聽得非常入迷的女孩早已經忘記了自己是在「偷聽」，迫不及待地就把答案喊了出來。

當老師聽到教室外傳來的聲音後，感到非常驚訝，於是，推開門出來看。女孩擔心自己會被趕出學校，早已經嚇壞了。讓她意外的是，老師很和藹地把她帶進了教室，並對學生們說：「以後讓她和你們一起上課，大家不要將此事告訴學校。」就這樣，她可以和同儕一樣，在教室裡聽老師講課，很快她讀完了小學，並且取得了全縣第一的優秀成績。

可是，當地沒有一個中學願意錄取她，因為她沒有雙手。女孩只能在家做一些力所能及的家務減輕父母的負擔，除此之外，她還自學中學的課程。她還學會了用腳來寫字，她用腳寫的字端正大方，根本看不出來是用腳寫的。

考大學以後，女孩以出色的成績和堅強的毅力贏得了一所大學的錄取通知書。軍訓時她疊被子的情景讓長官大開眼界，說那是最標準的「豆腐塊」，長官說要把她疊的被子的錄影放給那些入校的新生看，讓他們看看有人用腳比他們用手做得更好。

女孩子的雙手是因為她的母親而失去的，而當有人問女孩恨不恨那個當初不負責的母親的時候，女孩說：「不，我從來都沒有恨她。我很愛她。我總是覺得對不起她，她是因為精神有問題才會經常離家出走的。」有一次，她的母親再次出走後，就再沒有回來。後來，在河邊找到了母親的屍體。想起母親的遭遇，女孩就淚流滿面，說：「是我沒有照顧好母親。」

儘管女孩沒有雙手，沒有母親，更沒有一個可以讓她衣食無憂的生活環境，但是，她卻從來沒有抱怨過，臉上總是充滿笑容，因為在她看來，生活中充滿了愛的陽光。她曾寫過一篇作文，題目是〈我最幸福〉。這篇作文裡沒有一句抱怨，有的全是對生活的感激和熱愛，對他人的感恩，在全縣的一次徵文中得了一等獎。

那些曾經感動過她，給過她溫暖和愛的人，甚至那些給過她微笑的人，或許，她不知道他們的名字，但是，她依然能夠做到心懷感恩，她的經歷如此坎坷，承受了太多的苦難，但是，懷有感恩之心，她的生活充滿了陽光和愛，她相信，這個世界會更美好。

在自己心靈的港灣，穩穩地停靠一會。
在自己心靈的驛站，靜靜地享受一會。
在自己心靈的夜空，深深地凝望一會。
在自己心靈的牧場，盡情地瀟灑一會。

人生，不僅僅是為了趕路，更多是體會和感悟，心懷感恩，讓我們的生命充滿更多的甜美，讓我們的生活充滿更多的愛和陽光。

人生一世，活的就是一種精神。我們要適時地給心靈放個假，擁有一副健康的身體，養成一種良好的心態，過著一種從容安適的生活。心靈安頓了，平衡了，豐實了，療癒了，我們的人生也就快樂了，美好了，無憾了。

傳遞感恩的接力棒

俗話說「滴水之恩當湧泉相報」，感恩，其實很簡單，不需要轟轟烈烈，不需要驚天動地，只需要一句話語，一個動作，一個微笑，一個眼神。懷有一顆感恩的心，比任何語言都美麗。

感恩是一種美好情懷，是一種溫暖回報，它以無聲的語言，拉近著心與心的距離。如果生活中，我們每個人都心存感恩，我們的世界將會多麼美好啊！懂得感恩，人的靈魂才會得到昇華。

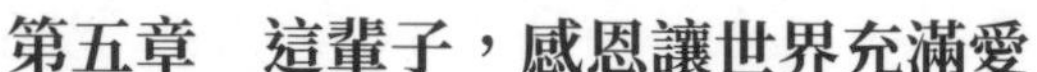

當你不小心冒犯了別人，而對方的坦然一笑，感激就會像幽幽的花香流過你的心房；當你在半路遇到突然襲來的風雨，這時有人將雨傘移至你的頭上，相信你的臉上也會露出感激的微笑，彼此之間的距離會迅速縮短。當你在深夜埋燈讀書的時候，妻子輕輕走來為你披上外套，沏上一杯熱茶，你會報之以笑靨，像一縷柔風蕩起心湖裡愛的漣漪……

感恩像一杯清醇的酒，使人生甜醉；感恩更像是一首浪漫的詩，讓我們的生命充滿美麗和憧憬；感恩更是一曲動人的音樂，讓我們的生活充滿陽光和快樂！

我們來到這個世界，就應該感恩，感恩親情，感恩友情，感恩師生情。曾有一對姐妹，幾十年如一日地尋找當年只是給了姐妹兩一碗飯的恩人，當找到這個恩人時，姐妹兩雙膝下跪，感動的多少人流淚啊！她們是為了什麼，為了感恩，感激這個救命恩人。如果，一個人連感恩都不會的話，那麼，他還會什麼呢？

有一天，修道院附近的果農叩開了那面棗紅色的厚厚的木門，然後笑盈盈地將一盤晶瑩剔透的葡萄送給看門人，這讓看門人很驚訝，他納悶為什麼對方會送來葡萄。

只聽那果農解釋說：「兄弟，感謝我來修道院的時候你對我悉心的照顧，讓我在這裡度過美好的一天，這是我剛剛收穫的葡萄，給你帶來一點嘗嘗鮮。」這份帶著驚喜的禮物讓看門人感動不已，他向果農表示了他最真摯的謝意：「呵呵……那都是我們應該做的，謝謝你的葡萄，這是我收到的最好的禮物！我都迫不及待地想要吃它了！」

果農聽了看門人的話非常高興，高興地離開了修道院。果農走後，看門人把那一盤子葡萄仔細地洗了一遍，正要拿起一顆放進嘴裡品嘗它的滋味的時候，他又想起修道院裡有一個病人最近食慾很差，如果讓他吃了這剛剛採收的新鮮葡萄，也許能夠幫助他改善食慾，而且這葡萄還可以幫他的身體補充一些營養。

於是，端著盛著葡萄的盤子走向了病房。那個病人看到看門人手中的葡萄感到非常欣喜。看門人和藹地對他說 :「這個是附近的果農剛剛採收的新鮮葡萄，送我一盤，但是我覺得你最近吃的東西太少了，或許，你吃些這葡萄能夠幫你增加一點食慾！」病人的眼神裡充滿了感謝，並告訴看門人說他將永遠感謝他，就算有一天永遠地離開了人世，他也會在天堂為他祈禱，讓他幸福、快樂。

看門人走了之後，病人看到新鮮的葡萄忍不住要拿起來吃時，和看門人一樣，他想到了日夜照顧他的小護士，這個小護士實在太辛苦了，但是，卻沒有一句怨言，一直在無微不至地照顧他。於是，他把葡萄放了下來，準備把這最新鮮的葡萄送給小護士吃。

病人激動地大聲地喊護士，小護士一臉匆忙地跑了進來，用擔憂的眼神看著他，「出了什麼事嗎？」病人搖搖頭，對護士說 :「看門人惦記著我的病，特意給我送來了這盤剛剛採收的葡萄，讓我品嘗。由於我一直很少吃東西，如果我現在吃了可能會對我的胃造成負擔，我想還是留給你吃，謝謝你這些日子來對我無微不至的照顧。」護士說空腹吃葡萄對他不會有什麼問題，堅持讓病人吃，但是，護士越堅持，病人越拒絕。最後護士把葡萄收下了，走在路上，邊走邊想，這盤葡萄應該送給兢兢業業地為大家做飯的廚師。

於是，護士踩著輕快的腳步來到了廚房，看到正在忙碌的廚師，心裡對自己的決定更加肯定了，她親切地說 :「你的心像這盤葡萄一樣高尚，這盤葡萄送給您，感謝您長期以來為大家烹煮美味的飯菜。廚師沒有拒絕護士的好意，最後他又送給了修道院院長，他認為，整個修道院都要院長一個人忙裡忙外的，太勞累了。

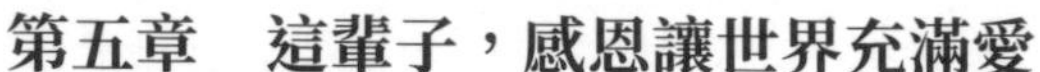

一盤葡萄就這樣像接力棒一樣被傳來傳去，最後又回到了看門人手中。看門人再一次驚奇的不知所措，於是他再沒有遲疑，開始吃起葡萄來。他突然覺得，活了大半生，這次吃的是自己吃過的最鮮美的食物，因為這裡面不僅僅包含了果農的辛勤勞動的汗水和心血，更飽含著整個修道院中所有人的愛和感恩！

這是一場愛的傳遞，也是一場感恩的傳遞。人們傳遞的不僅是一盤葡萄，更是人與人之間相互呵護與關愛的熱情，是一顆顆充滿著感恩的溫暖心靈。

感恩他人，讓世界充滿愛

在生活中，很多人都在為我們付出，為我們默默無聞地做事。我們感覺到了工作輕鬆了起來，生活變得精彩起來，孩子也不是那麼淘氣了……這一切都是背後的同事、父母、老師、朋友等很多人在幫助自己，再為自己的負重減輕重量。或許，在你享受幸福生活的時候，會發現有人在為你付出……我們多說一聲「謝謝」，常懷一份感恩，讓愛的陽光照耀身邊的所有人，人生也會因此而更加的美好。

古羅馬的神話傳說記載著這樣一個故事：有一次，古羅馬眾神決定舉辦一個巨大的盛會，會上將會邀請所有的美德神參加。真、善、美、誠以及大小美德神都應邀參加這次盛會，他們之間和睦相處，談論得十分友好，大家玩得也很痛快舒暢。

但是，盛會的主神朱庇特（Jupiter）看到了有兩個客人不肯接近，互相迴避。於是向信使神祕庫瑞說明了這一發現，讓他去盡快弄清楚這是怎麼回事，信使神立刻將這兩位客人叫到一起，並幫他們介紹起來。

「你們兩位應該在這以前沒有見過面吧？」信使神問道。

「沒有，從來沒有。」一位客人說，「我叫慷慨。」

「久仰，久仰！」另一位客人說，「我叫感恩。」

這個故事所包含的寓意就是：生活中慷慨的行為總是難以得到人們內心真誠的感恩。實際上，在生活中，我們每個人都在依賴著他人的奉獻才能夠維持每一天的生活，不過是也許我們太忙碌了，忽視了那些我們本該關心的，對我們的生活有重要影響的人和事，忘卻了懷抱感恩地生活。俗話說得好：「滴水之恩當湧泉相報。」如果不知道學著感恩地生活，那我們不僅會失去很多快樂，還可能會失去他人的信任。

一家著名的公司公關部在招聘一名辦公室職員，有很多人紛紛前來應聘，經過層層的篩選，最後只剩下 6 位最終角逐者爭奪唯一的名額。公司通知這 6 個人，得由經理層會議討論決定聘用誰，讓他們安心回去等通知，公司會在一週內透過電子郵件的形式告訴她們最終的結果。

沒過幾天，其中有一位女孩果然收到了電子郵件，當她打開郵件之後發現，信是公司人事部發過來的，讓她喜出望外，覺得自己一定是被錄取了，但是，在她看過內容之後，她的情緒一下子跌落到了極點。信的內容是這樣的：你好，經過公司研究決定，很遺憾地告訴您，您沒有錄取了。我們雖然很欣賞你的氣質、才學、和膽識，但是實在是名額有限，我們不得不忍痛割愛。不過公司以後如有招聘名額，必會優先考慮您。您所遞交的履歷資料將在影印後很快地寄還給您。此外，為了表達您對本公司的支持和關心，本公司隨信為您寄去本公司產品的優惠券一份，祝您好運！

這個女孩的心裡儘管非常難受，但是，看到公司寄來的優惠券，女孩覺得無端受到人家的恩惠，更為公司的誠意所感動，於是，她順手回覆了一封簡短的感謝信，而整個過程僅僅花費了她 1 分鐘的時間。

但是，在這兩天後，她再次接到了這家公司的公關部打來的電話，說是經過經理層會議討論決定，她已經被本公司錄用為正式職員。

她百思不解。後來，她問及上層主管，這才明白，原來郵件其實就是公司的最後一道考題。她之所以能夠勝出，僅僅是因為比別人多花費了 1 分鐘的時間去感謝而已。

只要我們懂得感恩，我們就能夠坦然地面對人生中的磨難，在生活中，我們要常懷一顆感恩的心，這樣會幫著我們順利地透過生活中一個個的「陷阱」，從而達到成功的彼岸。只有懂得感恩，這個世界才會多一份溫暖和愛，人生才會更有價值和意義。

這裡還有另外一個真實的故事：

有一位學業成績非常優異的女孩子，在經過了長達十年的苦讀之後，終於考上了一所著名的大學，但是，不幸的是來自偏鄉的她，由於家庭的貧困已經欠了學校不少的學費，入學後不久，她的父親又因為車禍死亡，家裡更是沒有了經濟來源，她不得不做好放棄自己的學業的準備。

就在她萬念俱灰的時候，在她最困難的時候，社會送給了她溫暖和關愛，老師和朝夕相處的同學們都紛紛慷慨解囊捐款捐物，爭先盡自己的棉薄之力來幫助這個成績優異的學生，看著身邊充滿了溫暖和關愛的錢和物品，女孩震撼了，她甚至捨不得去用這些錢和物品，於是就把它們放在一個小箱子裡，每天都會打開看看，看著這些東西，一種戰勝困難的決心油然而生。

後來，她透過自己的勤奮和努力，找到了一份不錯的兼職，順利地完成了自己的學業，而後又出國留學。面對一個花季女孩難以承受的困難和重擔，她為什麼會有這麼大的信心和勇氣來呢？因為她懷有一顆感恩之心。

她說：「社會給了我一切，來自身邊的人、以及陌生人，他們不僅僅給予我那些物質上的幫助，更給予了我一筆寶貴的精神財富，永遠烙在我的心裡。我要努力學好本領，回報社會，回報我的父老鄉親。」正如這位女孩，很多人，正是有了感恩之心，生命才會時時得到滋潤，才會閃爍耀眼的光芒。

對我們每個人來說，我們都是一道獨一無二的風景，每個人都是世界的一個奇蹟，我們無須在特定的時間特定的地點表示感謝，在很多時候，只要我們留意觀察生活，看著周圍的風景，你就會感謝天地給予了我們陽光，空氣，水和糧食，如果沒有這些，我們將無法生存；感謝我們的父母，他們賜予了我們生命，含辛茹苦地把我們撫養成人，沒有他們，就不會有我們的今天；感謝老師，他們幾十年如一日，付出了青春的代價，換來我們一代又一代人的長大成才……沒有他們，我們早被人生的泥濘困住；感謝我們的朋友，我們的愛人，陌生人……

我們需要感恩的實在是太多了太多了……

有位名人曾經說過這樣一句話：「我們關心的遠比我們知道的少，我們知道的遠比我們所愛的少，我們所愛的遠比我們所能愛的少，就這一點來看我們表現得遠比真正的我們少。」讓我們懷著感恩生活吧，用更多美好的東西奉獻給社會；擁有一顆感恩的心，我們會更加珍惜我們所擁有的，我們所身處的環境；帶著感恩上路，讓我們永遠對這個世界充滿愛，永遠對生活充滿希望，那麼我們的生活也會充滿陽光，我們的人生將會更完美、圓滿。

讓我們懷有一顆感恩之心吧，擁抱這美麗的世界，回報那些幫助過我們，溫暖過我們，感動過我們的人。因為感恩，我們的世界多了一份美好；因為感恩，我們的周圍充滿了溫暖和愛；因為感恩，我們更加珍惜我們的生命和生活。心懷感恩，無須刻意地回報，讓我們從身邊的人和事做起，對那些默默地為我們做出貢獻的人道一聲謝謝，對那些需要幫助的人伸出援助之手，讓生活變得更加和諧美好。

懂得感恩的生活才會更美好

感恩是一種處世哲學，是生活中的大智慧。人生在世，不可能一帆風順，種種失敗、無奈都需要我們勇敢地面對、曠達地處理。這時，是一味埋怨生活，從此變得消沉、萎靡不振？還是對生活滿懷感恩，跌倒了再爬起來？

我們每個人都無法迴避地會遇到諸多的磨難，很多時候，我們甚至會活得很辛苦，失意和挫折會充斥著我們的生活：要生存，要吃，要穿，養活自己，養活家人；有的學生還要應對學測；有的人離職失業，病痛折磨等種種不測。然而，這一切並不可怕。只要我們能夠以一顆坦然的心來對待，並且透過我們的努力來改變這一切，我們的苦難就會成為過去，我們終將迎來新的生活。但是，對我們來說，比受到磨難更可怕的是，有那麼一天，我們對生活失去了熱情，我們的生活變得索然無味，我們的人生沒有了期待和驚喜，更沒有了感動和溫暖，那對我們來說，恐怕是最糟糕的事情。

有的人，擁有一份不錯的工作，一個很溫馨的家庭，孩子聰明乖巧，父母身體健康，經濟狀況也不錯，也有很多好朋友，但是，依然會覺得生活中有很多煩惱，那只能說明這個人不懂得知足，不會感恩。在如今世界上，依然存在著飢餓，依然有很多人穿不暖吃不飽，依然有很多人在為失去健康而受盡折磨，有很多人沒有可以遮風擋雨的房子，有很多人甚至在夜晚的時候沒有燈光照明……所以，如果你衣食無憂，你就應該擁有一顆「感恩」的心。用心感受平凡中的美麗，我們就會以坦蕩的心境、開闊的胸懷來應對生活中的酸甜苦辣，讓原本無味的生活煥發出迷人的光彩。

感恩是一種生活態度，一種善於發現生活中的美和善的道德修養。人生在世，不如意事十有八九。如果我們執著於這種「不如意」之中，終日惶惶不安，那我們的生活必定索然無味。

我們要懂得珍惜，學會感恩。其實很多時候，能夠安心地做工作，能夠平靜地生活，就是一種幸福。每一份工作都有它的樂趣之處，每一種生活都有它獨特的魅力。

10 個大學的畢業生到某部門實習參觀，面對部門裡幫他們倒水的祕書，10 個大學生中有 9 個臉部毫無表情，甚至連一句普通的客氣話都沒有說，唯獨有一個大學生看到幫他們倒水的祕書額頭都沁出了汗珠，面帶微笑地輕聲說 :「 謝謝，大熱天，辛苦你了。」

實習結束後，部長親自給他們送行，並親自贈送紀念冊。部長連續給幾個人頒發了紀念冊，但是場面一直非常冷清，那些大學生居然又沒有一個人跟部長道謝，弄得部長倒有些尷尬。在部長就要失去耐心準備離開的時候，又是這位同學禮貌地站起來，身體微傾，雙手接過紀念冊，並恭敬地說了一聲 :「 謝謝部長 ！」

後來在大家都著急找工作的時候，這位同學接到了部長的工作邀請函。這連他自己都感到非常驚訝，因為他的學業成績在他們 10 人中並不突出。

很多時候，我們需要做的也許就是說一聲「 謝謝 」，表達我們的感激之情。生活因為了有了感恩才會美好，我們因為懂得了感恩才能夠體會到世界的溫暖和愛。心懷感恩，不管我們做什麼工作，做什麼事情，我們的生活都會因此而充滿陽光，世界才會多一份美好和溫暖。

有一天，俄國作家費奧多爾 · 索洛古布（Fyodor Sologub）在拜訪列夫 · 托爾斯泰（Leo Tolstoy）時說 :「 您真幸福，您所愛的一切您都有了。」托爾斯泰說 :「 不，我並不具有我所愛的一切，只是我所有的一切都是我所愛的。」

如果我們都能夠像托爾斯泰說的那樣「 我所有的一切都是我所愛的。」懷有一顆感恩之心，感謝生活的賜予，我們的生活才會有更多的快樂，我們的生活才會更美好 ！

如果你有一顆感恩之心，生活便會在你的眼裡變得越來越美好。我們或多或少都曾得到過生活的恩惠，接受過他人無私的幫助，但是，我們是否用心記住了這些呢？並且因此而多了一份感恩之情呢？

感恩讓我們有意義地活著。感恩生活所給予的一切吧，只有感恩，我們才會獲得更多的快樂，只有感恩，我們的生活才會更美好。感恩讓我們不再抱怨，感恩讓我們懂得珍惜。懷有一顆感恩之心生活，我們就會時時刻刻感受到溫暖和關愛，生命也會因此而美麗。

人活著，應該學會感恩，感恩世界教你的一切，學會感恩，世界很好，世界很美……

付出是沒有存摺的儲蓄

俗語說 :「送人玫瑰，手有餘香。」奉獻愛心可以展現人性的美好，同時也是一種處世哲學和快樂之道。有位哲人說過 :「人活著應該讓別人因為你活著而得到益處。」學會給予、付出，你就會體會到樂善好施，不求任何報酬的快樂與滿足。付出一份愛心，收穫一份快樂與希望。在別人困難的時候，伸出我們援助的雙手，在你為難之際，才會得到更多的幫助。

有付出總會有回報。對他人做了善事，總能得到加倍的回報。幫助別人，其實就是幫助自己，與人為善，與己為善。當我們付出的時候，本身就體驗到了生命的意義與快樂。只有付出自己的真心，用心交換心，才會得到他人的幫助，與人方便，自己方便。你對別人慷慨解囊，你也會收到別人的無償回報。奉獻和給予讓這個世界變得美好。

有一個這樣的故事。

有一個人在沙漠中旅行，途中遇到了暴風沙，迷失了方向。幾天後，乾渴讓他越來越看不到希望。沙漠彷彿是一座極大的火爐，要蒸發他全身的血液。正當他處於絕望中的時候，他意外地發現了一個廢棄的小屋。他用盡最後的力氣，拖著疲憊不堪的身體爬進了堆滿枯木的小屋。

仔細一看，枯木中隱藏著一架抽水機，他感到非常幸運，於是撥開枯木，用抽水機開始抽水。但是，很長時間過去了，他沒有抽出半滴水來。當絕望再一次襲上他的心頭時，他無意中看到抽水機旁有個小瓶子，瓶口用軟木塞堵著，瓶上貼了一張泛黃的紙條，上邊寫著：你必須用水灌入抽水機才能引水！不要忘了，在你離開前，請再將瓶子裡的水裝滿！

他拔開瓶塞，看著滿瓶救命的水，他的內心深處爆發了一場戰爭：喝掉這瓶水還是把這瓶救命水倒進抽水機？他知道，如果他喝掉了這瓶水，他或許不能活著走出沙漠，但是，他至少可以活著走出屋子。但是，如果他把瓶中唯一救命的水倒入抽水機內，或許能得到更多的水，但萬一抽不上水，他就會葬身在這間小屋中……

最後，他終於下定決心，將整瓶的水全部灌入那架破舊不堪的抽水機裡，然後，用顫抖的雙手開始抽水……很快，水真的湧了出來！這讓他感到萬分驚喜。他痛痛快快地喝了一頓，然後把瓶子裝滿水，用軟木塞封好，然後又在那泛黃的紙條後面寫上一句話：相信我，這絕對是真的。

幾天後，他終於穿越了沙漠。在他以後的有生之年，每當回憶這段生死歷程的時候，他總要告誡後人：在取得之前，要先學會付出。

可見，學會付出是我們獲得人生快樂乃至尋求成功的過程中必須遵守的一條基本準則。在當今這樣一個合作的社會中，人與人之間更是一種互動的關係。只有我們首先學會付出，才能有所收穫，一個不懂得付出的人，只能讓自己的收穫越來越少。

還有另一個故事。

有一個年輕人，隻身來到了一座陌生的城市。身上帶的錢很快就要花完了，他心灰意冷，終日食不果腹，一天他去一戶人家準備討要一點吃的。當他敲開門，迎來的是一張笑臉，開門的是一個年輕的女人。

女人看到他的樣子，問他 :「您有什麼需要幫助的嗎？」

本來打算要點吃的他，面對眼前這個真誠善意的女人，突然難以啟齒，於是說道 :「能不能給我一杯水解渴？」

女人看到這個年輕人的神色，請年輕人進屋裡，給年輕人倒了一杯熱牛奶。年輕人非常感動地說 :「謝謝您！」

女人依然保持著不變的笑容，說道 :「不用客氣，就是一杯牛奶。」

年輕人喝完牛奶之後，跟女人道別後離開了。一個笑容，一杯牛奶，從那之後就成為年輕人繼續在這個城市活下去的動力。

多年後，年輕人成為了一家醫院的主治醫師。一天，在檢查病例的時候，發現一個女人得了一種罕見之症，做手術需要花很多錢。但是，這個女人的家人卻遲遲沒有付款，當他從病人的病例上看到家庭住址時，多年前那張充滿笑容的臉浮現在他的腦海。

這個病人正是當年給予年輕人一杯熱牛奶的那個女人。

不久之後，女人手術成功，身體很快恢復了健康。當她在為高昂的醫藥費用擔憂的時候，護士給她拿來了醫藥單。女人一看，吃了一驚，有人已經為她付過醫藥費了。想想自己的家裡因為自己的病已經是一貧如洗，又哪裡有錢來做手術呢？女人看到醫藥單的底部寫了一行字 :「多年前一杯熱牛奶的人情抵去全部的醫藥費。」

幫助別人就是強大自己，幫助別人也就是幫助自己，別人得到的並非是你失去的。生活就像山谷回聲，你付出什麼，就得到什麼 ；你耕種什麼，就收穫什麼。在一些人固有的思維模式中，幫助別人，自己就要有所犧牲 ；別人得到了，自己就一定會失去。比如你幫助別人提了東西，你就會耗費了自己的體力，耽誤自己的時間。其實很多時候，幫助別人並不意味著自己吃虧。如果你幫助其他人獲得他們需要的東西，你也會因此而得到想要的東西，而且你幫助的人越多，你得到的也越多。為別人做好事不是一種責任，而是一種快樂。

付出才有收穫，不勞而獲的事情太少太少。即使幸運之神光臨你的身邊，你在取得之前，也是要先學會付出。人生中，在通往成功和富足的路上，我們往往並不是缺少機遇，而是無法好好地把握它。生活會以多種方式給予你無盡的快樂，只是有些人對此有謬解，總以為只有從生活中索取才能使一個人快樂，只是想著得到。其實不然，站在生活這一樸實的課題面前，我們應該明白一個道理，那就是給予比取得更令人快樂。

人生之旅也是這樣，不管我們追求成功也好，幸福也好，我們首先要做的就是學會付出！我們一生是否快樂、是否成功，並不是由財富的多少來決定的。由衷的快樂是來自你的付出，肯讓你周圍的人都能因為你的快樂而快樂，這才是一個人應有的真正的快樂。

因為有愛，所以選擇犧牲

愛有著偉大的力量，可以讓人不顧暴風雨的襲擊，不顧寶貴生命的逝去，甘心情願地為他人付出。

當子正要走進他的店內時，發現有個小女孩坐在路上哭，他走到小女孩面前問她說：

「孩子，為什麼坐在這裡哭？」

「我想買一朵玫瑰花送給媽媽，可是我的錢不夠。」孩子顫顫地說著，他聽了感到心疼。

「這樣啊⋯⋯」於是子正牽著小女孩的手走進花店，先訂了要送給母親的花束，然後給小女孩買了一朵玫瑰花。走出花店時他問小女孩，要不要他開車送她回家。

「真的會送我回家嗎？」

「當然啊！」

「那你送我去我媽媽那裡好了。可是叔叔，我媽媽住的地方離這裡還很遠。」

「早知道我就不答應你啦。」他開玩笑地說。

他照小女孩指的方向一路開了過去，沒想到走出市區大馬路後，順著蜿蜒的山路前行，竟然來到了墓園。小女孩將花放在一座新墳旁邊。原來，她是想給一個月前剛過世的母親獻上一朵玫瑰花，並為此走了很遠的一段路。

他將小女孩送回家中，然後再度返回花店。他取消了要寄給母親的花束，而改買了一大束鮮花，直奔離這裡有 5 小時車程的家鄉，親手將花獻給媽媽。那一刻，他看到一生當中母親最為激動的情景。

世界上永遠有著兩個人，一直都視你為全部的生命與無價的寶貝，不美麗也不出眾的你，是他們眼中最燦爛的玫瑰。他們就是一直為你奉獻著的父母。所以，恐怕沒有哪一個節日能像父親節、母親節這樣能獲得我們深刻的心靈共鳴了，因為它包含的是一種超越任何時空、語言、膚色等等的普世情感，那就是對父母一種血脈相連的關愛情懷。

我們曾經都夢想著自己能快快長大，離開父母，有多遠走多遠。因為外面的世界很精彩，家是最大的負擔，所以要在遠方尋找無限的自由。可是後來，自由是尋找到了，心卻陡然地蒼老起來，開始渴望一種熟悉而安全的關愛，那是父母的愛。可往往是，子欲養而親不待了。

父母從不奢望我們有多少財富能拿來享用，只希望我們能夠快樂，能夠常常陪在他們身邊，有耐心聽聽他們的嘮叨和責怪，能將自己的成就與他們分享，讓他們覺得作為我們的父母很自豪，很驕傲。這些，就是他們最大的快樂。為什麼不從現在就開始對父母心懷感恩呢？只有心懷感恩，才能時刻記住回報父母，關懷父母，就像小時候被他們關愛一樣。千萬不要等到成家立業後才想起他們，這只會留下大半輩子的愧疚和悔恨。就算是在生與死的瞬間，我們的父母首先想到的，永遠都是自己的孩子。用行動感恩我們的雙親，為我們付出那麼多的父母。

電視曾播出過這樣一則公益廣告：一個大眼睛的小男孩吃力地端著一盆水花四濺的洗腳水，用稚嫩的嗓音對媽媽說：「媽媽，洗腳。」許多人看了以後眼睛都是溼溼的，心裡卻是甜甜的。這正是世人推崇和弘揚的傳統美德，是一種以孝為先的孝道，也是一種感恩父母的具體行動。

在很久以前，有一個老獵人。一天，他從帳篷裡出來準備去打獵。忽然，他發現在不遠處的草坡上站著一隻肥美無比的藏羚，於是非常迅速地舉起杈子槍瞄準準備射擊。就在這時，一件奇怪的事情發生了：藏羚並沒有馬上逃跑，而是用祈求的眼神平靜地望著老獵人，並對著老獵人前行幾步，突然，兩條前腿撲通一聲跪了下來，兩行晶瑩的液體從它眼裡流了出來，那是動物的眼淚。老獵人不由得心頭一顫，想放過羚羊。但是作為一個老獵手，是不能被動物求跪的樣子打動的，於是他閉上眼睛，狠狠心還是扳動了獵槍。藏羚呈跪臥姿勢倒地，流出的淚痕清晰可見。

這一次老獵人沒有像往常那樣立即把藏羚破膛剝皮，整整一夜，老獵人都輾轉難眠，總感覺這只藏羚就默默地站在自己的眼前流淚。為了平息自己的愧疚和不安，他決定扒開那隻藏羚看個究竟。腹腔被打開了，老獵人被驚呆了：藏羚的子宮中，靜靜地躺著一隻已經成型的小羚羊。

老獵人默默地將母羚羊連同她的孩子一起掩埋，同葬的還有跟了他幾十年的那支槍。這是在藏北流傳的一個古老的故事，藏羚艱難地彎下笨重的身子給獵人下跪，就是為了保住自己肚子裡的孩子。真的是太不可思議了。

還記得鱔魚的故事嗎？有個人將一鍋鱔魚放人冷水裡慢慢煮，等到水沸騰後居然發現有一隻鱔魚的姿勢非常奇怪：牠的頭和尾部都在水裡，整個肚子卻是隆出水面的。剖開來看，原來這隻鱔魚的肚子裡是滿滿的魚卵。因為牠害怕自己的孩子們在沸水中死掉，便用全身的力氣去撐起肚子不讓魚卵靠近熱水……

在人類的世界裡，父母對孩子的愛永遠都是無私的，永遠都想把最美好的一切留給孩子。可是，從「代溝」這個詞開始，很多孩子都夢想著自己快快長大，離開父母，有多遠走多遠。

用感恩營造一個愛的世界

人生的道路曲折坎坷，不知有多少艱難險阻，甚至要遭遇失敗和挫折。在危難時刻，有人向你伸出溫暖的雙手，解除生活的困頓；有人為你指點迷津，讓你明確前進的方向；甚至有人用肩膀、身軀把你擎起來，讓你攀上人生的巔峰……最終，你戰勝了苦難，到達了幸福的彼岸。對此，你難道不心存感激嗎？如果我們時時能用一顆感恩的心來看這個世界，你會發現這個世界其實很可愛、很精彩！

現實中，有些人面對幸福的生活時常常迷失了自己，總覺得自己付出得太多，獲得得太少，甚至對生活充滿怨恨。其實生活中值得我們感恩的實在是太多了，我們真的應當懷著一顆感恩的心來看待這個世界，看待生活中的一切。

一天清晨，在一個平凡而貧困的家庭裡，早晨的陽光如利箭般穿透了薄薄的窗紗，射到了牆上。家裡的小男孩早就醒了，但他沒有作聲——他不願意驚醒早已疲倦不堪的父母，因為他們還在沉沉地酣睡。

其實，他的父母也早就醒了，只不過他們不願面對兒子失望的眼睛。因為今天是感恩節。可是，他們沒有能力準備任何節日的禮物與食物。

丈夫想：如果能放下臉皮，去當地慈善團體看一下，或許能分到一隻火雞過節。但他做不到這一點。

生活太貧困了，他們又覺得去行乞很可憐，這個感恩節對他們來說，簡直就是一種折磨。幾個小時後，夫妻倆終於硬著頭皮起床了。丈夫沒有好心情，妻子當然也是唉聲嘆氣的。

就在一家人陷入深深的難過之時，突然響起了一陣敲門聲。男孩跑去開門。門外站著一個高大的男子，他滿臉笑容，手裡提著很多東西，火雞、罐頭，應有盡有，都是過節的必需品。一家人驚訝地看著他。那人說：「這些東西是一位知道你們有需要的人讓我送來的，他希望你們知道，在這個世界上，始終有人在關懷並深愛著你們。」

一顆懂得感恩的心，一個甜美的笑容，一句簡短的問候，儘管都是最細微不過的表現，但日久天長，它們所帶給你的回報會遠遠超出你的想像。

溫柔地對待家人

「你能不能快點啊！一個大男人這麼會磨蹭，像個老太婆！」便利商店內，婦人對抱著兒子選購飲料的丈夫叫喊著，轉過身卻客氣說：「先生，請幫我挑三顆茶葉蛋，要入味一點的喔！」類似的情景我們應該常看見。

不管怎樣，每次都自然得很。然而，對待別人，人們自然而然都會禮貌應對，即使只是一面之緣，也希望留給對方好印象。情形就是這樣地不同。對待外人，誰會不顧及自己的面子，禮貌以待呢？而對待家人，我們卻習慣成自然地不太禮貌，缺少溫柔，不是大呼小叫，就是懶得理會。這是因為有特殊關係，又太過於熟悉，怎樣說怎樣做都無所謂了。

比如：丈夫在外健談又活躍，被公司的女同事們封為幽默高手。而回到家後，卻成了自閉症患者，不是盯著電視，就是滑手機，對妻子說的話充耳不聞，要麼直接斥喝閉嘴。觀察發現，這樣「裡外不一」的情形在多數人身上、多數家庭裡都會發生，或是常有。

其實這種心態往往會破壞家庭的幸福和美滿。對同事和氣·可增進工作場所的融洽；對朋友體貼，可擴展自己的人際關係；對上司尊重，有利於自己的前程。那麼，對家人和氣，也可以增進家庭的融洽；對家人體貼，也可以讓關係更親密；對家人尊重，也可以使生活充滿歡喜。與家人的關係，是這世上最該珍惜的情感！可是許多人都忽略了。

一名死刑犯臨死前說：「我很敬愛我爸爸！但是我卻從沒對他這樣說，我總是反對他，不理他的教訓，在他指責我時瞪著他，其實我很愛他。很感謝爸爸從來沒放棄我。但我這一生，自懂事以來，只在他快要病死的時候抱過他一次，也就只這一次我沒惹他生氣！」你呢？還是以堅決的口氣朝媽媽要錢嗎？還是命令愛人給你洗襪子嗎？或是仍習以為常地訓斥孩子嗎？這樣不行！趕快換個口氣和態度表達吧，絕對會有新的感受與獲得。這樣你的心情、精神和所有的一切都會變得好起來。

我們似乎已經習慣了沒有禮貌，不會溫柔的對待親人，不是大呼小叫，就是懶得理會。卻不知道這樣做對養育我們的父母親人有多大的傷害。趕快停止這樣愚蠢的做法吧，就算是為了你自己的幸福。

父愛的力量，可以使人勇氣倍增

在一個小房間工作了一整天後，年輕人疲憊到了極點，他只想盡快回家好好休息，準備第二天的工作。

走向電梯時，他突然聽見尖叫聲，看見如波浪般的黑煙和火焰在走廊出現。各種意念接連閃過他的腦際，他意識到：這座樓失火了，而自己專心工作，一點都沒有覺察到。他驚慌地向四周一望：走廊裡黑煙鋪地，幾乎什麼也看不見，火焰也離自己越來越近。

照他看來唯一的生路就是走廊了，可也已被火焰吞噬，根本不可能通行。他聽見消防車的警鈴聲，他強迫自己冷靜下來，想起辦公室旁邊是一列高大的窗戶，他一面捂著嘴，一面搖晃著走向窗戶，企圖趕快逃離。

但當他往下看，只見一道煙幕遮蓋著地面。透過火焰和煙霧，他明白一批群眾已經聚集在下面，連同消防員一起，他們都在向著他喊著：「跳下來！跳下來！」

從六樓上往下看，發現人們都顯得那樣小。年輕人覺得自己被恐懼所籠罩。他想：「從這麼高的地方跳下去，不死也只剩下半條命，還不如燒死在樓上呢！」此時，從擴音器中他聽見大概是消防員的聲音：「你唯一的生路是往下跳，我們會用救生網把你接住，你會很安全的。」

群眾繼續呼叫，年輕人看不見網，也沒有勇氣往下跳。他認為，即使有救生網，自己也會受傷，皮外傷沒關係，若弄成殘疾，那自己以後如何生活？他這樣猶豫著，感到自己的雙腳似乎已經黏在了地上。

忽然，擴音器傳來他熟悉的的聲音：「孩子！沒問題的，你可以跳下來。」父親的聲音傳來，他一下子輕鬆了許多，覺得自己的雙腳可以鬆開了。父子連心，父子之間早已建立起來的信任，使膽怯的人有勇氣面對突然而至的災難，在危急時刻使自己得到保全。父愛、母愛的力量都是巨大的，它使人勇氣倍增、不再畏懼。

獻給母親的鮮花

那個風雨中的小男孩手捧著一束鮮花，一步一步地緩緩前行，他忘記了身外的一切。在他的前方是一塊公墓，而在那乞討的屈辱和失望背後，在那又瘦小又骯髒的身體中，所隱藏的卻是對母親的揪心牽掛，一顆忘懷一切的感恩之心！午後的天灰濛濛的，風沒有一點到來的消息。烏雲壓得很低，似乎要下雨。就像一個人想要打噴嚏，可是又打不出來，憋得很難受。

多爾先生情緒很低落，他最煩在這樣的天氣出差。由於生計的關係，他要轉車到休士頓。車站周圍的一切他都最熟悉不過了。他一年中大部分時間是在旅途中度過的。他厭倦了這種奔波的生活，他著急見到的是上小學的兒子。一想起兒子，他渾身就有力量。正是由於自己整日漂泊，妻子和兒子才能過上安逸的日子，兒子能上寄宿學校，接受良好的教育。想到這些，他的心情舒暢了一點。開車的時間還有兩個小時，他隨便在站前廣場上漫步，打發著時間。

「太太，行行好。」一個稚嫩的聲音吸引了他的注意力。循聲音望去，他看見前面不遠處一個衣衫襤褸的小男孩伸出鷹爪般的小黑手，隨著一位貴婦人。那個婦女牽著一條毛色純正、閃閃發亮的小狗正急急忙忙地趕著路，生怕小黑手弄髒了她的衣服。「可憐可憐我吧，我已經三天沒有吃東西，給一美元也行。」考慮到甩不掉這個小乞丐，婦女轉回身，怒喝一聲 :「滾！這麼大點小孩就學會做生意！」小乞丐站住腳，滿臉的失望。真是缺一行不成世界，多爾先生想。聽說專門有一種人靠乞討為生，甚至還有發大財的呢。還有一些大人專門指使一幫孩子乞討，利用人們的同情心，說不定這些大人就站在附近悄悄觀察呢，說不定這些人還是孩子的父母。如果孩子完不成定額，回去就要挨處罰。不管怎麼說，孩子是怪可憐的。這個年齡本來該上學，在課堂裡學習。這個孩子跟自己的兒子年齡相仿，可是……這個孩子的父母太狠心了，無論如何應該送他上學，將來成為對社會有用的人。多爾先生思忖著，小乞丐走到他跟著，攤著小髒手 ：「先生，可憐可憐吧，我三天沒有吃東西了。給一美元也行。」不管這個乞丐是生活所迫，還是欺騙，多爾先生心中都難以抵擋的一陣難過，他掏出一枚一美元的硬幣，遞到他手裡。「謝謝您，祝您好運！」小男孩金黃色的頭髮都連到了一起，全身上下只有牙齒和眼球是白的，估計他自己都忘記上次洗澡的時間了。樹上的蟬在聒噪，空氣又悶又熱，像龐大的蒸籠。多爾先生不願意過早去候車室，就信步走進一家鮮花店。他有幾次在這裡買過禮物送給朋友。賣花女孩認出了他，忙打招呼。「您要看點什麼？」小姐訓練有素，禮貌而又有分寸。她不說「買什麼」，以免強加於人。

這時，從外面又走進一人，多爾先生瞥見那人正是剛才的小乞丐。小乞丐很是認真地逐個端詳櫃檯裡的鮮花。「你要看點什麼？」小姐這麼問，因為她從來沒有想過小乞丐會買。

「一束萬壽菊。」小乞丐竟然開口了，「要我們送給什麼人嗎？」「不用，你可以寫上『獻給我最親愛的人』，下面再寫上『祝媽媽生日快樂！」』「一共是 20 美元。」小姐一邊寫，一邊說。小乞丐從破衣服口袋裡嘩啦啦地掏出一大把硬幣，倒在櫃檯上，每一枚硬幣都磨得亮晶晶的，那裡面可能就有多爾先生剛才給他的。他數出 20 美元，然後虔誠地接過下面有紙牌的花，轉身離去。這個小男孩還蠻有趣的，這是多爾先生沒有想到的。

火車終於駛進了月臺，多爾先生望著窗外，外面下雨了，路上已經沒有了行人，只剩下各式車輛。突然，他在風雨中看見了那個小男孩。只見他手捧鮮花，一步一步地緩緩前行，瘦小的身體更顯單薄。多爾看到他的前方是一塊公墓，他手中的菊花迎著風雨怒放著。火車撞擊鐵軌越來越快，多爾先生的胸膛中感到一次又一次的強烈衝擊 ：在那乞討的屈辱和失望背後，在那又骯髒又瘦小的身體中，所隱藏的竟然是對母親的揪心牽掛，一顆忘懷一切的感恩之心。他的眼前已下起了模糊的雨。

感謝那份陌生的溫暖

「孩子，你要買上帝做什麼呢？」男孩流著眼淚難過地告訴老人，他叫邦德，父親很早就去世了，他是被叔叔帕特魯普撫養長大的。叔叔是個建築工人，前不久從鷹架上摔了下來，至今都昏迷不醒，醫生說只有上帝才能救他。

邦德想，上帝一定是種非常奇妙的東西，要是能把上帝買回來，叔叔吃了，傷就會好了。老人眼圈也溼潤了，問孩子：「你有多少錢？」「1美元。」「孩子，現在上帝的價格正好是1美元。」老人接過硬幣，從貨架上拿了一瓶「上帝之吻」牌的飲料說，「拿去吧，孩子，你叔叔喝了這瓶『上帝』，就會好了。」邦德喜出望外，將飲料抱在懷裡，高興地跑回醫院。一進病房，他就開心地叫嚷道：「叔叔，我把上帝買回來啦，你很快就會好起來了！」幾天後，一個由世界頂尖醫學專家組成的醫療小組來到醫院，對帕特魯普進行了會診，並採用世界上最先進的醫療技術，終於治好了帕特魯普的傷。

帕特魯普出院時，看到醫療費帳單上的那個天文數字，點差點被嚇昏過去。但是院方告訴他，有個老人早已幫他把醫療費結清了。那個老人是個億萬富翁，從一家跨國公司董事長的位子上退下來後，就隱居在本市，開了家雜貨店消磨時光。那個醫療小組也是老人花錢聘請來的。

帕特魯普激動不已，他立刻和邦德前去感謝老人。可是老人已經把雜貨店賣掉，出國旅遊去了。後來，帕特魯普接到一封信，是那個老人寫來的。他在信中說：「年輕人，您能有邦德這樣的侄兒，真是太幸運了。為了救您，他拿1美元到處購買上帝……感謝上帝，是他挽救了您的生命。但是真正的上帝是人們的愛心！」

電視臺曾播出過一期名為《感恩之旅》的節目，故事是這樣的：一對父子相依為命，為給身患絕症的兒子治病，父親花光了所有的積蓄，甚至賣了房子。就在這對父子走投無路之時，來自全國各地的好心人向他們伸出了援助之手，幫助他們渡過了難關，讓兒子的病情得以控制。面對陌生人的幫助，兒子突然有了一個想法：在自己剩下不多的時間內，親手向每一個幫助過自己的好心人獻上一束鮮花，說聲「謝謝」。於是，父子二人駕駛著一輛三輪車開始了為期數載，遍及全國的「感恩之旅」。在這段旅途中，他們在感謝別人的同時，也得到了更多陌生人的幫助。

感恩，是生活中的大智慧。常懷感恩之心，我們也會願意給予別人更多的幫助和鼓勵，對落難或者絕處求生的人們愛心融融地伸出援助之手，而且不圖回報。常懷感恩之心，我們便更加感謝那些有恩於我們卻不求回報的每一個陌生人，正因為他們的存在，我們才有了今天的喜悅和感動……

在人的一生中有太多的東西值得我們感恩，有太多的理由讓我們去微笑著面對一切磨難。

每個人都有一顆「償還」的心

在生活中，許多人常常抱怨上帝對人的不公：我沒有更高貴的出身，沒有更漂亮的外表，沒有更優秀的學歷；更令人氣惱的是，我付出了百倍於人的努力，然而我得到的，卻總比別人的少。生活待人為什麼總是那麼偏心呢？當我渴望成功時，我遭遇的卻總是失敗；當我渴望榮耀時，我所得到的卻總是寂寞；而當我渴求金錢時，我所得到的卻仍是貧窮。

對於日日沉浸於世界的美麗懷抱中，享有了那麼多的喜悅和幸福的我們來講，世界給予我們的已經太多，而我們回報給世界的，卻是太少。我們都對世界欠了一筆巨大的心債，然而我們卻利用了世界的慷慨，至今仍繼續索取而拒絕償還。為此，難道我們不應感覺到愧疚不安嗎？

我們匆匆地來，匆匆地走，匆匆地活著。當我們擁有時，我們總是埋怨自己得到的太少，缺乏的太多。當我們失去時，我們只記得自己一無所有，

卻忘記了我們曾經擁有過許多美好的事物。在這種「貪婪」的心態中生活久了，我們就會覺得：沒有我們欠世界的道理，只有世界欠我們的。直到有一天，我讀到下面一個震顫心靈的故事時，才忍不住靜心沉思許久：

修女安已在修道院生活了50年，但至今遼闊的大海仍令她驚嘆，令她心醉神迷。安是個太簡樸、太平凡不過的女人，沒有一個至愛親朋，也沒有誰關心和熱愛她。她年幼時就被帶進了修道院，從來沒有家，也沒有父母。她總是別人吩咐做什麼就做什麼，所以最勞苦的工作總會落到她肩膀上。數不清多少年了，她一直負責擦洗那些碩大而骯髒的鍋、壺、盆、罐。奇怪的是，多年的辛勞並沒有消耗她的精神，反而使她的精神充滿了力量。她並非天生強壯。年幼時她十分孱弱。為幫著促進她發育，她被安排在陽光充足的菜園裡工作。隨著時間的流逝，她越來越喜愛她精心培育的那些綠色植物。當嫩綠的幼苗破土而出時，她的心便會興奮不已。對菜園的熱愛開闊了她的心海，四周的大自然——田野、樹林、動物和白雲，無一不令她欣喜和沉迷。她年輕時，總想向人傾訴這種喜悅和陶醉的感受，但似乎誰也不能理解，也沒有人認真聽她的話。於是，她漸漸沉默了，變得沉默而謙卑，對他人懷著善心和敬意，覺得大家都比她強。不論讀經，還是做漫長的禱告，都是她心力難及之事。她天生不擅勞心，又拙於言語，做禱告也很艱難。但她覺得自己已擁有了太多的歡樂，滿懷幸福卻無法與人分享，她覺得於心不安。平靜的歲月就這樣流逝著。終於，有一天她遇到了一件事。

她一生中重大的時刻來臨了。那是個炎熱、晴朗的夏日。修道院派她去給山下一個老漁翁捎個口信，但漁翁不在家。在返回山上的途中，她來到一處可眺望大海的地方。她從沒見過像今天這樣湛藍的海水，船帆像今天這樣潔白。痴迷的她向地平線方向眺望了很久。就在她將要離開時，她忽然發現距海灘一裡遠的礁石上躺著一個人。安急忙來到海灘，鞋也沒有脫就趟進海水，向那人走去。到跟前時，她看出那是個 16 歲左右的男孩，長著金黃色的頭髮，又高又瘦。他一動不動地躺著，頭上有一道很深的傷口。她聽了聽他的心臟，依舊活著。於是她坐在他身邊，幫他洗淨傷口。他是那樣年輕，皮膚像嬰兒一樣光滑。她想背他上岸，但他太重。怎麼辦呢？漁翁家裡空無一人，修道院又太遙遠，她不可能在海潮湧來之前去修道院叫來幫手。

最後她脫下身上的長袍，墊在男孩的頭下。她又聽了聽他的心臟，想喚醒他，卻做不到。她便開始祈禱上蒼。海水逐漸漲上來了，她已打算和男孩一起死了。就在這時，男孩發出一陣咕噥聲，片刻後他甦醒了，向四處望了望，居然坐起來了。「你得趕快游到岸上去，」她說，「海潮就要來了。如果你待在這裡，會被淹死。如果你現在游，還能趕到岸上。」他掙扎著站了起來。

「你必須游。」安重複說了一遍。

「我的頭一定被礁石撞傷了。你怎麼知道我在這裡的？」

「我路過這裡，看見了你，那時水還不深。」

「你，你不會游泳？」

「噢，不會。」

「你本可獨自上岸的，卻一直待在這裡守護我？你不知道海水會淹上來嗎？」

「我老了，日子不長了，你還那樣年輕，還有母親……」

那男孩跪下來向岸上望去，彷彿在目測距離。

「把你的鞋子脫下來好嗎？」男孩說。

她看著他，彷彿不明白。他是個游泳好手，但如果穿戴太重……她立刻照他說的辦了。那天晚上，修道院十分熱鬧，但她卻很平靜。她坐在窗前，希望別人離去後她好觀賞明月爬上山頭。修道院院長和牧師親自來看望她，說了許多佳言妙語，但她大都聽不懂。整個修道院鬧哄哄的，因為，她救了個富翁、名人的兒子，連名人本人都要來看她。他的巨大財富和名望使她受到驚嚇。不過，他是個溫和的人。

他很想知道，為什麼這位老婦人願冒死救他兒子。兒子講述的遭遇深深感動了他。

他溫和地向她提了些問題。是否是宗教薰陶所致？不是。是否她感覺到某種責任？不是。那是什麼呢？是否她感到生活孤寂和空虛，所以她寧願死呢？不，更不是。他沉默良久，坐在那裡沉思良久，想悟出一個根本的原因。夜色越來越濃了。「月亮就要升起來了，」她想，「現在，月亮一定照耀在樹梢上了。」這時，那位名人無意中說了一句讚美山谷裡那些美麗樹木的話。

她這時揚起頭說：「它們現在正是最繁茂的時候。」名人突然領悟到了什麼，趕緊問她說：「在你看來，那些樹林和月色同樣也是太美了？」

名人的問話這下才問到了點子上。她用不太完整、不太連貫的句子，向那位名人描述說：一直以來，她都覺得，這世界的田野、樹木，藍天、白雲，大海、帆船，陽光、月色……這世界的一切，都太美，太令人陶醉了。她享有了那樣多的喜悅和幸福，卻一直沒有向這世界回報點什麼，為此她深感愧疚，覺得欠這世界太多。這心債在她心裡生長，她不知該如何償還它。當她看見礁石上的男孩時，她同時也發現，償付心債的機會終於來了。如果她可以救他的命，或在救他之時犧牲了自己，她就可償付了欠這世界的心債。

名人這下就全明白了，他對她感嘆說：「生命的價值是語言所無力描述的。你以自己微薄的力量，奉獻了一份最偉大的禮物。盡情地享受美好的人生吧。當你明天看見旭日照耀海面時，你就可以對自己說：『如果沒有我，這世界就會少一人欣賞這瑰麗的旭日了！』」

如果每個人都缺乏一顆「償還」的心，那麼，這世界最終或許便無法給予了。

感恩需要一種穿透人生的智慧

假如說感恩就是一種對生命恩賜的領會的話，那麼，為了答謝上蒼所給予的永恆的美好和永久的希望，我們就不僅只是肉眼的世俗淺見，而更需要一種智慧和信念，才能超越流俗，領會到那肉眼看不到而心靈卻能感受到的事物。這是我們所必須具備的。

下面是美國作家馬克·吐溫（Mark Twain）所講述的一個故事：

在生命的黎明時分，一位仁慈的仙女帶著她的籃子跑來，說：「這些都是禮物。挑一樣吧，把其餘的留下。小心些，做出明智的抉擇；哦，要做出明智的抉擇哪！因為，這些禮物當中只有一樣是寶貴的。」禮物有五種：名望，愛情，財富，歡樂，死亡。年輕人迫不及待地說：「無須考慮了。」他挑了歡樂。他踏進社會，尋歡作樂，沉湎其中。可是，每一次歡樂到頭來都是短暫、沮喪、虛妄的。它們在行將消逝時嘲笑他。最後，他說：「這些年我都白過了。假如我能重新挑選，我一定會做出明智的抉擇。」這時，仙女出現了，說：「還剩四樣禮物。再挑一次吧；哦，記住，光陰似箭。這些禮物當中只有一樣是寶貴的。」這個男人沉思良久，然後挑選了愛情。他沒有覺察到仙女的眼裡湧出了淚花。好多好多年以後，這個男人坐在一間空屋裡守著一口棺材。他喃喃自忖道：「她們一個個拋下我走了。如今，她——最親密的，最後一個，躺在這裡了。一陣陣孤寂朝我襲來。為了那個滑頭商人——愛情，賣給我的每小時歡娛，我付出了一個小時的悲傷。我從心底裡詛咒它呀！」

「重新挑吧，」仙女道，「歲月無疑把你教聰明了。還剩三樣禮物。記住，它們當中只有一樣是有價值的，小心選擇。」這個男人沉吟良久，然後挑了名望。仙女嘆了口氣，揚長而去。好些年過去後，仙女又回來了。她站在那個在暮色中獨坐冥想的男人身後。她明白他的心思 :「我名揚全球，有口皆碑。對我來說，雖有一時之喜，但畢竟轉瞬即逝！接踵而來的忌妒、誹謗、中傷、嫉恨、迫害，然後便是嘲笑。一切的最後，則是憐憫。它是名望的葬禮。哦，出名的辛酸和悲傷啊！聲名卓著時遭人唾罵，聲名狼藉時受人輕蔑和憐憫。」

「再挑吧。」這是仙女的聲音，「還剩兩樣禮物。別絕望。從一開始起，便只有一樣東西是寶貴的。它還在這裡呢。」「財富——即是權力！我真瞎了眼呀！」那個男人道，「現在，生命終於變得有價值了。我要揮金如土，大肆炫耀。那些慣於嘲笑和蔑視我的人將匍匐在我腳前的汙泥中。我要用他們的忌妒來餵飽我飢餓的心靈。我要享受一切奢華，一切快樂，以及精神上的一切陶醉和肉體上的一切滿足。這個肉體人們都視為珍寶。我要買，買一個庸碌的人間商場所能提供的人生種種虛榮享受。我已經失去了許多時間，在這之前，都作了糊塗的選擇。那時我懵然無知，盡挑那些貌似最好的東西。」短暫的三年過去了。一天，那個男人坐在一間簡陋的頂樓裡瑟瑟發抖。他很憔悴，臉色蒼白，雙眼凹陷，衣衫襤褸。他一邊咬嚼一塊乾麵皮，一邊嘀咕道 :「為了那種種卑劣的事端和鍍金的謊言，我要詛咒人間的一切禮物，以及一切徒有虛名的東西！歡樂、愛情、名望、財富，都只是些暫時的偽裝。它們永恆的真相是——痛苦、悲傷、羞辱、貧窮。仙女說得對。她的禮物之中只有一樣是寶貴的，只有一樣是有價值的。現在我知道，這些東西跟那無價之寶相比是多麼可憐卑賤啊！好珍貴、甜蜜、仁厚的禮物呀！沉浸在無夢的永久酣睡之中，折磨肉體的痛苦和咬噬心靈的羞辱、悲傷，便一了百了。給我吧！我累了 ；我要安息。」

仙女來了，又帶來了四樣禮物，獨缺死亡。她說 :「我把它給了一個母親的愛兒——一個小孩子。他雖然懵然無知，卻信任我，求我代他挑選。你沒有要求我替你選擇啊。」「哦，我真慘啊！那麼留給我的是什麼呢？」「你只配遭受垂垂暮年的反覆無常的侮辱。」

生命的恩賜是異常奇妙的。它不僅包括肉眼能夠看到的事物，而且還包括我們的肉眼看不到，必須要靠心靈才能感受到的事物。這是馬克．吐溫的這個故事告訴我們的。假如說感恩就是一種對生命恩賜的領會的話，那麼，為了答謝上蒼所給予的永恆的美好和持久的希望，我們所必須具備的，就不僅只是肉眼的世俗淺見，而更需要一種智慧和信念，才能超越流俗，領會到那肉眼看不到而心靈卻能感受到的事物。

感恩是對有限生命的珍惜

臺灣漫畫家幾米創作了一幅題為《有效期限》的漫畫，畫的中心是一片淺綠的水，上部有一些葉片粗大開滿了紫花的藤兒，中間偏下是兩塊大石頭，大石頭上坐著一大一小兩個人，小石頭上蹲著一隻好奇的小青蛙。左下角一艘小紙船正悄然無聲地駛來，朦朦朧朧的影子倒映在水裡，顯得那樣聖潔、富有詩意而又孤寂、無助。旁邊的詩云：「一艘小紙船，悠悠地漂過來，吸飽水分，漸漸沉沒。世界上所有的美好，都有有效期限。」

看到漫畫的一瞬，我的心像是被什麼刺了一下。「世界上所有的美好，都有有效期限」，這句話充滿了太多生活的哲理和禪意。我們常常忽略：美好的事物永遠都有「有效期限」，事業有「有效期限」。無論我們做出的事業多麼輝煌偉大，它對他人的影響都會受到種種制約，後人不可能完全依照我們的經驗、想法行事；同時一個人可以做事業的年齡有限，過一村少一村，經一店少一店。親情有「有效期限」。父母可以陪伴你的上半生，卻無法呵護你的下半生；兒女能夠陪伴你的下半生，卻不能參與你的上半生……你無法在所有的時空裡稱心如意地擁有你想要的全部天倫之樂，就像一隻鳥無法在每一個季節都擁有自己優美的歌喉。

假若世界上的花朵沒有「有效期限」，我們想什麼時候擁有就可以在什麼時候擁有，以我們對花的那份期待，感恩就會大打折扣。因此，美好事物的短暫教會了我們珍惜，我們唯一能改變的，只是為美好的延長努力做出不懈的努力。

朋友多如「過客」，來去匆匆，相忘於江湖。人生的「有效期限」實在數之不盡。

珍愛生命、好好活著就是感恩

每個人的生命都只有一次，生命本身對我們來說就是一筆寶貴的財富，好好活著，更好地活著，愛自己，愛他人，這就是我們生命的意義。對我們來說，珍愛這僅有一次的生命，就是一種感恩，一種回報，對父母，他人，社會，國家等的回報，我們每個人都應該去抓住生命的每一瞬間，發掘生命的價值，感恩他人！

生命是非常寶貴的，生命更是一種偉大的賜予，父母賜予了我們生命，為我們創造了優美的環境，社會為我們提供了求學、工作等可能，國家為我們提供了各種各樣的公共服務，這一切都是一種恩賜，因此，對我們來說，生命不僅僅是我們自己的，更屬於他人，我們不僅在為自己而活，也在為別人活，好好活著就是感恩。

活著本身就是一種最大的幸福。大多數人的生活是平淡的，他們的生命與草木同腐，這本是一種非常正常的生活方式。而從另一種意義上說，當生命一旦剝離了各種外在的裝飾，裸露出生命的真相時，人生不易，活著更不易。在平淡中積聚力量，在平淡中笑看花開花落，在平淡中創造卓越輝煌，這是一種悠閒，也是一種境界。從偉大回歸平淡，從激越步入平緩，從慷慨步入穩健，更是一個人在人生路上面臨的策略考驗。

為什麼海明威在飛機失事、死裡逃生後讀到關於自己的訃告時卻說：「一個人有生就有死，但只要你活著，就要以最好的方式活下去。」為什麼三毛在撒哈拉沙漠中舉行婚禮時，見到丈夫荷西送給她的禮物是從沙漠中撿來的一副駱駝的骷髏竟會欣喜若狂，珍愛如命……

《莊子》中的一則寓言從另一個角度表達了活著的可貴和生命本身的意義。

有一個著名的木匠在去齊國的路上，看見一株被當地人尊奉為「社神」的櫟樹。這棵樹大到可以供幾十頭牛遮陽，量一量樹身有幾百尺寬，高達山頭，好幾丈以上才生枝，旁枝可以造船。圍觀的人群密密麻麻，好像趕集一樣，這個木匠卻一眼也不瞧，一直往前走。

他的徒弟站在那裡看了個夠，追上木匠問道：自從我拿了斧頭跟隨先生，從沒有見過這麼大的木材，先生卻不看一眼，一直往前走，這是為什麼呢？木匠就告訴他：那是一棵沒有用的散木，用它造船很快就會沉沒；用它做棺材很快就會腐爛；用它做器具很快就會朽毀；用它做梁柱很快就會被蟲蛀。這是不材之木，沒有一點用處，所以才會有這麼長的壽命。

木匠回到家裡，夜裡夢見櫟樹對他說：你要拿什麼東西和我相比呢？拿有紋理的樹木來跟我比嗎？那梨、柚、橘一類的樹，結瓜結果，果實成熟了，立即被採下來，大枝被折斷，小枝被拉下來。這都是由於它們的才能害苦了自己的一生，所以不能享受天賜的壽命而中途夭折。物類如果有用就會招來世俗的打擊，一切東西沒有不是這樣的。我力求做到這種無所可用，曾費盡了周折，有幾次我差點就被砍死，好不容易我才保全了下來，這正是我的大用。假使我顯示出一點的用處，試問我能有今天的壯觀嗎

這則寓言是說，當生命裸露出真相的時候，活著本身就是最大的收穫和成就。當然，這絕非簡單的「好死不如賴活著」所能概括的，而包含著對人生價值和生活意義的透徹感悟。

第五章　這輩子，感恩讓世界充滿愛

好好活著，就是一種莫大的幸福。我們習慣於活著，並且往往將之視為理所當然的事。但仔細想一想，我們來到這個世界上，本身就已是一種奇蹟，應該感謝上蒼的恩寵，珍惜生命的可貴。人正是知道了死，才掂出了生的分量。儘管長途跋涉叩開的都將是死亡的大門，人還是要去抓住生命的每一瞬間，發掘生命的價值。想想，還有什麼比活著更為寶貴的呢！

生命不僅僅屬於我們自己，屬於更多幫助過我們的人，關懷過我們的人，感動過我們的人，生命更是父母的恩賜，自然的潤養，社會的扶助，國家的培育，而我們需要做的就是珍愛生命，珍愛這生命，對我們來說就是一種感恩，一種成長！

第六章　這輩子，與人為善成就自己

與人為善，與已為善。以感恩包容的心去擁有一切的常樂。一個人的快樂和幸福不是索取，而是奉獻。愛因斯坦（Albert Einstein）說過：「一個人的價值，應當看他貢獻了什麼，而不應當看他取得了什麼。」與人為善絕不是一種簡單的同情心，它是一種無形的相助，一種博大的愛，是一股矯正世俗的春風。道家的始祖老子說得好：「上善如水。」是的，「水溶萬物而不爭」，與人為善者與水一樣能溶解萬事萬物，化解人間恩仇；「海納百川，有容乃大」，與人為善者能包容一切，胸懷博大；「水質透明，清澈見底」，與人為善者白日為善，夜來省己，心如明鏡……

善良不是針對某一個人，也就是說不能對某些人善良而對某些人不善良，我們的善良應該是一視同仁的。我們喜歡某一個人，就對他好，這不是善良，這僅僅是個人的喜好而已。我們不喜歡一個人，但當他遇到困難的時候，我們仍然能夠施以援手，這才是善良。善良對事不對人，我們可以不喜歡某人，但不可以剝奪他接受善良的權利。

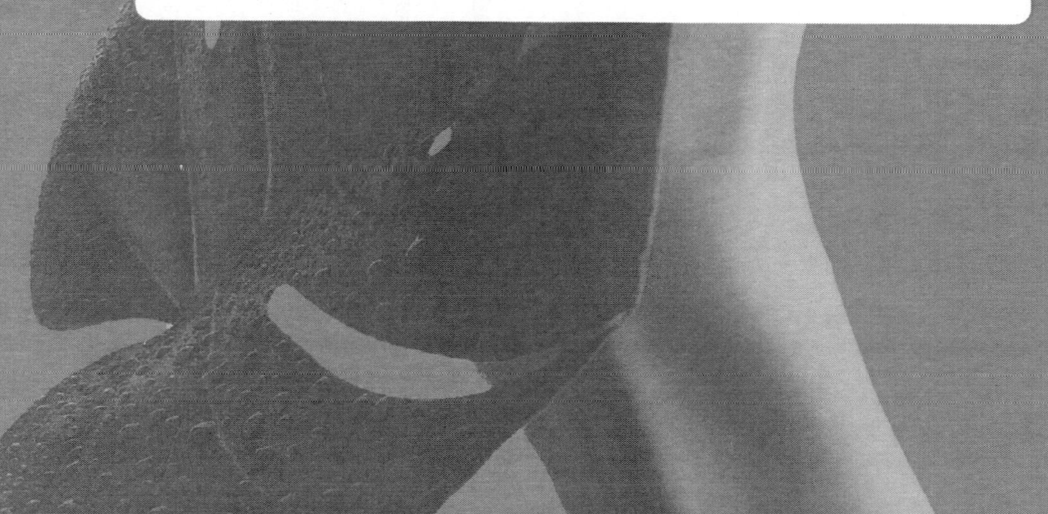

尊重他人，你也會收穫尊重

美國總統林肯是一個值得我們借鑑的人。

林肯年輕的時候，住在印第安納州鴿灣谷，那時他喜歡評論是非，還常常寫信和詩諷刺別人。林肯常把寫好的信扔在鄉間路上，使被諷刺的對象能撿到。後來，林肯在伊利諾州春田鎮做了見習律師，但這壞毛病仍然沒有改掉。

1842 年秋，他又在報上寫了一封匿名信諷刺當時的一位自視甚高的政客詹姆士・席爾斯，被全鎮引為笑話。席爾斯憤怒不已，終於查出寫信者就是林肯，於是他即刻騎馬找到林肯，下戰書要求決鬥。林肯並不喜歡決鬥，但被逼無奈只好接受挑戰。他選擇騎兵的腰刀作為武器，並向一位西點軍校畢業生學習劍術，準備到決鬥那一天決一死戰，幸虧在最後這場決鬥被人阻止了，否則美國的歷史可能會改寫。

這一次經歷，使林肯認識到了自己的缺點，這也成為他一生中最深刻的一個教訓。從這件事之後，林肯學會了與人相處的藝術；他再也不寫信罵人、任意嘲弄人或為某事指責人了。此刻的他深刻地明白了一個自尊心受到傷害的人會有怎樣可怕的舉動。

南北戰爭的時候，林肯新任命的將軍在戰爭中一次又一次地慘敗，使林肯很失望。全國有半數以上的人都在罵這些將軍，但林肯沒吭一聲。他常說的一句話是：「不要批評別人，別人才不會批評你。」

當林肯太太和其他人對南方人士有所非議的時候，林肯總是回答說：「不要批評他們；如果我處在同樣情況下，也會跟他們一樣的。」

任何時候都要顧及別人的自尊心，這就是林肯善於與人相處的祕訣，也是他的成大事之道。

和林肯一樣，姚明這種對他人的尊重，使他獲得了更多人的尊重，也使他成為當今體壇上最具影響力的人之一。

人人都渴望得到他人的尊重，但尊重要靠自己贏得，只有你先尊重別人，才能得到別人的尊重。

有一個自恃學問很高的人，精通各種宗教教義，對那些目不識丁的人很是看不起。

有一天，他需要要過河。河邊有個勤勞的船夫，他每天划著小船運送過河的行人。這個人上了船，船夫等了一會，見沒人再來搭船，就划起船走了。

船行了一會，他對船夫說 :「你活得多沒意思哪！」「您為什麼這麼說呢？」船夫不解地問道。「你懂得宗教經典嗎？」「像我這樣的笨人，哪懂這些東西呢？」船夫直率地回答。「這樣看來，你的生活失去了一半意義。你聽人講過《往世書》（印度古代的神話傳說集）嗎？」「日夜泡在河裡搖船，哪有時間去聽。」「這麼說來，你的生活有四分之一又白白過去了。那你至少你聽過一些史詩吧？」「您說的是什麼呀？我根本不懂。我的生活就是搖著船渡人過河。」「沒什麼好說的了，你這一輩子幾乎都白過了。我不明白，你怎麼能忍受這樣乏味的生活。」他譏諷地說。話音未落，突然刮起了大風，河裡波濤翻滾。接著天空烏雲密布，下起了大雨。可怕的巨浪拍打著小船，不一會功夫，船裡灌滿了水，很快就要沉沒了。「喂，兄弟，船是不是要沉？」這個有學問的人驚恐不安地問道。「是的，先生！但請你告訴我，您會不會游泳？」船夫問道。「我不會。」他失望地回答。「這樣看來，您不僅活得沒有意義，而且就快完蛋了。」每個人的存在都有他獨特的價值，要懂得尊重他人和欣賞自己。對生命的體驗和生命的意義的理解，人各不同，很難說對錯高低。你不能因為自己是一朵花就去否認一棵小草的美麗。

一個紐約商人看到一個衣衫襤褸的鋼筆推銷員，出於憐憫，他塞給那人一元，不一會他返回來又取了幾枝鋼筆並抱歉地解釋自己忘取筆了。然後又說：「你跟我都是商人，你也有東西要賣。」幾個月後，他們再次相遇，那賣筆的人已成為推銷商，他充滿感激地對紐約商人說：「謝謝您，您給了我自尊，是您告訴了我，我是個商人。」

故事告訴我們：尊重別人是崇高道德的表現。

尊重他人可以讓失望的人們看到光明；讓自卑的人們找到自信；甚至可以改變一個人的一生。給需要幫助的人一些力所能及的幫助，很多人都可以做得到，可是能在幫助他人的同時考慮到他的自尊卻未見得人人都會想到。在這一點上，那位紐約商人的確令人敬佩，因為他懂得尊重他人，尊重別人不僅可以使自己的心靈受到深深的震撼，更可以使他人擁有自尊和自信。紐約商人幾句話讓鋼筆推銷員從乞丐的自卑中解脫出來，自信地走上了經商之路。

我們必須牢記：「每個人在人格上都是平等的。」不因自己家境好成績好就自倨、自傲，就輕視他人。只有在心理上有尊重別人的想法，才可能做出尊重別人的行動。

尊重他人就要學會「見什麼人說什麼話」，也就是要了解對方的年齡、身分、語言習慣等。假如對方是位年長者，在稱呼上要禮貌，在語氣上要委婉，在語速上要和緩，在話題上要「投其所好」。

尊重他人會為陷入失望的困境中的人們點燃前進之路。相反，不尊重別人，輕則傷害他人的自尊，重則埋沒有用之材。油畫家文森·梵谷（Vincent van Gogh）不就是生前的作品得不到尊重與肯定，鬱鬱鬱寡歡而死的嗎？

只有學會尊重別人，才會贏得別人的尊重。一個不尊重他人的人，也絕不會得到別人的尊重。就如一個人對著空曠的大山大聲呼喊，你對它友好，它友好回應。在人們之間的交往中，自己待人、處事的態度往往決定了別人對你的態度。尊重他人，也就是尊重自己。

為別人點燃火把，自己也獲得光明

一位郵差郵差給一個老太太送郵件時，經常看到那位瘦小的老夫人從她那美麗的大房子中走出，借助一輛四個輪子的助行車，掙扎著走上房前的小路，去信箱取她的郵件。她每向前走一步都非常吃力。在隨後的一個月裡，郵差好幾次遇到老夫人，每次都看到取信對她來說是一項多麼艱難的任務。他估計老夫人從她房子前門走到信箱再返回去，至少要花 20 分鐘。她每走幾步都要停下來歇一歇。

一個週末，這位郵差光顧了當地的一家五金商店，買了一個銅製的信箱。然後，他驅車來到老夫人的家，敲響了房門，並站在門口耐心地等待。當老夫人終於把門打開時，郵差禮貌地問她是否允許自己把這個信箱釘在她的門上，以省去她每天走到原來那個信箱取信的辛苦。她同意了，因此他就把那個信箱釘在了她的房門上。在接下來的幾個月裡，當郵差發送老夫人的郵件時，他便徑直走到她的前門，把郵件塞進個信箱。但從此以後，他再沒有跟老人打過照面。

有一天，當郵差走上老夫人家房前的小路時，發現一個男人正站在臺階上等他。那個男人介紹說，他是老夫人的代理律師。他告訴郵差，老夫人已經去世了，並且問他今後能否將老人所有郵件轉送到律師事務所。隨後，他遞給郵差一個信封，裡面是老夫人留下的一封信 —— 老夫人把她的房子、家具等所有物品，都留給了這位郵差先生。在信中，老夫人寫道 :「郵差先生，你對我的友善甚至超過了我的家人所給予我的。我已經有 20 年沒有他們的消息了，他們不肯為了我而暫時放開他們手中的工作，而你卻做到了這一點」。

「願上帝保佑你的餘生幸福安康。」

永遠不要低估善行的威力。當人們盡心去幫助周圍需要幫助的人時，給他們帶來的是方便，留給自己的是欣慰，即使助人的人並不希望得到任何回報。

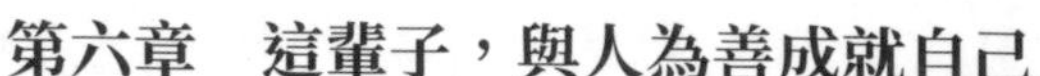

一個伸手不見五指的夜晚，一個遠行尋佛的苦行僧走到了一個荒僻的村落中，漆黑的街道上，絡繹不絕的村民在輕輕地走動著。

苦行僧轉過一條巷道，他看見有一團昏黃的燈先從巷道的深處靜靜地亮過來。身旁的一位村民說：「孫瞎子過來了。」瞎子？苦行僧愣了，他問身旁的一位村民說：「那挑著燈籠的真是一位盲人嗎？」

他真的是一位盲人，那人很肯定地告訴他。

苦行僧百思不得其解。一個雙目失明的盲人，他沒有白天和黑夜的概念，他看不到高山流水，他看不到柳綠桃紅的世界萬物，他甚至不知道燈光是什麼樣子的，他挑一盞燈籠豈不令人迷惘和可笑？

那燈籠漸漸近了，暈黃的光線漸漸從深巷移遊到了僧人的草鞋上。迷惑的苦行僧問：「敢問施主真的是一位盲者嗎？」那挑燈籠的盲人告訴他：「是的，從踏進這個世界，我就一直雙眼混沌。」

苦行僧又問：「既然你什麼也看不見，那你為何挑一盞燈籠呢？」盲者說：「現在是黑夜吧？我聽說在黑夜裡沒有燈光的映照，那麼滿世界的人都會和我一樣是盲人，所以我就點亮了一盞燈籠。」

苦行僧若有所悟地說：「原來您是為別人照明了？」但那盲人卻說：「不，我是為自己！」

為你自己？苦行僧又愣了。

盲者慢慢向苦行僧說：「你是否因為夜色漆黑而被其他行人碰撞過？」苦行僧說：「是的，就在剛才，還被兩個人不留心碰撞過。」盲人聽了，沉穩地說：「但我就沒有。雖說我是盲人，我什麼也看不見，但我挑了這盞燈籠，既為別人照亮了路，也是讓別人看到了我自己，這樣，他們就不會因為看不見而碰撞我了。」

苦行僧聽了，仰天長嘆說：「我天涯海角奔波著找佛，沒有想到佛就在我的身邊，原來佛性就像一盞燈，只要我點燃了它，即使我看不見佛，但佛卻會看到我自己的。」頓有所悟。

請不要猶豫地為別人點起我們自己的生命之燈吧，這樣，在生命的夜色裡，我們才能尋找到自己的平安和光輝！只有為別人點燃一盞燈，才能照亮我們自己前進的道路。

只有相互支撐，「人」才能夠站立起來

一撇一那組成「人」，人字的含義就是相互支撐，相互扶持，「接受我的關懷，期待你的笑容，……」每當我唱起這首歌，心中便湧起一種無言的感動，因為這樣歌詞道出了人與人應當有的人生真諦。

至今仍這樣一個真實的小故事：一位瞎子和一位跛子因不能順利去食堂打飯而苦惱。後來瞎子靈機一動：「老兄，我背你，你給我引路，我們一起去打飯，好嗎？」跛子欣然答應。於是兩個殘缺的人合為一個完整的人，成功地吃到了飯。從這個故事中，我們可以深深地感悟到人與人之間的相互幫助是何等重要。從某種意義上說，我們每個人都是「瞎子」或「跛子」，如果我們能夠「相互支撐」，我們就可以做出許多本來做不成的事，享受到更多的成功的歡樂。

一位哲人如是說，「一個不肯助人的人，他必然會在有生之年遭遇到大困難，並且大大傷害到其他人。」是的，人是不可能脫離周圍這個世界的。你的食衣住行，你的工作娛樂，無不與別人存在著千絲萬縷的連繫；你的一舉一動，你的一言一行，無不對別人產生或大或小的影響。我們必須認識到「我為人人，人人為我」，人與人「相互支撐」是社會生活的法則，從而學會助人，樂於助人。如果你撐一把傘給我，我撐一把傘給你，我們就能共同撐起一個完整而和諧的世界。因而接受幫助和幫助別人，確實是一種生活的藝術。

幫助別人，從表面上看是一種付出和奉獻，但從效果上看，你在幫助別人的同時也獲得了人格的提升。況且，有些人因為幫助別人，甚至還會獲得意想不到的回報。

香港「景泰藍大王」陳玉書先生曾談及他創業初期，在一公園漫步時，偶爾碰見一女士和她的孩子在玩盪秋千。由於此女士身單力薄，推得十分吃力。於是陳先生主動上前幫忙，使她們玩得很輕鬆開心。臨走時此女士留給陳先生一張名片，說以後若需幫忙可以找她。原來此女士竟是某國大使夫人。後來陳先生透過此女士弄到了一張一批運往香港的貨物的簽發證，從中賺了很多錢，由此成為他事業的一個新起點。由此可見，幫助別人，往往也是幫助自己，成全自己。

縱觀那些各行各業的成功人士，無不是樂於助人、善於借重他人的人。由此我們得出生活的哲理是：有付出，必有收穫；你幫助的人越多，時你得到的回報也就越多。朋友，如果你想活得成功，請發自內心地去樂於助人。人心都是肉長的，你對人好，人必對你好。生活在一個「相互支撐」的世界裡，你會倍感幸福與溫馨。「走進我的視野，從此不再陌生，人類的熱情就是愛的表情。」

人只有相互依靠、支持才能堅強地站立起來面對人生，這就要求我們對別人付出更多的關受、幫助，由此，我們也就會獲得別人的關愛和幫助。

助人為樂，助己積善

世界如同一面鏡子，你笑它也笑，可是你要整天板著臉，它也會變得苦悶不堪。因此，在生活、工作之餘多為別人想想，能使你不再為自己憂慮、善待自己，也能幫你結交很多的朋友，得到更多的樂趣。

為別人做好事不是一種責任，而是一種快樂，因為它能增加你自己的快樂感和健康幸福指數。

美國密蘇里州春田鎮有個叫波頓的人，他對「多為別人著想」的意義有著深刻的理解，他講述的「我如何快樂起來」的故事曾感動了許多人。

「我 9 歲的時候失去了母親，12 歲的時候失去了父親。」波頓先生寫道：「我母親在 13 年前的某一天離開了家，從此我們就再也沒有見過她。以後我也沒有見過她帶走的我的兩個小妹妹。她一直到離家 7 年之後，才寫信給我。我父親和一個合夥人在密蘇里的一個小鎮買下了一間洗衣店，合夥人趁他出差的時候把洗衣店賣了，取得了現金後潛逃。一個朋友打電話提醒父親，叫他趕快回家，在匆忙中，父親在堪薩斯州沙林那城因車禍喪生。那時，我母親已離家出走三年。我的兩個姑姑，她們又窮又老，而且身體也不好，她們把我們五個孩子中的三個帶到她們家裡去餵養了。剩下我和弟弟沒有人要，我們只好靠鎮上的人來幫忙度日。我們很快被人家叫做孤兒，或者被人家當作孤兒來看待，而且我們所擔心的事情很快發生了」。

「我在鎮上一個很窮的人家生活了一陣子，可是日子很難過，那家的男主人失了業，所以他們沒有辦法再養我。後來，羅福亭先生和他的太太收留了我，讓我住在他們離鎮子 11 英里的農莊裡。羅福亭先生 70 歲，他告訴我說，『只要我不說謊，不偷東西，能聽話做事』，就可以讓我一直住在那裡。這三個要求變成了我的聖經，我完全遵照它們生活」。

「我開始上學，但其他的孩子都喜歡找我的麻煩，拿我的大鼻子取笑，說我是個笨蛋，還說我是個小臭孤兒。我傷心得想去打他們，可是收容我的那位農夫羅福亭先生對我說：『永遠記住，能走開不打架的人，要比留下來打架的人偉大得多。』我一直都照著他說的話去做，盡量不去和人打架。直到有一天，有個小孩在學校的院子裡抓起一把雞屎，丟在我的臉上。我把那小子痛揍了一頓，結果交上了好幾個朋友，他們說那傢伙活該。」羅福亭太太幫我買了一頂新帽子，我感到非常驕傲。有一天，有個大女孩把我的帽子扯了下來，在裡面裝滿了水，把帽子弄壞了。她說她之所以把水放在裡面，是要『那些水能夠弄溼我的大腦袋，讓我那爆米花似的腦筋不要亂爆』。「我在學校裡從來沒有哭過，可是我常常在回家之後嗷嗷大哭。有一天，羅福亭太太給了我一些忠告，使我消除了所有的煩惱和憂慮，而且把我的敵人都變成了朋友。她說：『羅夫，要是你肯對他們表示喜歡和有興趣，而且注意能夠為他們做些什麼的話，他們就不會再來逗你，或叫你小臭孤兒了。』我接受了她的忠告，我開始用功讀書。不久後我就成為班上的第一名，卻從來沒有人嫉妒我，因為我總在盡力幫助別人。我教導好幾個男同學寫作文，寫很完整的報告。有個孩子不好意思讓他的父母親知道我在幫他的忙，所以經常告訴她母親說，他要去抓老鼠，然後就到羅福亭先生的農場裡來，把他的狗關在穀倉裡，然後讓我教他讀書。」死神也很快侵襲到我們的附近，兩個年紀很大的農夫都死了，還有另一位老太太的丈夫也死了。在這四家人中，我是唯一的男性，在我上下學的路上，我都要到她們的農莊去，替她們砍柴、擠牛奶，替她們的家畜餵飼料和水。我這樣一直堅持了兩年。現在大家都很喜歡我，不再罵我，每個人都把我當作朋友。當我從海軍退伍回來的第一天，有兩百多個農夫來看我，有人甚至從80英里外開車過來」。

不管你的人生多麼平凡，你每天都會遇到一些人，你怎樣對待他們的呢？你是否只是看一看他們，還是會試著去了解他們的生活？比方說一位郵差，他每年要走幾百里的路，把信送到你的門口，可是你有沒有費心去問問他住在哪裡？你有沒有問過他的腳會不會疼？或者看一看他太太和他孩子的照片呢？他的工作會不會讓他覺得很煩呢？或者雜貨店裡送貨的孩子，賣報的人，在街角上為你擦鞋的那個人。這些人都有煩惱和夢想，他們也渴望有機會跟其他人來分享，可是你有沒有對他們的生活流露出一份興趣呢？你有沒有給他們這種機會呢？你不一定要做佛羅倫斯·南丁格爾（Florence

Nightingale），或是一個社會改革者，你可以從明天早上開始，從你所碰到的第一個人做起。

人們的心靈大都是相通的，如果我們知道每說一句話，回饋回來的會是另一句什麼樣的話或什麼樣的事，那麼我們就應該知道，這句話應該怎樣說出去。一如我們用友好的態度說話，獲得的效果就好；我們用粗暴的態度說話，獲得的效果就惡劣。就像我們照鏡子，你笑，它也對你笑；就像我們對著群山呼喚，你喊什麼，它也對你喊什麼。我們對別人友好，別人也會對我們友好。世界上道理很多，但是大道理都很簡單，善有善報，你對別人好，別人也會對你好，永恆的道理是千百年都不會改變的。

感激陌生人，它讓我們體會到生命的可貴

有位朋友晚上到超市購物，出來時外面下起了大雨。他想等會兒雨會停的，便重新進超市，到三樓的書店做起來打開一本書來看。

到 9 點左右，超市要關門了。他走到門口，卻發現雨越下越大。超市前面就是大街，有計程車開過，但大都是客滿。如果他要搭計程車，意味著他必須站到路邊去，否則，司機無論如何也看不到角落裡的他。

正在急促不安時，有人問他：「是想搭車嗎？」

他點點頭。那人撐開了傘，說：「一起走。」他就跟著他到了路邊，雨刷刷地不停的下著，他們沒有說話。站了四五分鐘，終於有一輛計程車來了，他們一起上了車。

那人問：「你到哪裡？」朋友便說了自己家的方位。那人說：「順路，我比你住得遠些。」

計程車到了朋友的樓前，他開門時，對那人說了一聲「謝謝」。朋友發現，那人還很年輕，是一位很時尚的男孩，他的頭髮染得黃黃的。他對朋友

揮揮手，嘴角微微一笑。

朋友告訴我這件事時，仍沉浸在當晚的快樂當中。他說他以前看不慣那些染著黃頭髮蹦蹦跳跳的男孩，他們給自己的印象是不負責任的，輕率的，但經過這一晚，他的觀念被徹底改變了。

我能體會朋友的感恩之心，這種感激可能是一生一世的。

但在座的另一位朋友卻說 ：「假如，撐傘的不是那個陌生人，而是你的親人，你會怎樣想呢？」

這個問題問得真妙。假如我們的愛人、親人、朋友給我們撐傘，還會這樣感恩嗎？在我生命中，父母不知給我送過多少次傘，但在腦海中卻毫無記憶。

感覺常會捉弄人，真正愛你疼你把你當成心肝寶貝的人你會無動於衷，而與你只是驚鴻一瞥給予你舉手之勞幫助的你反而會銘記一生。

我們換一種思維，假如，把對陌生人的感恩轉移到你與愛人之間、與親人之間、與朋友同事之間，那麼我們人生將會是遍灑溫情的陽光吧。

王女士帶著兒子匆匆地往家趕。走了大約有 500 公尺的路程，大風夾帶著雨點和沙石呼嘯而來，打得臉上疼痛，眼睛很難以睜開。每個人都匆匆忙忙的，要找個避雨的地方都不容易。一把大的廣告傘被風吹飛了，碰在王女士的電動車上，車子一個搖晃，嚇得兒子大哭起來。王女士一邊安慰著兒子，一邊急匆匆地往前趕。大雨從天上倒了下來，兒子哭喊著說迷著眼，沒辦法走。王女士讓兒子轉過身來，趴到自己懷裡，也許是又冷又害怕，兒子在王女士懷裡抖個不停，這時天也黑了。王女士下了車，一邊安慰著兒子，一邊從車座下面拿出兒子的衣服想給他穿上，正在這時，一輛銀灰色的「哈飛路寶」停在王女士身邊，司機把玻璃打開一條縫說「讓孩子上來吧，我送你們回家，你們住哪裡？」王女士猶豫了一下，那人看出了王女士的擔心，又說，「要不你走前面帶路。」可是，她怎敢在這麼一個暴風雨的傍晚把剛滿兩歲的兒子交給一個陌生人呢？但又怕王女士的猶豫會傷了那人的好心

（如果他真的是好心人），王女士就把拒絕的權利推給了兒子，她知道兒子從來不會離開自己跟一個哪怕是熟悉的人走。王女士問兒子「你願不願坐這個叔叔的車？」可是兒子竟是這麼地出乎意料，他說「願意」。無可奈何的王女士只好把兒子交給了那個人，那人又說，「我車上有傘，給你撐吧！」王女士可不願用自己的兒子去換一把傘，於是以風大為由拒絕了他的傘。在遞兒子上車時，他問王女士家在哪裡，王女士告訴他地址，她走在前面，記住了他的車號，他則一直慢慢地跟在王女士的後面，但她一刻也沒放鬆警惕。就這樣一步三回頭，他把她們母子送到了家。等先生下樓接過兒子，那人就消失在茫茫的大雨中了。

溫暖，感激，興奮使王女士的心情一下子放鬆下來，那車號王女士再也沒有記起來，只有一輛銀灰色的車印在她的腦中。兩年來，王女士也許曾經碰見過那位好心的大哥，但他的容貌王女士確實記不起來了，向好朋友說起這件事，她們都說「你真大膽！」是大膽？還是那位大哥的真誠？她不願論證。王女士現在只願努力做一個讓人感激的陌生人。

不管你多麼有能力，多麼聰明，生命裡有許多事是要靠運氣和陌生人恩賜的。因此，作為一個很有運氣的人，你要懂得自己對社會的責任，去幫助那些運氣不好的人們。幫助他人，幫助這個世界變得更美好，這種成就感是無法衡量的。

幫助他人，幫助這個世界變得更美好，這種成就感是無法衡量的。作為一個很有運氣的人，你更要懂得自己對社會的責任，去幫助那些運氣不好的人們。如果賺錢是你們的目的，人們都會賺到比夢想中更多的錢。不要忘記回饋社會！記住你們之所以能取得如此的成就，有一部分是靠運氣恩賜的，所以你們一定要盡自己的義務！有時我們會因為生活、工作太忙碌而沒有時間停下來想這些問題，請大家千萬不要忘記，只要我們每個人出一點力，集中起來就有可能改變這個世界的！

送人玫瑰，手有餘香

「送人玫瑰，手有餘香」是英國流行的一句諺語，意思是當我們給與他人幫助的時候，我們的手上仍留有餘香。方便了別人的同時也會給自己帶來方便。付出了，給予了，自己也會快樂。如果只懂得收穫，就會失去快樂的意義。一件很平凡微小的事情，哪怕如同贈人一枝玫瑰般微不足道，但它帶來的溫馨都會在贈花人和愛花人的心底慢慢升騰、彌漫、覆蓋。當我們懂得把自己的東西和別人一起分享的時候，我們就會體會到無限的快樂，體會到幸福的感覺。

＊　　＊　　＊　　＊

有一個人，發現路旁的一堆泥土散發出非常芬芳的香味，於是，就把這堆泥土帶回家，一時間，他的家竟滿室香味。他問泥土：「你是大城市來的珍寶還是一種稀有的香料？或是價格昂貴的材料？」泥土說：「都不是，我只是普通的泥土。」「那麼你身上濃郁的香味是從哪裡來的？」泥土說：「我只是曾經在玫瑰園和玫瑰相處了一段時間。」

與玫瑰相處便會有玫瑰的清香！

我們，不僅要做與玫瑰相處的泥土，吸收玫瑰的芳香，我們更要自我期勉，自我提高，努力做那芬芳的玫瑰，把玫瑰的清香帶給他人。

＊　　＊　　＊　　＊

有一個盲人住在一個社區裡。每天晚上他都會到樓下花園去散步。奇怪的是，不論是上樓還是下樓，他雖然只能順著牆摸索，卻一定要打開走道裡的燈。一天，他的鄰居忍不住，好奇地問道：「你的眼睛看不見，為何還要開燈呢？」。盲人回答道：「開燈能給別人上下樓帶來方便，也會給我帶來方便。」鄰居疑惑地問道：「開燈能給你帶來什麼方便呢？」盲人答道：「開燈後，上下樓的人都會看見東西，也就不會把我撞倒了，這不就給我方便了嗎。」鄰居這才恍然大悟。

生活中這樣的情況有很多，方便了別人的同時也會給自己帶來方便，只要你肯付出，樂於奉獻。

一家馬戲團進入了一座城市。六個小男孩穿戴得乾淨整潔，手牽手排隊在父母身後，等候買票。他們興高采烈地談論著將要上演的節目，好像是自己就要騎著大象在舞臺上表演似的。終於，輪到他們了，售票員問要多少張票，父親低聲道 ：「請給我六個小孩和兩個大人的票」。母親緊張了一下，她扭過頭把臉垂得很低。售票員重複了一遍價格。父親的眼裡透著困惑，他實在不忍心告訴他身旁的興致勃勃的孩子們，身上帶的錢不夠。

一位排隊買票的男子目睹了這一切，他悄悄地把手伸進自己的口袋，將一張 50 元美元的鈔票拉出來讓它掉在地上。然後拍拍那個父親的肩膀，指著地上說 ：「先生，你錢掉了。」父親回過頭，明白了原委，眼眶一熱，彎下腰拾起地上的鈔票。然後，緊緊地握住男士的手。

一個小小的發自內心的善行，也會成就一個愛的人生舞臺。記住別人對自己的恩惠，洗去自己對別人的怨恨，在人生的旅途中才能晴空萬里。

一天，一個貧窮的小男孩為了湊齊學費而逐門逐戶地推銷商品。辛苦了一天的他感到非常飢餓，但是摸遍所有口袋，就只摸出一塊錢。可是飢餓難耐，他決定向下一家討點吃的。當一位乾淨的小女孩打開房門的時候，這個小男孩有些不知所措，他沒有討飯，而求給她一口水喝。這位女孩看到他很飢餓的樣子，就拿了一大塊蛋糕分給她。男孩慢慢地吃完蛋糕，問道 ：「我應該給你多少錢？」小女孩回答道 ：「一分錢也不要，媽媽說，付出愛心，不求回報。」男孩說 ：「謝謝你，我會記住你的恩惠。」說完男孩就離開了這戶人家。此刻，他不僅感到精力充沛，而且似乎還看到上帝在微笑著向他點頭。

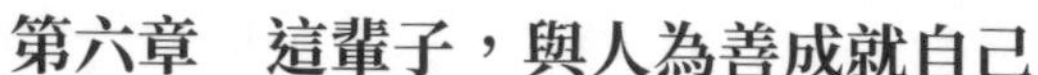

數年之後，那位女孩得了一種奇怪的重病，當地的醫生對此只能搖頭，表示無法救治。最後，她來到大城市裡，接受專家的治療。而在參與制訂方案的醫生中有一個叫霍華德．凱利的人，他就是當年那個小男孩，如今已大名鼎鼎。當看到病歷上的病人來歷時，多年前的一幕閃過他的腦海。

當他來到病房時，一眼就認出躺在病床上的人就是曾經給了他蛋糕的那個小女孩。於是他決心竭盡所能，一定要治好她的病。從那天起，他就格外地關照她。經過艱難的努力，手術成功了，凱利醫生拿到醫藥費通知單並在上面簽了自己的名字。

治療結重要出院了，當醫藥費通知單送到她的手裡時，她很緊張，因為她知道這筆費用會花掉她所有的家當。當她最後鼓起勇氣打開通知單時，看到了旁邊的一行小字 ：醫藥費，一個蛋糕。霍華德．凱利醫生。

有付出總會有回報。對他人做了善事，總能得到加倍的回報。幫助別人，其實就是幫助自己，而當我們付出的時候，本身就體驗到了生命的意義與快樂。

花朵因為露珠而美麗，天空因為鳥兒而多彩，我們因為給予而富有。喜歡幫助他人的人，永遠都是富有的，簡單的付出，索取到的卻是無盡的財富，或者可以說，這些財富是自己進入我們的口袋中的。

有位哲人說過 ：「人活著應該讓別人因為你活著而得到益處。」付出一份愛心，收穫一份快樂與希望。予人玫瑰，手有餘香，請讓這份餘香永遠地圍繞著你，其實我們索取的就是那一份永恆的餘香……

與人為善，幸福自己

與人為善就是善待自己。

「在人生的道路上，每個人都需要感情的理解、精神的安慰、生活的照顧和行為的支持」。苦惱的時候，希望別人能接受自己的傾訴；成功的時候，希望別人能讚賞自己的成績；危難的時候，希望別人能伸出援助之手；困惑的時候，希望別人能予指點。

生活就像山谷回聲，你付出什麼，就得到什麼；你播種什麼，就收穫什麼。幫助別人就是強大自己，幫助別人也就是幫助自己，別人得到的並非是你失去的。

一把堅實的大鎖掛在大門上，用一根鐵杆費了九牛二虎之力，還是無法將它撬開。鑰匙來了，他瘦小的身子鑽進鎖孔，只輕輕一轉，大鎖就「啪」地一聲打開了。這個例子告訴我們，每個人的心，都像上了鎖的大門，任你再堅硬的鐵棒也撬不開。唯有愛，才能把自己變成一把細膩的鑰匙，穿入別人的心中。

父子兩人看到一輛十分豪華的進口轎車，兒子不屑地對他的父親說：「坐這種車的人，肚子裡一定沒有學問！」父親則輕描淡寫地回答：「說這種話的人，口袋裡一定沒有錢！」這個例子啟示我們，你對事情的看法，是不是也反映出你內心真實的態度？

晚餐後，母親和女兒一起洗餐具，父親和兒子在客廳看電視。突然，廚房裡傳來打破盤子的響聲，然後一片寂靜。兒子望著他父親，說道：「一定是媽媽打破的。」「你怎麼知道？」「她沒有罵人。」這個例子證明，我們習慣以不變的固定標準來看人看己，以致往往是責人以嚴，待己以寬。

人不但是一種物質存在，而且是一種精神存在。人有永恆的社會追求與精神追求，希望使社會精神、人的精神、人的生活和人自身日趨完美。另一

方面，在這個追求不斷進步、不斷完美的過程中，有著許許多多的困難和障礙，老一輩常說「人生有九九八十一難」，就是這個意思。人過一輩子，無論是誰，都很不容易，人與人之間相互善待，是我們對付這「九九八十一難」最可靠的保障之一。所以，對人來說，與人為善既是激勵其社會追求、精神追求的動力，又是解決這個追求過程中各種困難的基本手段。

與人為善就是善待他人，成人之美。人生在世，總得和別人打交道。與人打交道，實際上就是自己怎樣對待別人和別人怎樣對待自己。這件事每個人天天在做，但做的情況並不一樣。有的人做得比較主動，有的人則比較盲目，有的人做得很出色，有的人做得不太好甚至很差。人與人友好相待，給個人、家庭、社會帶來了友誼、成功、進步和幸福；人與人不能良好相待，則造成了各種不同的個人悲劇、家庭悲劇和社會悲劇。善待他人是人的本質之一，是人的本義所在。

任何一個人的存在，都是以別人的存在為前提、為條件的，一個人只有與人為善，自己才能存在，才能做成人，就是說，一個與人為善的人才真正是人，才具有人的尊嚴和神聖，才在社會生活中享有人的資格與權利。所以，與人為善實際是在善待自己，是在不停地為自己創造和爭得人的尊嚴、資格、神聖和權利；是在不斷地向社會、向世界證明自己具有人的尊嚴、資格、神聖和權利。一個與人為善的人，才具有人的尊嚴和神聖。

與人為善是人們幸福的重要源泉。其原因仍在於上面所說的人是社會存在、精神存在和人的社會追求和精神追求。人們追求的幸福各式各樣，世界上的幸福千種萬種，但歷史表明，能與人生共長久的是精神幸福，真正能經得起時間篩選的精神幸福，是因善待他人有益於社會而獲得的幸福。

有一個小孩，他家裡很窮，父母都是農夫，他從小就生存在一種飢餓和窘迫之中。節日的壓歲錢、喜慶的爆竹、父母的呵護，這些本該屬於孩子的專利，都與他無緣。只有朋友們對他無私、真誠的幫助和呵護是他難忘並終生感恩的。只要朋友手裡有兩塊糖果，肯定就會有他的一塊 ；朋友手裡有一個饅頭，那肯定有他的一半。在貧窮和飢餓之中，還有什麼比食物更寶貴的東西呢？一眨眼 30 年過去了。在這段時間裡，世界上的許多事情都變了模樣。此時，年輕人已步入中年，外出闖蕩的他已今非昔比。30 年的奔波勞碌、打滾磨練，他一路風塵地走過來了，成為一個穩健、精明、魅力非凡的企業家。有一天，少小離家的他思鄉情切，於是，在一個豔陽高照的日子裡，他回到家鄉。當日，他走遍全村，感謝叔伯大爺、兄弟姐妹這些年來對他父母的照顧，並每家送了一份禮品。夜裡，他在自家的堂屋裡擺桌請客，赴宴者全是從小光著屁股一起長大的朋友。按照那裡的風俗，真誠宴者都要帶點禮品表示謝意。大家來的時候，都帶著禮品，有的還很豐厚。他全都一一收下，準備宴席之後，請大家帶回。當然，還包括自己饋贈的禮品。世界還有比這更感人的場面嗎？還有比這更寶貴的東西嗎？善待朋友，知恩感恩，這是做人的必備素養啊！與人為善就是善待自己。如果你這樣做了，在你的人生之路上，你就會有很多的輔助者、支持者，你就容易獲得成功。

事實證明，只有與人為善，才能把自己融入社會，才能獲得友誼、信任、理解和支持 ；只有與人為善，才能調整那漸漸失衡的心態，解脫孤獨的靈魂，走出無助的困境 ；只有與人為善，才能在人生的道路上，擁有充滿快樂的心態，踏入充滿愛的世界，走向充滿希望的未來。

學會付出，體會給予的快樂

著名哲學家威廉·羅素（William Russell）先生說過，有三個因素支配著他的一生，那就是對人類知識的渴求，對真摯愛情的不懈追求以及對人類苦難通徹肺腑的同情和憐憫。第一次看這段話，情不自禁地產生了共鳴。真摯的愛情是人類高級情感的展現，人人都想追求想擁有一份美好的愛情。即使明白它或許也是一份會傷人甚至致命的毒藥，依然飛蛾撲火般的投身其中，因為追求愛情並為之奮鬥的人懂得，追求付出的過程本身就是一種幸福，就是一種收穫。始終不放棄對愛情的追求，不曾停止為之奮鬥的腳步，即使滿身傷痕，即使那種痛依舊那樣清晰那樣銘心刻骨。相信，學會付出，也是一種收穫。

人世間，不勞而獲的事情終究太少太少。即使幸運之神光臨你的身邊，你在取得之前，還是要先學會付出。

收穫前，先學會付出。

一個年輕人，準備在他家所在的那條街上開一家商店，他向他的父親徵求意見：「我想在我們這條街上開店賺錢，要先準備些什麼呢？」

他的父親想了想說：「我們這條街商店已經不算少了，但店面還有的是，你如果不想多賺錢，現在就可租間店面，擺上貨架、進一些貨物開張營業。如果你想多賺錢的話，就先得準備為這條街上的街坊鄰居們做些什麼。」

年輕人問：「我先做些什麼呢？」

他的父親想了想說：「要做的事很多，比如：街上的樹葉很少有人打掃，你每天清晨可以將街上的落葉掃一掃，問候經過的人們；還有，郵差每天送信，有許多信件很難找到收信人，你也可以幫忙找一找，然後將信及時送給收信人，另外，還有許多家庭需要得到一些小幫助，你可以順便給他們幫一把⋯⋯」

年輕人不解地問：「可是這些跟我開商店有什麼關係呢？」他的父親笑笑說：「如果你想把自己的生意做得好，這一切都會對你有幫助，如果你不希望把生意做好，那麼這一切也許對你沒有多大的作用。」

年輕人雖然半信半疑，但他還是像他父親說的那樣去一一做了，他不聲不響地每天打掃街道，問候人們，幫郵差送信，扶老人家過馬路，誰遇到困難需要幫助，年輕人聽說就去了。不久，這條街上的人們都知道了這個年輕人。

半年後，年輕人的商店掛牌營業了，讓他驚奇的是，來的客戶非常的多，遠的、近的，差不多一條街上的街坊鄰居全都成了他的客戶，甚至街那邊的一些老人，捨棄離他們較近的商店而不去，拄著拐杖，很遠地趕到他的商店裡來買東西。他驚訝，問他們說：「你家的門口就有商店，怎麼卻要捨近求遠呢？」

他們笑笑說：「我們都知道你是個好人，來你的店裡買東西，我們特別放心。」後來，他送貨上門，遇到一些暫時困難的人家，他總是先讓他們取需要的貨物，等什麼時候人家有錢了，再來還，知道有人遭遇了不幸，他會主動登門慷慨相助。

幾個月後，鄰街上的許多人也紛紛湧到他的店裡來買東西，又過一年多，全城人都知道了他和他的小店，都一齊湧來了，於是他在另外一些街道上開起了一家家分店、連鎖店，生意滾雪球般越做越大，錢當然也越賺越多，僅僅幾年的時間，他就從一個不名一文的年輕人，搖身變成了一個擁有資千萬的企業家。

有一天記者採訪他，問他短短幾年為什麼能有如此大的收穫時，他想了想說：「因為在學會收穫前，我先學會了付出！」

人生中，在通往成功和富足的路上，我們往往並不是缺少機遇，而是無法好好地把握它。生活有著它豐富的內容，它也會以多種方式給予你無盡的

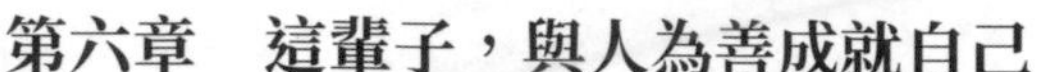

快樂。只是有些人二開始就有些誤解，總以為只有從生活中索取才能使一個人快樂。其實不然，站在生活這一樸實的話題面前，我們應該明白一個道理，那就是給予比接受更令人快樂。

付出是一件幸福的事情，如果還能付出，說明你還擁有，不然你拿什麼付出呢？而擁有，就該值得珍惜，拿出自己的擁有，帶給別人歡樂，這是一件幸福的事情。人生的每一次付出，就像在空谷當中的喊話，你沒有必要期望要誰聽到，但那綿長悠遠的回音，就是生活對你的最好回報。

生活是一個大天平，要維持它的平衡，你的收穫和你的付出必須持平；生活也是一個好老師，正是它循循善誘地教導我們：在取得之間，先學會付出，真正的不勞而獲是不存在的！

沒有一個人的勝利，獨木難成林

滴水不成海，獨木難成林。孤雁難飛，孤掌難鳴。一滴水只有放進大海裡才永遠不會乾涸，一個人只有當他把自己和集團事業融合在一起的時候才能最有力量。

很久以前，有一個人看到了螞蟻的壯舉——突如其來的水包圍了一小塊陸地，那一小塊陸地有許多的螞蟻，是螞蟻的家園。螞蟻們對水是很敏感的，因為牠們不會游泳。要是快下大雨了，牠們總是能夠預先知道，於是就能看到牠們浩浩蕩蕩搬家的場面。但是這一次牠們無法預先知道，因為這一次是人禍——那個人挖開了溝渠，要澆灌他的菜園。天災可以預知，但是對於人禍螞蟻們就無法預知了。螞蟻們爬出了洞穴，一陣慌亂。逐漸地，螞蟻們有秩序了，牠們聚攏，聚攏，聚攏成了一個大大的螞蟻團。這時候水漫了上去，螞蟻團就漂在了水面上，而且在微風的吹動下，螞蟻團在水面上慢慢地向前滾動。沒有一隻螞蟻鬆手，那螞蟻團好像向前漂得很輕靈。終於，牠們抵達了陸地。於是，牠們分散開來，又一次開始重建家園。

那人看呆了。他在想，假如有螞蟻怕危險不想在最外邊待著，而是想在最裡邊待著比較安全，還會有那緊密的螞蟻團嗎？假如有更多的螞蟻這樣想，還會有螞蟻團嗎？他的腦海閃現了一個詞 —— 團結。這是他因為目睹螞蟻的壯舉而創造的一個詞！他想：這是一個多麼好的詞啊！

他把螞蟻的壯舉講給子孫聽，然後總要說一句：「團結力量大啊！」

他的子孫把螞蟻的壯舉講給子孫聽，然後臨了總要說：「這就是團結力量大啊！」

後來螞蟻的故事傳下去了，但是總會一代叮囑一代：「團結力量大啊！」

可見，團結和團體的力量所起的作用。人心齊，泰山移啊！

從前，某個森林內，住著一隻兩頭鳥，叫「共命」。遇事向來兩個頭都會討論一番，才會採取一致的行動，比如到哪裡去找食物等。

有一天，一個頭不知為何對另一個頭發生了很大誤會，造成誰也不理誰。其中有一個頭，想盡辦法和好，希望還和從前一樣快樂地相處。另一個頭則睬也不睬，根本沒有要和好的意思。

如今，這兩個頭為了食物開始爭執，那善良的頭建議多吃健康的食物，以增進體力；但另一個頭則堅持吃毒草，以便毒死對方才可消除心中怒氣。和談無法繼續，於是只有各吃各的。最後，那隻兩頭鳥終因為吃了過多的有毒的食物而死去了。

這個故事告訴我們：只有合作，才能謀得出路。

在生活中，不管是同事之間的關係是一種競爭合作的關係。

真正聰明的人，從來不會因為自己的成功而沾沾自喜地獨享榮譽和快樂，而是如何消除他人的嫉妒和不安心理。最好的辦法是把你的成就和榮譽歸功給大家，和大家一起分享。一旦別人分享了你的成就和快樂，不僅會消除對你的嫉妒，還會為你「有福共享」的精神所感動。這樣才能累積人脈，為更大的成功打下基礎。懂得分享，能獲得他人的友情，才能收穫豐碩的果實。

團結就是力量。
團結則存，分裂則亡。
一人拾柴火不旺，眾人拾柴火焰高。
一人難挑千斤擔，眾人能移萬座山。
一花獨放不是春，百花齊放春滿園。

學會分享，讓生活過得完美

分享是影響人成功的很重要的素養之一，也是促使一個人產生幸福感的重要因素。

透過許多企業家的成功經歷可以發現，懂得分享的人才會交到朋友，才能在日後確立自己牢固的人脈關係，才能為自己的事業開闢新的天地，而他自己也必然是一個幸福的人。

一個企業家講述了自己親身經歷的一個故事：

這個企業家當年在學校讀書時，他們宿舍有一個同學。這個同學每到週末都會回家，週日晚上就會回來，他回來時會帶上六個蘋果。起初宿舍裡的同學很高興，以為是一人一個，結果他是自己一天吃一個，沒有室友的份。宿舍裡其他同學看在眼裡，雖然嘴上都沒有說什麼，因為蘋果是人家自己的，不給你也說不出什麼來，可是，心裡都公認他太自私。因為他們一群男生在一起，有什麼好吃的都是大家拿出來一起吃，直到吃光了為止，沒有人會留給自己吃完了再接著吃的。

後來，他們宿舍有一個同學成功了，成了企業家。因為企業需要人手，這個企業家覺得還是同學可靠，就把當初同宿舍的幾個同學都叫了過來一起做，但唯獨沒有邀請那個自己獨吃蘋果的同學。這個同學的事業也並不順利，因為找不到好的機會，就和這個企業家同學打電話，想請給他一個機會，也到他公司來工作。可是後來大家一商量，一致不同意他來加入，原因很簡單，因為在大學的時候他從來沒有展現過分享的精神。

還有另一個與此類似的故事，發生在過某集團的總裁身上。總裁在學校時，他經常做一件看似很吃虧的事情：每天都拎著宿舍的水壺去幫同學們裝水。本來，大家一起用水，應該共同來裝水，或者輪流來裝，可是他不覺得裝水是一件吃虧的事情，他每天都自己負責宿舍的熱水供應。他不知道這件事會給他帶來什麼，但是認為自己也並沒有因此吃虧。

十年過去了，他創辦了公司，開創了自己的事業。做到了一定規模，他知道單憑一己之力，難以發展這個事業了，他希望到找合作者。然而，他也清楚這樣的道理，最好是找志同道合的朋友。於是，他就跑到了美國和加拿大去尋找他的那些同宿舍的同學。要知道，他的同學關係發展得也很好，他一提出請求之後，他們都回來了。他都沒有料到同學會這麼給自己面子，後來，就問他們為什麼這麼做，同學們給了他一個讓他驚奇的理由：「我們回來是因為你過去為我們裝了四年的水。我們知道，你有這樣的執著服務精神，所以你有飯吃肯定不會只給我們粥喝。」

俗話說：「獨樂樂不如眾樂樂」一個人學會分享，並不是自己的東西越來越少了，並不是自己吃虧了，隨著你與他們的分享，雖然看似少了，其實是無形中增加與別人分享自己的東西，並不是吃虧，而是一種幸福。

所以，在生活中，我們要懂得學會分享，這樣我們和他人才會得到更多的收益，我們的生活才會更加豐富多彩，我們的人生才會更成功，更快樂。多一些分享吧，世界會因此更加開闊起，生活會因此更幸福。

有人這樣說過，樂於分享，是一種心胸寬廣、大度無私的表現。因為這種寬廣和無私，你的世界才會變得寬大。因為在你與人分享的同時，也會得到別人的回饋。與不同的人分享，你會得到不同的利益。所以，對我們來說，要抱有一種樂於分享的心態，不要因為擔心一時的吃虧，而把自己封閉在自己的一個小世界裡。給自己更寬闊的心胸，更大的舞臺，從學會分享開始建造我們的幸福吧！

關於分享，有下面這樣一段經典的話語：

當你擁有五個蘋果的時候，千萬不要把它們都吃掉，因為即使你把五個蘋果全都吃掉，也只是品嘗到了一種味道 —— 那就是蘋果的味道。如果你把五個蘋果中的四個拿出來給別人吃，儘管表面上你少了四個蘋果，但實際上你卻得到了其他四個人的友情和好感。當別人有了別的水果的時候，也一定會和你分享。你會從這個人手裡得到一個橘子，從那個人的手中得到一個梨，最後你可能就得到了五種不同的水果，尤其是獲得更多的友誼。

陌生人，有時是微服喬裝的貴人

現今社會，「不要與陌生人說話」或者「不要和陌生人交心」成為一種普遍的規則。當你行走在清晨的街頭，如果你微笑著向一個不認識的人喊「早安」，他一定是一臉驚詫。而如果你是一個三十多歲的男人，向一位二十多歲的女性這樣表現，你就很有可能被回敬一句「神經病」。

暢銷漫畫作品《向左走，向右走》有這樣的一些描述：都市裡的大多數人，一輩子也不會認識，卻一直生活在一起。如果你生活在大都市裡，是否也有相同的感受呢？

人生中有很多這種與陌生人的際遇。我們出門在外，離開家後，每個人都無法避免要與陌生人打交道。同時，在每個人的人生際遇當中，可能都與陌生人存在著或多或少的機緣。

一個陰霾密布的午後，由於一時急速的傾盆大雨，行人們紛紛進入就近的店鋪躲雨。一位陌生的老婦也蹣跚地走進費城百貨商店避雨。面對她略顯狼狽的姿容和簡樸的裝束，所有的售貨員都對她視而不見。

這時，一個年輕人誠懇地走過來對她說：「夫人，我能為您做點什麼嗎？」

老婦人莞爾一笑：「不用了，我在這裡躲雨，馬上就走。」老婦人隨即又心神不寧了，不買人家的東西，卻借用人家的屋簷躲雨，似乎不近情理，於是，她開始在百貨公司裡逛起來，哪怕買個頭髮上的小飾品呢，也算給自己的躲雨找個心安理得的理由。

正當她猶豫徘徊時，那個年輕人又走過來說：「夫人，您不必為難，我給您搬了一張椅子放在門口，您坐著休息就是了。」

兩個小時後，雨過天晴，老婦人向那個年輕人道謝，並向他要了張名片，就顫巍巍地走出了商店。

幾個月後，費城百貨公司的總經理詹姆斯收到一封信，信中要求將這位年輕人派往蘇格蘭收取一份裝潢整個城堡的訂單，並讓他承包自己家族所屬的幾個大公司下一季度辦公用品的採購訂單。

詹姆斯驚喜不已，草草一算，這一封信所帶來的利益，相當於他們公司兩年的利潤總和。他在迅速與寫信人取得連繫後，方才知道，這封信出自一位老婦人之手，而這位老婦人正是美國億萬富翁「鋼鐵大王」卡內基的母親。

詹姆斯馬上把那位叫菲利的年輕人，推薦到公司董事會上。

毫無疑問，當菲利飛往蘇格蘭時，他已經成為這家百貨公司的合夥人了。那年，他 22 歲。隨後的幾年中，他成為「鋼鐵大王」卡內基的左膀右

臂，事業扶搖直上、飛黃騰達，成為美國鋼鐵行業僅次於卡內基的富可敵國的重量級人物。

就這樣，菲利以善待陌生人的一個舉動——以一張椅子的問候，展現出了他為人的忠實和誠懇，從而獲得了貴人的青睞。

也許你會覺得這樣的機會是千載難逢的，純屬巧合，其實不然，很多的時候，陌生人就是喬裝而來的貴人，他在隨時考驗著你。就像菲利一樣，因為他有對待陌生人一顆愛心，他才會得到貴人的垂青。一個沒有愛心的人，只會讓貴人與自己擦身而過。

由此可見，一個人對待陌生人的態度，對他的成功有著至關重要的影響。

一個盲人在路上孤單地走著，另外一個人過來把他引上正路，可是盲人卻不知道給他指路的人是誰。

當半夜時分，生病的旅行者發出沉重呻吟的時候，有一個人一直服侍他到天亮。清晨，旅行者死了，可是他到死也不知道這位服侍他的人是誰。

一個人走在路上，把食物送給孩子們，在沙漠中把水送給了一位渴得要死的人，把自己的乾糧平分給飢餓者。可是，誰也不曾與他相識。

……

陌生人都與我們形影不離，就像空氣一樣，無論是車水馬龍的大街，還是工作中的各種商務交往中，然而，大多數人認為，雖然陌生人隨處可見，卻似乎都是與我們毫不相干的人。事實果真如此嗎？

傳統觀念認為一個人成功似乎都離不開「貴人相助」，因此，每個人都渴望生命中的貴人的現身。因為人人都知道，貴人是我們通往成功的捷徑。可是，大多數人都不知道，貴人有時候就隱藏在與你素不相識的那些陌生人當中。

不知你是否留意過那些成功人士，特別是那些人際社交的高手，他們往往能夠透過自己的言談舉止，讓初次見面的陌生人產生一見如故的感覺，這樣輕而易舉拉近了彼此之間的距離，不僅交了新朋友，而且輕鬆促成了業務合作。

亞里斯多德曾經告誡世人 ：對陌生人應該友好，因為每一次與陌生人相遇，都是一場戰爭。這話堪稱至理名言，如果你能掌握好與陌生人溝通與相處的尺度，往往能夠將其轉變成你的朋友和貴人，同時，主動結交陌生人，也是擴大你社交圈，獲得更多成功的有力條件。

第七章　這輩子，心寬路更寬

一位哲人說：「你的心態就是你真正的主人」。

一位偉人說：「要麼你去駕馭生命，要麼是生命駕馭你。你的心態決定誰是坐騎，誰是騎師」。

一位藝術家說：「你不能延長生命的長度，但你可以擴展它的寬度；你不能改變天氣，但你可以左右自己的心情；你不可以控制環境，但你可以調整自己的心態。」

如果我們每個人都能以寬容的態度對待他人，不知會從中收穫多少快樂。其實，當我們苛求、責備他人時，我們自己也在生氣，這又何苦呢。如果人人都多幾分寬容，人與人之間的關係就能更親密、更融洽、更和諧。唯有如此，我們的社會也才會更加文明，我們的生活才會多些花好月圓，陽光燦爛的日子。寬容好像一面鏡子，你對它笑，它就開懷擁抱你；你討厭它，它會躲得你遠遠的，給你一個煩惱的謎底。當你和曾發生矛盾的朋友、同事主動握手言和時，當你在家庭生活中與愛人善意地妥協時，寬容便是甜潤的春雨，沖刷了累積於彼此心中的不悅。生活中，一個好的心態，可以使你樂觀豁達；一個好的心態，可以使你戰勝面臨的苦難；一個好的心態，可以使你淡泊名利，過上真正快樂的生活。人類幾千年的文明史告訴我們，積極的心態能幫助我們獲取健康、幸福和財富。

寬容是一種睿智，是一種淡定

世界是多變的，也是精彩的，保持一顆平常心來看待世界，寬容別人，善待自己，你將領悟到不一樣的人生風景。

寬容是一種睿智，一種胸懷，一種淡定，更是一種樂觀的面對人生的精神。寬容之心是一種智慧之心，它能使人正確辯證地認識問題，判斷問題，正確地找到真正重要和有價值的方面，用大智慧來解決問題。以寬容之心對待他人，你的人生和生活就會和諧愉快。

法國大文豪雨果（Victor Hugo）曾經這樣感嘆：「世界上最寬廣的是海洋，比海洋更寬廣的是天空，而比天空更寬廣的是人的胸懷。」古語也說，「天地本寬，鄙者自隘」。

林肯總統一向以寬容之心對待政敵，後來還引起一個議員的不滿，議員說：「你不應該試圖和那些人交朋友，而應該消滅他們。」林肯微笑著回答：「當他們變成我的敵人，難道我不正是在消滅我的朋友嗎？」

沒有寬容之心，就會在別人傷害你之後，你自己再持續雙重損害自己。會一直處於委屈、怨憤、嫉恨狀態之中，用別人的過錯來不斷地折磨自己——但對於解決問題來說，則一點也沒有幫助。但寬容之心是有底線的，它不是包庇、縱容，不是無原則的退讓，更不是以損害整體利益為代價的妥協，而是建立在平等交流、和諧共處原則上的相互尊重，相互諒解、相互信任、相互支持。

擁有寬容之心不是讓人們去當好好先生，做老好人，那樣，只能助長壞人的氣焰，毒化社會空氣。寬容之心是有原則的。要分清問題的大小輕重，忽略小的，輕的，堅持大的，重的。對罪犯的寬容之心就像農夫對待蛇一樣，會帶來更大的傷害，對邪惡的寬容之心會帶來得寸進尺的後果。

有寬容之心是一種智慧，能明辨大小輕重，從而進行取捨的智慧。因此，它也就是一種生活的智慧，或者說，就是如何處理日常工作生活中的人際關係的智慧。

寬容是治療人生不如意的良藥。世上沒有完人，我們只是充滿情感，帶有偏見，自制力不足，貪心有餘的普通公民，在現實生活中不如意之事十有八九。面對一些我們無法改變的現狀和不可補救的事情，與其斤斤計較，尖酸刻薄，痛苦悲傷，怨天尤人，不如一笑置之，多一點寬容和幽默。寬容自己的局限，寬容別人的偏見，寬容父母的嘮叨、寬容孩子的頑皮、寬容朋友的欺騙，將生活過得輕鬆愜意，讓胸襟自然豁達。

寬容不是淺薄的玩世不恭、看破紅塵。寬容是一種生命的智慧，一種以超越自己的悲觀墊底（正視自我之渺小的悲觀）執著追求的人生態度。寬容不是對假、醜、惡的投降和妥協，而是對他們的包容和吸收，寬容的胸懷如同大海，海洋以她廣大的胸懷接納許許多多垃圾和廢物，在太陽和風的作用下，經過鹽性消毒處理，一切都轉化成有用，美好而使人振奮的臭氧，而這些臭氧形成的臭氧層又保護著我們這個星球中的一切生命和綠色。

寬容是人在生命的旅途中遲早會發現一個非常簡單的真理。寬容是對付人生苦難的手段，是為享受生命樂趣服務的。擁有寬容豁達境界的人，將擁有更多的享受生命快樂的情趣。但願我們這些宇宙中的匆匆過客，擁有像大海一樣寬闊的心胸。以豁達的人生態度，寬容的人生視角，健康的心理狀態，將平凡的日子過的美好些，讓生命染上更多的綠色。

大雁結伴飛行的啟示是深刻的，一盤散沙難成大氣。一支團隊成員之間必須團結一心，大家充分發揮凝聚力精神，才能戰無不勝。樂於分享共同的目標與群體感的人，可以更快地實現個人目標。如果我們能夠像大雁一樣，憑藉彼此的幫助和鼓舞就能更快地向前飛行。讓人生沒有憂傷、憂思，遠離

憂恐、擔憂，這一切皆始於人格和內心的仁厚。由於寬和仁，所以你可以忽略了很多細節不去計較，因為豁達，所以你可以不糾纏於這個世界給予你的那些得失。

寬容不是怯懦，而是克服困難的一種理性的抉擇；寬容不是妥協，而是為了更好、更強地站立。一個人學會寬容，便成就了一種仁愛做人的胸襟，那麼，他的人際關係一定是融洽的，和諧的，而這個人最終在團隊的合作中必定會有所作為。

寬容不是一種無奈，而是一種胸懷，一種美德，一種力量，一種關照。對人寬容，需要的是一點點理解和大度，但往往能帶來意想不到的收穫。

學會寬容是一種謙和的做人品格，是一種踏實的人生態度。社會就像一陣驚濤駭浪，沖入頂尖功成名就，但那驚美的一刻短如瞬息；落下來便沉入最低谷。所以還不如腳踏實地做人，勤勤懇懇做好本職工作；從簡單的收穫中品味一份真實的喜悅。

得饒人處且饒人，說話做事要留餘地

俗話說：「三十年河東，三十年河西」。其實，這句話是有源頭的，以前黃河河道不是固定的，經常會因為河水氾濫而改道。有個地方原來在河的東面，但是，過了若干年後，黃河改道，這個地方竟然變成了河西之地。而這句話，經常被人們用來比喻人事的盛衰興替、變化無常，難以預料。

這句話所蘊含的人生哲理，自然是做人要厚道，要給自己留足後路，給他人留足餘地。

寬容別人，給別人留餘地，也就是為自己留餘地。只有懂得寬容，才會有良好的人際關係，路才會更寬，人生才會多一分快樂，少一分煩惱！學會寬容，我們才會發現，生活很美好，世界很美麗。

在清朝吳敬梓的《儒林外史》中的第四十六回，有這樣一段話。

「大先生，三十年河東，三十年河西。就像三十年前，你二位府上何等氣勢，我是親眼看見的。而今彭府上，方府上，都一年勝似一年。」

可見，做人不要太囂張，得饒人處且饒人，給人留足餘地，避免來日落魄之時，遭到他人的侮辱和譏諷。

事實上的確如此，我們每天有相當一部分時間在和同事打交道，難免會發生各種言語上的衝突，但不管誰是誰非，無論從哪個角度來說，「得罪」同事都不是一件好事。因此，話不要說得太滿，要為自己留餘地。

小張是某公司銷售部員工。在一次銷售大會上，同事小李談了一些自己對當前銷售前景的看法，並提了一些具體的建議，這引起了小張的強烈不滿。心直口快的小張絲毫不隱瞞自己的觀點，在會上慷慨激昂地進行反駁，以他對市場調查得來的第一手資料，說得小李面紅耳赤，啞口無言。

小張為逞一時之快，實話實說，可導致的結果是小李經常在主管面前說他心高氣傲，目中無人。後來主管一紙調令，小張被「流放」到倉庫去當倉庫管理員了。

掌握好說話的分寸，管住自己的舌頭，知道什麼該說，什麼不該說，該說的時候說得恰到好處，你的話才不會惱羞他人，「禍」就不會從口出，「火」也不會燒到你身上。

在生活中，我們無私地寬容他人，給他人留足了餘地，也是為自己留下了餘地。給他人臺階下，也是給自己臺階下。能容人處且容人，說話做事給自己留足餘地，也給他人留有餘地。

小李是一個畢業三年的女大學生，跟小劉是同事，同一年進入這家公司，兩個人在一間辦公室裡工作。公司的人稱這是一對金童玉女，天生的一對。但是，小劉從來不會多看小李一眼，小李對小劉也是同樣的冷若冰霜。

原因很簡單，兩個人已經為入主隔壁那間經理室已暗鬥了三年。

女人有時候為了達到自己的目的甚至會做出一些出乎自己意料的舉動。很多時候，連小李自己都會覺得自己卑鄙。小李常會在小劉審查即將送交的文案的時候，趁小劉轉身離開，迅速將小劉的文案永久刪除。儘管小劉對這一切都看得清楚，但是，他依然裝作並不知情。

一次，公司員工旅遊，晚餐的時候，小李喝了很多飲料，不顧一切地跑進廁所。

但是，小李在進入廁所以後，才發現，小劉在裡面，褲子的拉鍊都沒來得及拉上。當小李意識到自己走錯了廁所的時候，待在那裡，不知所措。

而小劉只輕輕地說了一句 :「還不快走。」

小李急忙滿臉通紅地退出。儘管心中還在感激小劉的平靜，但是，卻又想到了小劉會把這事傳到其他人耳中，而且甚至會加油添醋，畢竟，小劉在公司是她唯一的競爭對手。

但是，小李的遲遲沒有等來別人的嘲笑，這段尷尬的插曲好像就不曾發生一樣，一個多月過去了，甚至沒有人對小李露出譏諷的眼光 —— 包括小劉。

小李明白了，小劉寬容地原諒了自己過去的算計，自己的那些卑劣手段，成為了小李心中永遠的結。

沒過多久，小劉入主了隔壁那間經理辦公室，而小李則成為了小劉的下屬。在小劉正式升遷那天，他微笑著對小李說 :「其實，你做的一切我早就知道了，只是，我覺得，報復不會讓一個人成功。」

小李的心結徹底打開。報復並不能讓一個人成功，能帶來的只有無休止的妒恨與痛苦。而寬容，是戰勝仇恨的最好武器，是走向成功最重要的砝碼。從來不曾安心工作的小李坐在自己的辦公桌前安心地寫著企劃文案，因為她知道，自己住在寬容的隔壁。

釋迦牟尼說：「以恨對恨，恨永遠存在；以愛對恨，恨自然消失。」寬容是一種博大的精神境界，是一種高貴的美德。有了寬容，人與人相處才會多一些理解和真善，世界才會變得更美麗。有了寬容，人生之路才會越走越亮麗。

「海納百川，有容乃大」，寬容是一劑打開心結，化解堅冰的良藥，有了寬容，世界才會更美麗，有了寬容，生活才會更美好。能容人處且容人，這是一種為人處事的智慧，是美好人生的魔法棒。寬容別人，給別人留餘地，為自己留餘地。學會寬容，我們才會發現，生活很美好，世界很美麗。

寬容之心是一種處世智慧

寬容之心是一種擁有大智慧之心。

支離疏並沒有怨恨上天的捉弄，反倒滿懷地感謝上蒼獨鍾於他。

平日裡，支離疏樂天知命，舒心順意，日高尚臥，無拘無束。替人縫洗衣服、簸米篩糠，以此養家度日。

當君王準備打仗，在國內強行徵兵時，青年漢子如驚弓之鳥，四散逃入山中。而支離疏呢，偏偏聳肩晃腦去看熱鬧。他這副尊容誰要呢，所以他才勇於那樣無拘無束。

當楚王大興土木，準備建造皇宮而攤派差役時，庶民百姓不堪騷擾，而支離疏卻因形體不全而免去了勞役。

每逢寒冬臘月官府開倉賑貧時，支離疏卻欣然前去領取三盅小米和十捆粗柴，仍然不愁吃不愁穿，一副怡然自得的樣子。

一個在形體上支支離離、疏疏散散的人，尚能樂天知命。借自然的心性，安享天年。對於一個四肢發達，頭腦健全的人來說，又怎麼可能做不到以自然的心性，快樂一生呢？

人在喧囂浮躁中容易急功近利，火氣熾盛，如果有了一份淡然，就可以減少焦躁的心境，尋覓一個清靜幽淡的所在，獨享那份安詳與平和，心不為世俗所擾，身不為物欲所驅，保持自然的本性，讓人格昇華，讓情感淨化，讓心田潤澤。

如果你以一顆晶瑩剔透的心，一種恬靜淡然的心境去欣賞這個世界上的每一處美景，那麼在你眼裡，整個世界都如你心境一般純淨；反之，如果你若塵俗之人一樣的汙濁泥濘的心境，那麼你就會像厭惡自己一樣對整個世界失去希望。

當然，淡然並不是讓你在現實中碰壁，便歸隱山林，以梅為妻，以鶴為子，藉以躲避現實，躲避世事紛擾。淡然應是一種淡泊，一種超脫，更是一種平和。平和是一種心態，寧靜、澄清、空明，亦如柯靈知先生所言：「喧鬧如山野之閒花，明靜如寒潭之秋水。」

保持心靈的淡然和從容，在平和中醞釀生命的力量，像落葉一樣寧靜，得意時淡然，失意時泰然，淡淡地生活，靜靜地思考，讓心境變得寬廣。

正因這份淡然，映出了你生命的神聖與崇高，使你覺得天地遼闊與曠達……

正因這份淡然的施惠，使你覺得世界的美好，人生的多彩……

人生是漫長的，但在歲月的長河中不過是滄海一粟。生命是一個過程，歲月的長河會把我們帶向人生的一個又一個驛站，回眸的剎那，也許會發現許多錯過的風景，所以我們品嘗到了人生的酸甜苦辣。所有成敗得失，有時候就在一念之間，所以我們有時會開心至極，也會惆悵萬千。

人可以不偉大，但至少要有一顆一塵不染的心。無論你置身於擁擠的鬧市，還是倚靠在海邊寧靜的沙灘之上，只要有寧靜的心境，一切外界因素都不再重要，每個人都活在自己的心境裡。

月滿則虧，水滿則溢，這是世之常理。否極泰來，榮辱自古周而復始。因此，大可不必盛喜衰悲，得喜失悲。

在大得大失、大盛大衰面前，應保持一份淡然的心境。

不斤斤計較，路才會越走越寬

原諒別人，是對自己的最好方式。因為釋放了自己，才能有健康自由的心態。

清朝時期，宰相張廷玉與一位姓葉的侍郎都是安徽桐城人。兩家毗鄰而居，都要起房造屋，為爭地皮，雙方發生了爭執。張老夫人便修書要張宰相出面干預。這位宰相到底見識不凡，看罷來信，立即做詩勸導老夫人：「千里家書只為牆，再讓三尺又何妨？萬里長城今猶在，不見當年秦始皇。」張母見書明理，馬上把牆主動退後三尺；葉家見此情景，深感慚愧，也馬上把牆讓後三尺。這樣，張葉兩家的院牆之間，就形成了六尺寬的巷道，成了有名的「六尺巷」。張廷玉失去的是祖傳的幾分宅基地，換來的確是鄰里的和睦與流芳百世的美名。

相傳古代有一位老禪師，一天晚在禪院裡散步，突見牆角邊有一張椅子，他一看便知有位出家人違犯寺規翻牆出去溜達了。老禪師也不作聲張，輕輕走到牆邊，移開椅子，就地而蹲。少頃，果真有一小和尚欲翻牆而出，黑暗中踩著老禪師的背脊跳進了院子。

當他雙腳著地時，才發覺剛才踏著的不是椅子，而是自己的師傅。小和尚頓時驚慌失措，木然而立。但出乎小和尚意料的是，師傅並沒有厲色責備他，只是以平靜的語調說：「夜深天涼，快去多穿一件衣服。」

我們可以想像聽到老禪師此話後，小和尚會作何感受，在這種寬容的無聲的教育中，徒弟不是被他的錯誤懲罰了，而是被教化感知了。

生活中不要為了一點小事斤斤計較，能容人之處且容人。

不斤斤計較是一種豁達。

英國一位著名的作家，出身極其窮苦，他的成功乃從艱苦卓絕之中，抱著百折不撓的精神，長期奮鬥而來．他有一個習慣，那就是從不在乎別人付給他的稿酬多少．當他暮年時候，各大書局竟覓他的佳作，他的酬金版稅也就豐富起來。但是好景不常，他不久就病危了。

這個消息一經傳開，就有好多訪問者，趕來探望，盼望知道他的遺囑，可是在各報發表，這些人站在病床旁邊向他請求說 :「老先生，你是奮鬥惡劣環境的勝利者，那種百折不回，刻苦自勵的精神，真使我們敬佩無比，你已功成名就，對於我們這些崇拜你的青年，景仰你的後生，有何教訓 ；我們願意知道先生的祕訣，勝利的方法，以作我們的指引。」那位老先生聽了這番誠懇的請求，微微地睜開昏花的老眼向著他們看看，仍舊一言不答。

他們又向他請求說 :「老先生饒恕我們的麻煩，在你病中嘮嘮叨叨，實在對不起，我們是報社編輯，新聞雜誌的記者，願意聽聽先生最後的教訓，不但我們獲益，在報上發表以後，又將不知造福多少青年．因此務請不吝賜教，我們謹候恭聽。」

「成功麼？祕訣麼？有，請看馬太福音十六章二十六節。」老先生輕輕地說完上面的話，便於工作闔上了眼，與世長辭了，他們一一記在紙上，連忙打開聖經看，見是 :「人若賺得全世界，賠上自己的生命，有什麼益處呢？人還能拿什麼換生命呢？」

沒錯，人即使得到了整個世界，卻付出了整個生命，又有什麼益處呢？因此，人一定不要斤斤計較個人的得失。

很多人都看過《大長今》這部電視劇，裡面有很多感人的例子，尤其是皇帝中宗。由於國事繁忙，中宗常常憂心忡忡，因此長今時常勸他要敞開心扉，將自己內心積壓的苦悶向最信任的人傾訴。中宗和長今接觸頻繁，漸生愛慕，尤其是當他知道長今就是多年前給他送酒的那個小女孩時，更是覺得他和長今是緣分天生注定。可是當他知道長今和閔政浩的緣分比他還要深的時候，心中升起了一股醋意。

中宗問長今是不是喜歡閔政浩，長今點了點頭，這時候中宗就陷入了痛苦的深淵。他明確地告訴長今，他愛慕長今，但不會逼她做自己不願意做的事情。第二天，中宗約閔政浩比賽射箭，一時難忍心中的憤恨，想要致閔政浩於死地，但是終於還是忍住了。

中宗猶豫到底要不要封長今為後宮，此時閔政浩求見，告知中宗他曾經打算和長今一起逃離宮廷，但是又回到宮廷來，是因為長今想要發揮她的專長，繼續行醫，這是他愛慕長今的方式。他也懇求中宗愛惜長今的才華，不要封長今為後宮，但是要任命長今做中宗的主治醫官。中宗終於下了決心，不畏一切艱難，任命長今為正三品堂上官，下賜大長今的稱號，閔政浩則被流配到異鄉。後來，中宗的病情每況愈下，他祕密下令讓內侍府的人將長今送到閔政浩被流配的地方，希望兩人遠走他鄉，避免被朝廷官員追殺，因為他知道自己再也無法保護長今了。

一位高高在上的皇帝，因為寬容和大度，終於使得長今和閔政浩有情人終成眷屬。應該說，作為皇帝，想得到一個宮女是再容易不過的事情了，但是他也知道，是自己的應該爭取，不是自己的也不能勉強。

做人要學會寬容，懂的寬容別人！寬容應該是一種人類精神，是一種善；一種美；是一種胸懷和氣度；更是一種境界。只有善良的人，心胸中才有寬容，只有慈悲的心靈裡才能放得下寬容。

寬容是人際關係的潤滑劑

人非聖賢，孰能無過。用寬容來對待別人無意或有意的傷害，有如春風化雨，冰釋雪化，對方定會投桃報李。寬容永遠是人際關係的調和劑。因此，人生處世，當學會寬容。

寬容是做人的美德，也是一種明智的處世原則，是人與人交往的「潤滑劑」。常有一些所謂的厄運，只是因為對他人一時的狹隘和刻薄，而在自己前進的道路上自設的一塊絆腳石罷了；而一些所謂的幸運，也是因為無意中對他人一時的恩惠和幫助，而拓寬了自己的道路。

市場上，水果販遇到了一位難纏的客人。

「這水果這麼爛，一斤也要賣 25 元嗎？」客人拿著一個水果左看右看。

「我這水果是很不錯的，不然你去別處比較比較。」

客人說：「一斤 20 元，不然我不買。」

小販還是微笑地說：「先生，我一斤賣你 20 元，對剛剛向我買的人怎麼交代呢？」

「可是，你的水果這麼爛。」

「不會的，如果是很完美的，可能一斤就要賣 40 元了。」小販依然微笑著。

不論客人的態度怎樣惡劣，小販依舊面帶微笑，而且笑得像第一次那樣親切。

客人雖然嘴裡挑剔不止，最後還是以一斤 25 元買了。

有人問小販何以能始終面帶笑容，小販笑著說：「只有想買貨的人才會指出貨如何不好。」

小販完全不在乎別人批評他的水果，並且一點也不生氣，不只是修養好而已，他稱得上是一個聰明的人，聰明人常常是豁達的。豁達是一種博大的胸懷、超然灑脫的態度，也是人類個性最高的境界之一。一般來說，豁達開朗之人比較寬容，能夠對別人不同的看法、思想、言論、行為以至他們的宗教信仰、種族觀念等都加以理解、包容並尊重。不輕易把自己認為「正確」或者「錯誤」的東西強加於別人。儘管他們也有不同意別人的觀點或做法之處，但他們依然會尊重別人的選擇，給予別人自由思考和判斷的權利。

一位哲人說過，如果大家希望享有自由的話，每個人都應採取兩種態度：

> 在道德方面，大家都應有謙虛的美德，每人都必須持有自己的看法，不一定是對的態度；在心理方面，每人都應有開闊的胸襟與相容並蓄的雅量，寬容與自己不同甚至相反的意見。

一次，理髮師為一位總經理刮臉時，總經理咳嗽了一聲，刀子不小心把他的臉刮破了。理髮師十分緊張，不知所措。總經理和藹地說：「不用著急，這不能怪你，我咳嗽前沒有向你打招呼，你怎麼知道我要動呢？」這樁小事，使我們從總經理身上看到了一種美德——寬容。

寬容猶如冬日午後的陽光，去融化別人心田的冰雪變成潺潺細流。一個不懂得寬容別人的人，是很愚蠢的人，他的生命也會顯得很蒼白；一個不懂得對自己寬容的人，會為把生命的弦繃得太緊而傷痕累累，抑或斷裂，自斷活路。

我們生活在一個越來越重視名利的社會裡，但倘若太吝惜自己的私利而不肯為別人讓一步路，這樣的人最終會走投無路；倘若一味地逞強好勝而不肯接受別人的見解，這樣的人最終會陷入世俗的河流中而無以向前；倘若一再地求全責備而不肯寬容別人的一點瑕疵，這樣的人最終宛如凌空在太高的山頂，會因缺氧而窒息。

學會寬容，還有一個如何正確看待自己的問題。大凡驕傲的人，都會過高地估計自己，往往斤斤計較別人，動不動愛揪住別人的「辮子」不放。

只有謙虛謹慎，才能贏得友誼，贏得理解和共鳴。記得凌雲寺內彌勒佛旁有這樣一副對聯：「笑古笑今，笑東笑西，笑南笑北，笑自己原無知無識；觀事觀物，觀天觀地，觀日觀月，觀來觀去，觀他人總有高有低。」這副對聯在告訴我們，要嚴於律己，寬以待人。對自己，要時時處處看到自己的無知無識，對別人，不僅要看到其缺點更要盡量發掘其優點。笑，並非笑人，而是笑自己無知無識。觀，並非觀別人之短，更要觀人之長。因為任何事物都有長有短，任何人都是優點和缺點結合在一起的。因此，在日常生活和工作中，看待人和對待人，要努力做到善於讚揚人之長、容人之短，這樣才能與他人和睦相處，從而建立良好的人際關係。

＊　　＊　　＊　　＊

有人把「人」比喻為「會思想的蘆葦」，雖小易變，因而情緒的波動，隨時都在改變對事物的正確了解。人非聖賢，就是聖賢也有一失之時，我們何以不能寬容自己和別人的失誤？

寬容是有原則和底線的，並不意味對惡人橫行的遷就和退讓，也非對自私自利的鼓勵和縱容。誰都可能遇到情勢所迫的無奈，無可避免的失誤，考慮欠妥的差錯。所謂寬容就是以善意去寬恕有著各種缺點的人們。因其寬廣而容納了狹隘，因其寬廣顯得大度而感人。

在生活和工作中，人與人交往的時候常常難免會產生一些爭論，一些比較，如果處理不好就會對彼此的生活和工作產生不良的影響。傳統醫學認為：怒必傷肝。輕者會使人心神不寧，傷身損氣，影響身體健康，嚴重的會導致舉止失常，甚至一時衝動會造成無法挽回的後果。生活中這樣的事例不勝枚舉，逞一時口舌之快，因閒話惹得四鄰不安、親朋反目；唯利是圖，引來殺身之禍。因此，何必爭執你我誰是誰非，彼此間又何須說長道短。

鄭板橋曾說過：「吃虧是福。」這絕不是阿Q式的精神自慰，而是一生閱歷的高度概括和總結。三國時期的蜀國，在諸葛亮去世後任用蔣琬主持朝政。他的屬下有個叫楊戲的，性格孤僻，訥於言語。蔣琬與他說話，他也是只應不答。有人看不慣，在蔣琬面前嘀咕說：「楊戲這人對您如此怠慢，太不像話了！」蔣琬坦然一笑，說：「人嘛，都有各自的脾氣秉性。讓楊戲當面說讚揚我的話，那可不是他的本性；讓他當著眾人的面說我的不是，他會覺得我下不了臺。所以，他只好不做聲了。其實，這正是他為人的可貴之處。」後來，有人讚蔣琬「宰相肚裡能撐船」。

《菜根譚》中講：「路徑窄處留一步，與人行；滋味濃的減三分，讓人食。此是涉世一極樂法。」可謂深得處世的奧妙。

《羅蘭小語》中有這樣一段話：「既然無力兼濟天下，那麼就獨善其身也好。從自己本身做起，讓自己寬大些、平和些，多存幾分仁恕，少用幾分抱怨。承認自己和世界都是如此不完美的，所以也不必為此煩惱。」在這個世界上，除了自己，沒有人可以給你帶來心平氣和的感覺，忘了不該想的東西，做一些對自身有益的事情，對我們自己和周圍的人更寬容一些。老是抱怨自己過得不盡如意，自尋煩惱，只會讓我們的生活與工作更加地不順心。

包容是一種看透人生的淡定

大文豪雨果曾說過：「世界上最寬闊者是海洋，比海洋寬闊的是天空，比天空寬闊的是人的胸懷。」是的，人的胸懷可以包容一切，我們應學會包容。

「水至清則無魚，人至察則無徒」。學會包容他人，也就學會了關心和理解他人，也就懂得了享受快樂生活。學會包容，才能成就事業。公子小白盡棄前嫌，任管仲為相，終成春秋首霸；諸葛亮七放孟獲，贏得了少數民族的心悅誠服。包容不是縱容，不是全部容受。古人曰「擇其善者而從之，其不善者而改之」，對假惡醜不能包容。

人的心，是高山、海洋所不能比的，所謂「心如虛空」，就是放下頑強固執的己見，解除心中的框框，把心放空，讓心柔軟，這樣我們才能包容萬物、洞察世間，達到真正心中萬有，有人有我、有事有物、有天有地、有是有非、有古有今，一切隨心通達，運用自如。

包容是一種修養、一種境界、一種美德，更是一種非凡的氣度。擁有一顆包容之心，才是作為人最可貴的地方。然而很少有人能夠懂得包容的真正含義，更難真正做到包容。要知道，包容是需要時間和行動來實現的，那是一種寬心的博愛。

包容對於一個人來說是尤為重要的。在長期的家庭生活中，它是吸引對方持續愛情的最終力量，它不是浪漫，甚至也可能不是偉大的成就，而是一個人性格的特質。這種特質是最吸引人的個性特徵，而這種個性特徵的底蘊在於一個人懷有的海洋般的包容心。

當然，包容也不是沒有界線的。因為，包容不是妥協，儘管包容有時需要妥協；包容不是忍讓，儘管包容有時需要忍讓；包容不是遷就，儘管包容有時需要遷就。

從前有一個侏儒，他是一個落魄的商人，卻娶了一個身材比他高許多的妻子。

自古以來，落魄的侏儒總是常人看不起和嘲諷的對象，直至今天這樣的事也是屢見不鮮的。每當他從外面受了氣回來，都會打罵自己的老婆發洩，而他的妻子一直默默地忍受著：有時，侏儒要打老婆夠不著，就站在椅子上，命令妻子上前接受「家法」的懲罰，妻子還是默默地上前忍受「家法」。侏儒有時打累了，歇過後，竟然又接著打，可憐的妻子還是在忍受中緘默無語。

鄰居看不過去了，私下裡對這個可憐的妻子說：「你那麼大的個子和力氣，打他一頓給他點顏色看看，讓他以後不要再這樣囂張了。」

可是侏儒的妻子卻異常寬容地說：「不錯，我是可以做到那樣，但他在外面一直受氣，一直讓人看不起，如果我和外人一樣對他睚眥必報，那他還有活下去的勇氣嗎？」

現實生活中，不能包容他人的人常常自找沒趣，他們時常為一些雞毛蒜皮的小事喋喋不休，爭得面紅耳赤。全然忘記了一位哲人「生氣是把別人的錯誤拿來折磨自己」的勸告。記得電視臺有一則公益廣告：事情發生在熙熙攘攘的公車上，一位女士對擠她的身後男士吼道：「我說你擠我幹麼呀？沒長眼睛哪？」那男士也沒好氣：「你才沒長眼呢，囂張什麼啊，有本事搭計程車去。」這時，離他們不遠的一位老人語重心長地說道，「我說年輕人哪，把心放寬些就不擠啦！」想必這種類似的情景在我們的現實生活中都遇到過。但我每每看到這則廣告時就想，如果我們每個人都懷著包容的心來對待他人，那我們的社會將是多麼的和諧。

在佛教裡，有一個字可以來形容包容，那就是「空」。空是因緣，是正見，是般若，是不二法門。空的無限，就如數字的「0」，你把它放在 1 的後面，它就是 10；放在 100 的後面，它就變成了 1,000。

虛空才能容萬物，茶杯空了才能裝茶，口袋空了才能放得下錢。鼻子、耳朵、口腔、五臟六腑空了，才能存活，不空就不能健康地生活了。所以，空是很有用的。

包容是海納百川，厚德載物。越王勾踐「十年生聚，十年教訓」，終於能夠興師復仇，一雪前恥。他可以忍受臥薪嘗膽的苦楚，卻在滅吳後下令誅盡吳國宗室。

佛經言：「一念境轉。」面對他人的過錯，我們是耿耿於懷、睚眥必報，還是選擇一份包容、一份泰然？

懂得寬容，幸福才會多一點

生活需要寬容，世界需要是寬容。有了寬容，我們的胸懷才能像大海那樣遼闊，有了寬容，我們的世界才會充滿幸福和愛，有了寬容，幸福才會離我們更近一點。平凡的寬容中孕育著偉大，偉人的寬容卻展現在生活中的每一件小事。一個被寬容的人是幸福的，一個懂得寬容的人，不僅給予了別人幸福，還給了自己幸福。

人生在世，許多事情並不如我們眼中看到的那般完美，寧願糊塗一點，感恩永恆。一葉寬容，萬念俱清。寬容是什麼？寬容是理解，寬容是愛，寬容是仁，寬容是世界上最美好的東西。寬容自己，寬容他人，寬容別人，成全自己。有了寬容，寬容才能超越平凡，寬容才能超越自我，寬容才能融化他人心頭的冰霜。

一天早上，發明大王愛迪生（Edison）和他的助手們終於完成了一個電燈泡的製作實驗。那是愛迪生和助手們忙了一天一夜的成果，每個人都非常高興。

然後，愛迪生讓助手們都回去休息，而留下一個年輕的助手，讓他把製作好的這個燈泡拿到樓上的另一個實驗室去。

這個助手小心翼翼地接過燈泡，慢慢地走上了樓梯，心裡十分擔心手裡這個奇怪的新東西滑落到地上。但是，越這樣想，心裡反而越緊張，他的手就不由自主地發抖，在他爬到樓頂的時候，長舒了一口氣，而燈泡卻落在了地上。這個年輕的助手頓時嚇壞了，不知所措地跑下樓梯去找愛迪生。

愛迪生並沒有因為這位助手的失誤而責怪他。幾天之後，愛迪生和助手們經過了一天一夜的努力，終於又製作出來一個電燈泡。

做完之後，自然還得需要有一個人把燈泡帶到樓上去。愛迪生幾乎都沒有經過考慮，就把這個剛剛做的燈泡交給了先前摔碎燈泡的那個助手。

這一次，這個助手沒有緊張，而是將燈泡完好無損地拿到了樓上。

後來，有人問愛迪生，「你心裡原諒他已經做到了仁至義盡了，為什麼還要將燈泡交給他呢？萬一他再度緊張，又把燈泡摔碎了怎麼辦？」

愛迪生是這樣回答的：「原諒不能光是說說就行了，一定要做。」

在生活中，寬容是一種美德，是一種修養，是一種行動。只有寬容，生活中才會多一些快樂，多一份美麗。

清朝初葉的李紱作過一篇〈無怒軒記〉，他說，「吾年逾四十，無涵養性情之學，無變化氣質之功。因怒得過，旋悔旋犯，懼終於忿戾而已，因以『無怒』名軒。」

寬容不是退讓，寬容是為了和諧和平衡。寬容不是懦弱，是我們在用心來淨化世界。投之以木桃，報之以瓊瑤。寬容像播種在泥土中的種子，她會長出嫩綠的春芽；寬容像一支插在土中的柳枝，她會在平淡中綻出新綠。

安西在一家公司任職營業部的經理。有一個員工總是沒事找事給她找點麻煩，安西為此感到非常煩惱。她不喜歡這個員工的工作態度，決定找這個員工談談。為了避免在大庭廣眾之下發生爭執，安西決定在家裡打電話給這個員工。「是或否該解僱她呢？」她翻著手中的雇員卡，陷入了沉思。

安西想起了多年前的一樁往事。

那時，安西做著一份全日制的工作，目的就是為了幫助丈夫邁克順利完成學業。終於，她等到了丈夫畢業的日子。安西和邁克的父母從美國南部趕來參加邁克的畢業典禮。安西早就為那天做了很多設想，畢業典禮以後，和丈夫一起去吃冰淇淋，在鎮上悠閒地漫步。

安西興高采烈地走進工作的那家書店，對老闆說：「我希望能夠在感恩節後的那個星期六休假，邁克要畢業了。」

但是，老闆的回答讓她感到了絕望。老闆說：「對不起，安西，你不能休假。感恩節那段時間將是我們書店最忙碌的一段時間，我們都需要你在這。」

安西簡直不相信自己聽到老闆這樣說，她為老闆的不通情理感到生氣。但是，她依然沉住氣，辯解道：「但是，我和邁克等這一天已經足足等了五年了。」

「當然，那天我不會給你安排工作的。」老闆說。

安西急了，大聲說：「我根本就不能來，我是不會來的。」說完跑了出去。

以後的一段日子，安西和老闆發生了冷戰，老闆問安西話的時候，她總是三言兩語，表情十分冷漠。

安西和老闆就這樣持續了幾週的冷戰。臨近感恩節的時候，老闆主動約她談談。安西知道她得罪了老闆，很有可能會遭到解僱，她盯著自己的腳，不敢看老闆，告訴自己一定要堅強地面對即將到來的失業。

但是，老闆的話卻讓安西感到無地自容，「安西，我不想在我們之間鬧什麼不愉快，我不想看到你的怒氣和不快」老闆平靜地說，「那天，我給你放一天假」。

安西一時間愣在那裡，她不知道該對老闆說什麼。她為自己的狹隘、孩子氣感到慚愧，為老闆的謙卑和寬容感到無地自容。

「謝謝你，老闆」她終於擠出來一句話。

這件事這些年來一直在藏在安西的心底，現在，這件事又浮現在她的腦海中。她為自己考慮辭退雇員的想法感到慚愧，因為她想起了當年老闆對自己的友善和寬容。於是，她決定，將這種寬容，這種友善傳遞下去。

於是，她拿出了那位員工的雇員卡，撥了她的電話，在電話裡，她向那位員工表示道歉。在她掛電話的時候，兩個人的關係已經和好如初了。

上帝把人們在生活中學到的東西藏在了人們的心靈深處，在需要的時候，它們就會浮現出來。安西的故事，讓我們明白，寬容別人，比堅持「正確」更重要，更值得尊敬。

總之，有了寬容，世界多了一份美好，多了一份愛。有了寬容，世界才會更和諧，生活才會更幸福。紫羅蘭把它的香氣留在那踩扁了它的腳踝上。這就是寬恕。有了寬容，你周圍的世界才會更美麗，有了寬容，你的生活會少很多煩惱，多一些幸福。寬容別人，就是成全自己的幸福。寬容就像久旱之後的甘霖滋潤著大地，它賜福於寬容的人，也賜福於被寬容的人。

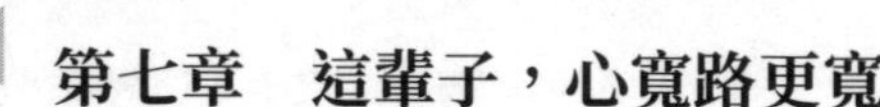

第八章　這輩子，知足常樂

世界上沒有兩片相同的葉子，每個人都是赤手空拳來到這個世界，於是我們就變成了獨立的和別人都不相同的個體。從父母孕育著我們生命到哇哇落地就預示著生命已經開始延續，預示著人生道路開始一步一步走向軌道，走向旅程。

快樂就是看淡塵世的物欲、煩惱，不慕榮利。假如你喜歡武俠小說，你沒有必要愧對紅樓夢；假如你喜歡的人突然銷聲匿跡，你沒有必要尋死覓活地斷言他一定灑脫地離去；假如你的朋友不幸，你沒有必要怨天尤人；假如你認為林志玲豔美絕俗，你沒有必要眼饞肚飽虐待老婆；假如你已經身心交病，那就去教堂懺悔，沒有必要仇視別人的平庸；坦然面對心融神會，快樂就在你心裡。

一個不懂得滿足的人，就會失去心靈的安寧，失去了做人的快樂。要想做一個虛極靜篤的人，不但要常懷一顆無為的心、還要時刻保持一顆平淡的心，找回自我，讓心靈回歸，讓內心和諧才是最為關鍵的！世間有許多誘惑：桂冠、金錢，但那都是身外之物，只有生命最美，快樂最貴。我們要想活得瀟灑自在，要想過得幸福快樂，就必須做到：學會淡泊名利享受，割斷權與利的連繫，無官不去爭，有官不去鬥；位高不自傲，位低不自卑，欣然享受清心自在的美好時光，這樣就會感受到生活的快樂和愜意。否則，太看重權力地位，讓一生的快樂都毀在爭權奪利中，那就太不值得，也太愚蠢了。

名利得失，不過是過眼雲煙

在物欲橫流的當今社會，常常聽到有人用「看淡」或者「放下」的教誨來為人消除煩惱。據說這是佛教的精髓之一，百驗百靈。實際上，「看淡」和「放下」說起來容易，做起來怕是要與登天可比了。

僧人的鞋子上面，左三個洞，右三個洞，為的是讓出家人低頭看得破。但是人在諸多欲望面前卻很難看得破，因為很多時候當我們的眼睛緊緊盯著自己渴求的東西時，是很難低下頭來看的。

在禪宗裡有這樣的一個故事：

有一位高僧，是一座大寺廟的方丈，因年事已高，開始考慮著找接班人。一日，他將兩個得意弟子叫到面前，這兩個弟子一個叫慧明，一個叫塵元。高僧對他們說：「你們倆誰能憑自己的力量，從寺院後面懸崖的下面攀爬上來，誰將會是我的接班人。」

慧明和塵元一同來到懸崖下，那真是一面令人望之生畏的懸崖，崖壁極其險峻陡峭。身體健壯的慧明，滿懷信心地開始攀爬。但是不一會兒他就從上面滑了下來。慧明爬起來重新開始，儘管這一次他小心翼翼，但還是從山坡上面滾落到原地。慧明稍做休息了後又開始攀爬，儘管摔得鼻青臉腫，他也沒有放棄……讓人感到遺憾的是，慧明屢爬屢摔，最後一次他拼盡全身之力，爬到半山腰時，因氣力已盡，又無處歇息，重重地摔到一塊大石頭上，當場昏了過去。高僧不得不讓幾個僧人用繩索將他抬了回去。

接著輪到塵元了，他一開始也是和慧明一樣，竭盡全力地向崖頂攀爬，結果也屢爬屢摔。塵元緊握繩索站在一塊山石上面，他打算再試一次，但是當他不經意地向下看了一眼以後，突然放下了用來攀上崖頂的繩索。然後他整了整衣衫，拍了拍身上的泥土，轉頭向著山下走去。

旁觀的眾僧都十分不解，難道塵元就這麼輕易的放棄了？大家議論紛紛。只有高僧默默無語地看著塵元的去向。

塵元到了山下，沿著一條小溪流順水而上，穿過樹林，越過山谷……最後竟然沒費什麼力氣就到達了崖頂。

當塵元重新站到高僧面前時，眾人還以為高僧會痛罵他貪生怕死，膽小怯弱，甚至會將他逐出寺門。誰也沒想到高僧卻微笑著宣布將塵元定為新一任住持。

眾僧皆面面相覷，不知所以然。

塵元向同修們解釋：「寺後懸崖乃是人力不能攀登上去的。但是只要於山腰處低頭下看，便可見一條上山之路。師父經常對我們說「明者因境而變，智者隨情而行」，就是教導我們要深知伸縮退變之理啊。」

高僧微笑著點了點頭說：「若為名利所誘，心中則只有面前的懸崖絕壁。天不設牢，而人自在心中建牢。在名利牢籠之內，徒勞苦爭，輕者苦惱傷心，重者傷身損肢，極重者粉身碎骨。」然後高僧將衣缽錫杖轉交給了塵元，並語重心長地對大家說：「攀爬懸崖，意在勘驗你們心境，能不入名利牢籠，心中無礙，順天而行者，即是我中意之人。」

世間腐鈍之人，執著於勇氣和頑強者不在少數，但是往往卻如故事中的慧明一樣，並不能達到心中嚮往的那個地方，只是摔得鼻青臉腫，最終還是一無所獲。在己之所欲面前，我們缺少的是一份低頭看的淡泊和從容。低頭看，並不意味著信念的動搖和放棄，只是讓我們擁有更多的選擇和轉圜的餘地。

有一個人自稱棋迷的老王，他最大的樂趣就是同人家下棋。一次在閒聊中他說：他在二十歲的時候下棋的技術就很不錯了，經常參加縣裡或市裡的比賽。他為此很是驕傲，就連以前教過他的老師都不放在眼裡了。有一天，他過生日，請了很多人。其中包括他的女朋友和教他下棋的老師。

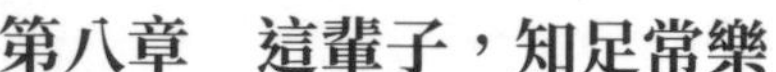

宴席過後，他如同以往一樣決意跟老師賽一盤棋。老師提出一個要求，每局都用一樣物品做賭注。第一局用一百元做賭注，第二局賭老王最心愛的車子，第三局賭老王女友送他的生日禮物。老王痛快的答應了。結果第一局他輕鬆的就贏了老師。第二局的時候，老師很鄭重地警告他說：「不要太驕傲，如果輸了，車就要不回去了。」老王當然知道車子在自己心中的重要位置，所以很用心地跟老師又過起招來。可是讓他意外的是，他這次沒那麼幸運，居然輸了。在第三局中，老師又對他說，如果他贏了，不光可以保留住女朋友送他的禮物，還可以把車子也拿回去。於是他就更用心了，全部的精神都放在棋盤上。人們不可置信的是，他居然又輸了。他怎麼也想不通，平時自己輕鬆就可以贏得的勝利，怎麼會如此跌破眼鏡一再失敗？老師最終當然沒有要他的車子和他女友的禮物，臨行前他送給自己這個弟子五個字：「外重者內拙。」

老王明白了自己失敗的原因：正因為他太在意車子和女友送他的禮物，所以思緒上有了羈絆，過度用力和意念過於集中，因而將原本可以輕鬆完成的事情搞砸了。

看淡人生，以一種平靜恬淡的態度去對待人生。不必對過去懊惱嗟嘆，對未來斤斤計較。不必為未知的命運背上沉重的行囊。看淡人生，使心靈不再受世俗的羈絆，瀟瀟灑灑，淡淡定定，從從容容，快快樂樂。把緊鎖的眉頭舒展，讓久違的笑聲從心底傳出，開開心心的生活，活出自我，活出從容，活出多彩！

知足的人生最快樂

真正做到知足，人生便會多一些從容，多一些達觀，從而常樂。

只有懂得知足的人，才能會有時間和心情感受快樂帶給我們的美妙感覺。只有懂得節制自己欲望的人，才會真正地體會到快樂。快樂無價，懂得知足，我們才會更快樂。少一點貪婪，少一點自私，讓我們學會知足，自由享受生命帶給我們快樂！

老子說：「禍莫大於不知足，咎莫大於欲得。故知足之足，常足矣。」意思是說，禍患沒有大過不知滿足的了；過失沒有大過貪得無厭的了。所以知道滿足的人，永遠覺得是快樂的。用叔本華的觀點來說，不滿足使人生在欲望與失望之間痛苦不堪。

＊　＊　＊　＊

有一個小朋友遺失了一個玩具，十分難過。正在尋找玩具的時候，一個大朋友見他可憐，就從自己的包裡取出一個玩具給他。這時候，這個小朋友顯得更傷心，大朋友非常不解地問他：「你現在不是有一個玩具嗎？為何還這樣傷心？」小朋友回答說：「因為我如果沒有遺失玩具，現在已經有兩個玩具了。」

追求滿足不了便產生了痛苦，而當一種欲望滿足之後很快便又有了新的更進一步的追求。總是不滿足，就總是有痛苦，真是「慾壑難填」。

人應該知足，承認和滿足現狀不失為一種自我解脫的方式。知足者想問題、做事情能夠順其自然，保持一份淡然的心境，並樂在其中。這並不是削弱人的鬥志和進取精神，在知足的樂觀和平靜中，認真洞察取得的成功，總結經驗，而後樂於進取，樂於開拓，為將來取得更大的成功鼓足信心，做好充分的準備。知足常樂，是個人永遠的精神追求。

在前進的道路上，當我們取得一些成績的時候，如果我們都能知足，就能夠保持樂觀的心態，在對待生活中的困難時，也會泰然處之。知足常樂，在煩躁與喧囂中，會過濾掉壓抑與沉悶，沉澱一種默契與親善。

托爾斯泰曾經講過這麼一個故事：

有一個人一直以來都想要得到一塊土地，地主就對他說，清早，你從這裡往外跑，跑一段就插個旗桿，只要你在太陽下山前趕回來，插上旗桿的地就都歸你。

於是那個人就拼命地跑，太陽已經快下山了還妄想多跑一段的路程，雖然已經盡精疲力竭，可是他不小心摔倒了，卻再也沒有起來。有人就在他倒下的地方，隨便挖了個坑，就把他給埋了。牧師在為他做禱告的時候說：「一個人要多少土地呢，就這麼大。」正如《伊索寓言》所說：「有些人因為貪婪，想得到更多的東西，卻把現在所有的也統統失去了。」

人生就像是一杯白開水，盛水的杯子華麗與否關係著這個人的貧與富。但是杯子裡的水清澈透明，沒有顏色沒有味道，對任何人都是一樣的，在以後的時間裡，你可以任意地加糖、加鹽，只要你喜歡。

於是，便有許多人無謂地往杯子裡添加各種佐料，直到杯子裡的水已經溢了出來，最後你喝到嘴裡的水反而是一種苦澀的味道。

下面是另一個很有寓意的故事：

幾個人在岸邊釣魚，旁邊有遊客在欣賞美景。這時只見一名垂釣者把漁竿一收，釣上好大一條魚，足有 3 尺長，落在地上依然翻騰不止。可是垂釣者卻摁著大魚，解下魚嘴裡的魚鉤，順手又將大魚投進了海裡。

周圍觀看的人們百思不解，難道如此大的魚還不能讓他滿足嗎？這個垂釣者的雄心可真夠大的。

就在圍觀者屏息以待時，垂釣者的魚竿又是一揚，這次釣上來的魚也不小，足有 2 尺長，垂釣者仍舊是不看一眼，順手又把魚丟進了海裡。

第三次，垂釣者的魚竿再次揚起，這次釣線末端拘這一條不足 1 尺的小魚，圍觀的人們以為這條小魚也定會被扔進大海，沒想到垂釣者卻將魚解下，小心翼翼地放進自己的木桶裡。

觀看的人百思不得其解，就問垂釣者：「你為什麼舍大而取小呢？「想不到垂釣者的回答竟是：「哦，因為我家裡的盤子最大的不過 1 尺長，太大的魚帶回去，盤子盛不下。」

這個故事告訴我們，做人千萬不要太貪，有貪得無厭就必有得不償失，只有適可而止、知足常樂的人才是真正的智者。欲望永遠都不會滿足，不停地誘惑著我們去追逐物欲和金錢，然而過多地追逐利益只會使我們迷失生活的方向。

伊壁鳩魯（Epicureanism）說：「誰不知足，誰就不會得到幸福，即使他是世界的主宰也不例外。」

貪婪就是貪得無厭，是一種過度膨脹的私欲。然而欲望沒有止境，就如同人心不足蛇吞象一樣，不論是對美食、金錢還是權力等等，永遠都得不到滿足。因此，當欲望產生時，再大的胃口也無法填滿，貪多的結果只能給自己帶來更多的煩惱與麻煩。

正如《伊索寓言》裡所講的：「有些人因為貪婪，想得到更多的東西，卻把現在所有的也失去了。」

所以，我們應該明白，就算是你可以擁有整個世界，一天也不過只能吃三餐。這是人生思索後的一種醒悟，誰懂得其中的含義，誰就過得輕鬆、活得自在，知足常樂，睡得踏實，走路也會穩健，回首往事也不會懷有遺憾。

因此，人生是這樣的短暫，我們縱然身在陋巷，也應享受每一顆美好的時光。不論是喜歡一樣東西也好，或是喜歡一個位置也罷，與其讓自己負累，倒不如輕鬆面對，即使放棄或者離開，也會使你學會平靜。「身外物，不奢戀」是頓悟後的清醒。試想：即使你擁有整個世界，一日三餐，你只能

到吃飽為止，一次也只能選擇睡一張床，即使一個普通人也可以如此享受。所以，在誘惑面前切記要保持一顆清醒地頭腦，因為生活中，魚和熊掌不可能兼得。

古人的「布衣桑飯，可樂終生」是一種知足常樂的典範。「寧靜致遠，淡泊明志」中蘊含著諸葛亮知足常樂的清高雅潔；「採菊東籬下，悠然見南山」中盡顯陶淵明知足常樂的悠然；沈復所言「老天待我至為厚矣」表達了知足常樂的真情實感。曾國藩認為人生一切都「不宜圓滿」，以免樂極生悲，名其書房為「求闕齋」，展現了知足常樂的智慧。林語堂說半玩世半認真是最好的處世方法，不憂慮過甚，也不完全無憂無慮，才是最好的生活，這流露了知足常樂的幽默。

有一個民間故事。明朝有個人叫胡九韶，他的家境很貧困，一面教書，一面努力耕作，僅僅可以衣食溫飽。但每天黃昏時，胡九韶都要到門口焚香，向天拜九拜，感謝上天賜給他一天的清福。妻子笑他說：「我們一天三餐都是菜粥，怎麼談得上是清福？」胡九韶說：「我首先很慶幸生在太平盛世，沒有戰爭兵禍。又慶幸我們全家人都能有飯吃，有衣穿，不至於挨餓受凍。第三慶幸的是家裡床上沒有病人，監獄中沒有囚犯，這不是清福是什麼？」

快樂、幸福都是建立在知足的基礎上的。這裡並不是說不思進取，不前進，而是在自己的能力控制範圍內循序漸進地前進。不要把太多不實際、不可能完成的事擺在眼前，不達到目的就絕不放手。

知足是一種處事態度，常樂是一種幽幽釋然的情懷。知足常樂，貴在調節。這是一種人生底色，當我們在忙於追求、拚搏而迷失方向的時候，知足常樂，這種在平凡中渲染的人生底色所孕育的寧靜與溫馨對於風雨兼程的我們是一個避風的港口。休憩整理後，毅然前行，來源於自身平和的不竭動力。真正做到知足，人生便會多一些從容、多一些達觀，從而常樂。

踏實做人做事，才會更快樂

如果給你一張報紙，然後重複這樣的動作 ：對折，不停地對折。當你把這張報紙對折了 51 萬次的時候，你猜所達到的厚度有多少？一個冰箱那麼厚或者兩層樓那麼厚，這大概是你所能想到的最大值了吧？透過電腦的模擬，這個厚度接近於地球到太陽之間的距離。

沒錯，就是這樣簡簡單單的動作，是不是讓你感覺好似一個奇蹟？為什麼看似毫無分別的重複，會有這樣驚人的結果呢？換句話說，這種貌似「突然」的成功，根基何在？

鞦韆所盪到的高度與每一次加力是分不開的，任何一次偷懶都會降低你的高度，所以動作雖然簡單卻依然要一絲不苟地「踏實」。

踏實做事不是要求我們埋頭苦幹，不管做什麼是工作，只知道盲目蠻幹是不行的，埋頭苦幹，只能說明一個人的工作態度。做人做事，只有做到盡心盡力，才能把事情做的盡善盡美。做人要用心，做事要盡力，用心思考，用心做事，不要為欲望所驅使，成為欲望的奴隸，要以一顆平常心來踏實做事，只有這樣，才能帶來真實的成功感。

弗爾年輕的時候曾經是一名郵差，工作之初，他和其他的郵差沒有任何區別，一直在用陳舊的方法分發信件。這是發信方法的效率非常低。經常會有很多信件因為方法陳舊耽誤幾天甚至幾週之久。

弗爾對這種現狀自然不滿意，他無時無刻不在絞盡腦汁想盡辦法來提高自己的工作效率。白天的時候，他用心觀察自己的工作情況，晚上在床上的時候他還會用心思考如何解決工作效率低的問題。沒過多長時間，他竟然想到了一種把信件集合寄送的辦法，這對提高信件的投遞速度有了極大的提高。

這種方法很快就被批准推廣開來，弗爾也因此升了職，不再是郵差了，但是，在新的職位上，他依然盡力做好每一項工作，用心思考工作。五年之

後，他被提升為郵務局主管，沒過幾年，他又被提升為總管，最後他憑藉這種盡心盡力做事的精神，升遷為美國電話電報公司的總經理。

盡心盡力地把工作當成事業來做，按部就班地去做，只能把事情做對，只有盡心盡力去做，才能把工作做得的更完美，優秀的人才會更優秀。優秀的人，總會用心做事，把事情做得更好更出色。

盡心盡力，才能踏踏實實工作，把平凡的事情做得不平凡，踏踏實實做事，才能把每一件事做好，這本身就是一種成功。

下面一個真實例子可以說明「踏實」的巨大力量。

在美西戰爭爆發以後，美國必須立即跟西班牙的反抗軍首領加西亞取得連繫，因為加西亞將軍掌握著西班牙軍隊的各種情報。但是，美國軍隊只知道他在古巴叢林的山裡，卻沒有人知道確切的地點，因此無法聯絡。然而，美國總統又要盡快地獲得他的合作。一名叫作羅文的人被帶到了總統的面前，送信的任務交給了這名年輕人。

一路上，羅文在牙買加遭遇過西班牙士兵的攔截，也在粗心大意的西屬海軍少尉眼皮底下溜過古巴海域，還在聖地牙哥參加了游擊戰，最後在巴亞莫河畔的瑞奧布伊把信交給了加西亞將軍，因此羅文被奉為美國的英雄。

看過《致加西亞的信》的人也許會覺得羅文所做的事情一點也不需要超人的智慧，只是一環扣一環地前進，因此認為把羅文塑造成英雄有點言過其實。但就是羅文的這種「一步一腳印」，踏踏實實地把信送給加西亞，才使美國贏得了戰爭。踏實並不等於原地踏步、停滯不前，它需要的是有韌性而不失目標，時刻在前進，哪怕每一次都要前進很短的、不為人所矚目的距離。然而「突然」的成功大多都來自於這些前進量微小而又不間斷的「腳踏實地」。

踏踏實實做事，不管做什麼事都要盡心盡力，這樣才能把任何一件事都能做到盡善盡美。只要用心思考，用心做事，踏踏實實做事，認認真真做人，任何人都有成功的希望。只有踏實做事，認真做人，才能一步一步靠近成功，從而體會到真實的成功感。

義大利著名的指揮家、大提琴演奏家阿爾圖羅·托斯卡尼尼（Arturo Toscanini）一生到過許多地方，指揮過無數的樂團，也見過數不清的達官顯貴。在托斯卡尼尼 80 歲的時候，他的兒子曾好奇地問他 ：「你覺得一生中做過的最重要的事是什麼？」

托斯卡尼尼想了想，說 ：「我一生之中做的最重要的事情，就是我當下在做的事。對我來說，不管是去指揮一個交響樂團，還是在沙發上剝一個橘子，都是重要的事。」

「我一生之中最重要的事情，就是我當下在做的事。」對任何來說都是一樣，不管大事小事，只有做好當下的那就是一種成功 ；做好每一件平凡的事，這本身就是一種不平凡。

很多人在找工作的過程中很容易產生一種浮躁心理，尤其是那些剛剛走出大學校門的大學生。實際上，浮躁對我們做事毫無益處，反而成為我們成功路上的巨大障礙，不管碰到多少次失敗，我們都必須保持踏實的心態，認真總結自己的經驗和教訓，鍥而不捨，只有這樣，我們才能真正地體會到成功的感覺，哪怕是微小的成功，帶給我們的依然是幸福的感覺。

李世昌是一個頭腦非常聰明的大學生。從小學到大學都是備受老師關心的資優生。大四時，他參加了考研究所，別人晚睡早起地學習最後都沒有考上，可是他輕而易舉地就考了個非常知名的學校，並且分數還排在前面，以至於有人甚至說他是一個天才。

但是，很不可思議的是像他這樣出類拔萃的一個人卻在求職路上栽了一個又一個的跟頭。他在找工作時，對一般的公司根本就不屑一顧，他覺得以自己的能力至少應該在一個著名的企業中擔任經理，他相信一定可以找到能夠慧眼識英雄的老闆，在茫茫人海中把他這匹千里馬辨識出來，然後把公司交給他管理。

周圍的人都覺得他太浮躁了，於是勸他不要過於著急，凡事都應該慢慢來，現在找工作不能要求過高，將來在工作中如果你表現好得話自然就會升遷的，可是他根本就充耳不聞。在求職當中，一開始老闆都對他非常賞識，可是當他提出自己的要求時，老闆都笑笑說 :「那是不可能的。」在接二連三的求職失敗後，他終於認清了現實，最後還是在一家普通公司找了一份工作，他想起自己當初放棄了許多條件不錯的工作，心裡後悔不已，可是已經錯過了。

李世昌求職之所以失敗主要原因在於他過於急於求成，給自己定出了一個不切實際的目標。職場如同戰場一樣，不管你的能力多高，都需要在實際的工作中來檢驗，沒有哪個公司會在一開始就給你安排重要的職位。你可以給自己定位很高，但是公司接不接受是另外一回事。求職是一個臺階，是一個顯示自己的舞臺，在這個時候，薪水和職位之類的問題不應過多地去考慮，浮躁對你毫無益處，老老實實地做一份工作，在工作中盡情地展示自己的才華，這才是最重要的事情。

浮躁心理是求職的大敵，是引發眾多心理問題與心理障礙的根源之一，戒驕戒躁是求職者首先應該做到的。

一是充分做好求職前的準備工作。你要了解自己面試公司的全面資訊，然後根據公司的性質來恰如其分地表現自己。比如你應聘的是市場職位，你應該盡可能地表現出自己與眾不同的想法和創意，你應聘的是銷售職位，你就應該積極主動地表現自己，因為銷售人員需要地就是熱情和活力，如果你應聘的是行政部門，你的一舉一動都應該穩當謹慎。

二是基於自己的優勢，選擇利於長期發展的工作。有的求職者在選擇工作時只考慮公司的待遇，只要公司有名，薪水高，其他的都無所謂，就算工作和自己的長項優勢不同也毫不介意。這種求職心理只可能使你在短期內得到利益，可是對你將來的發展卻是非常不利的。你應該靜下心來想清楚自己到底喜歡哪類工作，到底適合什麼工作，什麼部門更有助於自己以後的發展，這才是你求職應該關心的中心。

三是心態要平和。在求職中，不要急於求成，不要總認為自己學歷高，了不起，對工作挑來挑去，一定要考慮自己的真實的綜合情況，心平氣和地去找工作。

王敏慧從醫學系畢業後，遵從慣例，她需要先到醫院裡做見習醫生，然後再慢慢地熬日子。其實王敏慧在大學讀書期間就已經在醫院裡實習了一年，她幾乎在所有的部門都待過，那個時候她才發現她並不喜歡那樣的生活。醫院裡的等級制度，老醫生都忙著升遷，年輕醫生忙著看病人，所有的人都忙忙碌碌。年輕醫生每天接待上百名病人，更別提能有多少熱情了。

王敏慧每天面對著痛苦呻吟的病患，感覺生活黯淡無色，了無生趣，她不敢想像自己一輩子都要過這種生活。她的夢想就是做一個醫藥代表，她對自己很有信心，她認為憑自己的學歷擔任醫藥代表根本就是小菜一碟。可是在她求職過程中，卻到處碰壁，投出去的無數履歷都像石沉大海一樣，沒有任何回音。即使有公司通知她去面試，最後也大多不了了之。更不幸的是，就業形勢非常嚴峻，父母對她的工作非常擔心，常常跟她說 :「找一份差不多的工作就行了，不要好高騖遠。」王敏慧心裡非常沮喪，她在心裡不停地問自己 :「我真的好高騖遠嗎？」

以上的兩個例子告訴我們，不管做人也好，做事也罷， 定要腳踏實地，不要好高騖遠。很多人在求職時，往往盯著那些大公司和大企業，不把一般的公司放在眼裡，最後好的工作沒找上，一般的工作也錯過了機遇，落了一個兩手空空的下場。公司差一點沒關係，重要的是自己認真去做事，即

使微小的事情，也能給自己帶來成功感。

相比一無所得，不如，選擇認真做事，用自己的努力，換取微小的成功帶來的幸福感，而這幸福感，不是用金錢或物質可以比擬的，這是一種心靈上的豐實。

只有踏實做事，我們才會提升自己，獲得成功。否則，我們只能與成功擦肩而過。相比一無所得，不如選擇認真做事，用自己的努力，換取微小的成功帶來的幸福感，而這幸福感，不是用金錢或物質可以比擬的，這是一種心靈上的富足。踏實地做事，我們就能更快樂，我們的生活才會更完美！

真誠做人，胸襟開闊

真誠做人，是一種品格，一種姿態，一種風度，一種修養，一種胸襟，一種智慧，一種謀略，是做人的最佳姿態。欲成事者必要寬容於人，進而為人們所悅納、所讚賞、所欽佩，這正是人能立世的根基。根基既固，才有枝繁葉茂，碩果累累；倘若根基淺薄，便難免枝衰葉弱，不禁風輟。

真誠無價，那是因為真誠用高位要職換不來，真誠用金錢買不來；真誠易得，那時因為真誠在我們的日常生活中隨處可見，看你有沒有一雙發現真誠的眼睛和同樣也真誠的心境。

有這樣一個故事：

一天下午，本來好好的天氣，突然大雨傾盆而至，一位穿著非常簡樸的老太太，被大雨淋成了落湯雞，狼狽不堪地走進了美國費城的一家百貨公司。看到老太太穿著非常普通的衣服，在場的很多售貨員都沒有對她表現出應有的熱情。

這個時候，一位年輕的售貨員走到老太太面前，誠懇地對老太太說：「夫人，我能為您做些什麼嗎？」

老太太尷尬地笑了一下：「不用了，我只是想在這裡避一下雨，雨停後我很快就離開。」老太太說完又感到不妥，畢竟借人家的地方避雨，卻一點東西都不買，似乎有點不合人情。於是，老太太開始思考買點什麼東西，哪怕是頭髮上的一個小飾品也可以，至少能夠讓自己可以在這裡心安理得地等著雨停。

正在老太太思考的時候，那位年輕的售貨員又過來了，只見他搬著一張椅子，熱情地對老太太說：「夫人，您不必為難，我給您搬來一張椅子，放在門口，您安心坐著休息就可以了。」

大約一個小時後，大雨停了，老太太向那個年輕的售貨員要了張名片，看了看，親切地說：「菲利，非常好聽的名字，我記住你了，謝謝你！」然後匆匆離開了百貨公司。

隔了一段時間以後，費城百貨公司的總經理詹姆斯在翻看來信的時候，非常意外地看到了一封信，發信人希望費城百貨公司能夠派菲利去蘇格蘭簽訂一整座城堡的裝潢訂單，而且委託菲利負責幾個大公司下一季度辦公用品的採購工作。費城百貨公司的總經理詹姆斯馬上核算了一下，結果讓他大吃一驚，這封信帶給公司的利益，幾乎是公司兩年利潤的總和。

詹姆斯馬上與寫信人取得連繫，這才知道，原來寫信人正是幾個月前一位在百貨公司避雨的老太太——美國億萬富翁「鋼鐵大王」卡內基的母親。

在菲利準備好行李去蘇格蘭時，他已經成了費城百貨公司的合夥人了，不再是一般的售貨員了。那年，菲利僅僅 22 歲。

年輕的售貨員菲利，用自己的真誠打動了那位老太太，而老太太用真誠回報了年輕的菲利。真誠做人，就像是種下了一粒種子，總有開花結果的那一天。做人就是這樣，只有真誠待人，才能夠得到別人的幫助，才能做好每一件事，這也是成就大事的重要素養之一。

＊　＊　＊　＊

《中庸》說：「誠者，天之道也；誠之者，人之道也。誠者不勉而中，不而得，從容中道。聖人也。」不是每個人都可以成為聖人，但是，一樣可以擁有聖人的品德。真誠是做人之本，是做事之基，是每個人都應該具有的一種基本素養。真誠做人是一種良好的修養，是一種寶貴的品格，是一種海闊天空的胸襟，是一種高明的智慧。以誠待人，方能讓他人以誠待我。只有真誠做人，才能得到別人真誠的回報，做事才能做好，這也是成功的重要素養之一，更是幸福的密碼之一。

真誠做人，不虛偽，不造作，不假惺惺，不捲進是非，不招人嫌，不招人嫉，只有這樣，才能踏實做事，才能有良好的人際關係。真誠做人，才能創造良好的人際關係，才能遠離爾虞我詐的紛擾，才能收穫人生的幸福。

時刻保持一份淡然的心境

在滾滾紅塵中，能讓自己擁有一份淡淡的情愫，過著淡淡的閒情逸致生活，那是人生多麼悠然自得的美麗啊！在平常、平凡、平淡的淡淡人生中，讓自己的生命鳴唱出最美妙動聽的天籟之音，那是生命多麼珍貴的閃耀啊！

人生在世難免會遇到各種各樣的不如意的事，所謂「世間不如意者十之八九」。寬心的人懂得用一種平和豁達的心態去看待事情，會更多地記住一生中的滿足之處，而不具有寬心的人則往往只記得自己沒有得到的東西。

在漫漫旅途中，失意並不可怕，受挫也無須灰心。只要心中的信念還在，只要自己的內心不是嚴冬，即使風淒霜冷，即使大雪紛飛，又有何懼？艱難險阻是人生另一種形式的饋贈，坎坎坷坷的人生之路也是對意志的磨礪和考驗。落英在晚春凋零，來年又是燦爛一片；黃葉在秋風中飄落，春天又煥發出生機勃勃。這何嘗不是一種樂觀，一種灑脫，一份人生的成熟，一份人情的練達呢。

這種灑脫人生，不是玩世不恭，更不是自暴自棄。灑脫是一種思想上的輕裝，是一種沉澱後的釋放。有灑脫才不會終日鬱鬱寡歡，有灑脫才不覺得活得太累。懂得了這一點，我們才不至於對生活求全責備，才不會在受挫之後徬徨失意。懂得了這一點，我們才能挺起剛毅的脊梁，披著溫暖的陽光，找到充滿希望的起點。

一個人的性格，往往是大膽中蘊涵著魯莽，謹慎中伴隨著猶豫，聰明中表露了狡猾，固執中折射出堅強。羞怯會成為一種美好的溫柔，暴躁會表現一種力量與熱情，但無論如何，豁達對於任何人，都會賦予其一種近乎接近完美的色彩。

讓我們來看看下面的這個故事。

小男孩高興地拿著一個霜淇淋，一邊走一邊吃，臉上露出滿足的笑容。忽然一不小心，這個可口的霜淇淋掉在了地上。

小男孩看著掉在地上的霜淇淋，站在那裡不知所措，甚至都哭不出來，只是睜大了眼睛看著一地的霜淇淋。這時有個老太太走過來，對小男孩說：「既然你碰到這樣不好的事情，那麼就脫下鞋子，我教你看一件有意思的事情。」於是，小男孩把鞋脫下。老太太說：「用腳踩霜淇淋，重重地踩，霜淇淋就從你腳趾縫隙中冒出來。」小男孩照著老太太的話做了。老太太高興地笑道：「我敢打賭，這裡沒有一個孩子感受過腳踩霜淇淋的樂趣。現在跑回家去，把這有趣的經歷告訴你的媽媽，」她接著說，「要記住，不管遇到什麼不幸的事情，你總可以在其中找到樂趣。」

由此可見，影響一個人快樂的，有時並不是擁有和失去，也不是困境及磨難，而是一個人的心態。要做到「不以物喜，不以己悲」，需要我們有一種樂觀的生活態度。如果把自己浸泡在積極、樂觀、向上的心態中，快樂必然會占據你的每一天。在日常生活中我們可能會碰到非常令人興奮的事情，

也同樣會碰到令人消極的、悲觀的事，這本來應屬正常。但是如果我們的思維總是圍繞著那些不如意來轉的話，就會像我們走在懸崖邊不時往下看，那麼，我們就很有可能會摔下去的。

因此，如果我們要恢復信心，就應該盡量做到腦海裡想的、眼睛裡看的以及口中說的都是光明的、樂觀的、積極的話題，發揚朝前看的精神才能在我們的事業中實現成功。

我們也必須面對這樣一個事實：在這個世界上，成功卓越的人很少，失敗平庸的人居多。成功卓越的人活得充實、自在、瀟灑；失敗平庸的人過得空虛、艱難、猥瑣。成功人的首要標誌在於他們懂得寬心處世。一個人如果心態積極，樂觀地面對人生，樂觀地接受挑戰和應付麻煩事，那他就已經成功了一半。另外，要有心懷必勝的積極的想法。對自己的內心有完全支配能力的人，對他自己有權獲得的任何東西也會有強大的支配能力。

人活一輩子，與其局上相爭，不如退而觀之。

《菜根譚》裡有云：「世事如棋局，不著得才是高手；人生似瓦盆，打破了方見真空。」能寵辱不驚，正是人生的一種境界！對一個東西過於看重，容易患得患失，失去平衡。有時，看淡了事物，反而能最大限度地發揮自己的水準。

在平常、平凡、平淡的淡淡人生中，讓自己擁有一份淡淡的情愫，過著淡淡的生活，淡出一份情真意切的真情來，淡出一份淡雅清香的韻味來，淡出一份坦然寧靜的心境來，淡出一份淡泊名利的境界來，淡出一份綿延悠長的愛意來，淡出一份悠然自得的生活來。

放下欲望，提高幸福指數

佛經裡云 :「心中無欲無輪迴，沒有輪迴何來苦，不貪就是解脫法，心靈明亮靜與樂。」就是說什麼時候你的心中沒有欲望，那時候你的心中就沒有輪迴了，沒有輪迴哪來的痛苦和煩惱呢？不貪就是解救輪迴的特殊法，也是淨化我們的心靈，心靈就開始明亮與寂靜，那時候，心中自然就產生快樂和幸福。

滿足不在多加燃料，而在於減少火苗，不在於累積財富，而在於減少欲念。放下貪欲，追求平實簡樸的生活，是獲得快樂的最簡單方法。我們什麼時候才能得到真正的幸福呢？

所以我們要學會不貪不欲以求解脫法門，人有一點貪心沒有什麼錯誤的，但貪心不能過火，不然的話，只能給我們帶來無窮的煩惱和痛苦的。譬如 :以前西藏有個酋長，上有父母，下有傭人，周圍有親戚、朋友、愛人，家有無價之寶的財物，而且財源滾滾，生活榮華富貴，但他的貪念如熱水一般奔騰，每天忙忙碌碌，從來沒有給自己休息的空間和時間，任何時候都是把金錢放在第一位，所以誰也沒有看見過他的臉上帶著快樂的笑容，也沒有聽到哪怕一點點幸福的笑聲。

有一天，酋長生意受挫，心裡更煩，輾轉反側，睡不著，這時候，他聽到外面傳來的山歌，他覺得很奇怪，這麼晚，還有人有雅興唱山歌，誰在唱呢？他就站起來，出去看了看，原來唱山歌的人就是他鄰居的老太婆，這位老太婆上沒有父母、下沒有兒孫，周圍沒有親戚和朋友，是個乞丐，討飯過生活的，雖然家裡窮，但是她每天唱山歌、跳舞，開心的生活著，多麼幸福啊！酋長反思 :我這麼富有了，都唱不出歌來，也沒有她那樣的快樂，她這麼窮，一無所有，為什麼會唱出歌來，而且還那麼高興，到底為什麼？酋長一晚上想來想去，終於想明白了一個道理。

第二天，酋長故意把鄰居唱山歌的老太婆叫來，說想請她幫忙辦點事，老太婆按照酋長的吩咐，完成了任務，酋長就裝作高興地給她三個銀元寶，老太婆一看到三個銀元寶，眼睛都直了，高興而小心地把三個銀元寶帶回家，就開始想 :「可不能掉啊！晚上睡覺，也得看好啊，可不能讓小偷拿去！」然後睡不好，床上翻來覆去，開始想怎麼用三個銀元寶，左思右想的，歌唱不出來了，實際上忘記了唱山歌，整個晚上都想怎麼使用三個銀元寶，最後老太婆想做生意了，從那天晚上起酋長再也沒有聽到老太婆唱山歌的聲音，因為，老太婆得到銀子之後，開始計畫做生意了，心裡裝滿了賺錢的想法，遺忘了唱山歌。

酋長終於明白了什麼是快樂？什麼是痛苦？老太婆擁有了三個元寶，就有煩惱、有痛苦。如果我能放下一切的話，一定會幸福快樂的，酋長下決心拋開雜念，放下欲望，把所有的財產施捨給別人，自己只留下簡單的夠用的生活用品，酋長這樣放下一切，從此，酋長過起了簡單而快樂的生活，每天唱一些山歌，有時候外出遊玩，快快樂樂地過生活，才發現自己真的輕鬆了好多，獲得了真正的快樂。但是，老太婆每天忙不過來地做生意，三個銀元寶換了青稞，把青稞送到牧場上，換了酥油，又酥油送到城市換青稞，這樣整天跑來跑去，換來換去，再也沒有唱山歌的時間和想法了，從此，老太婆再也沒有真正的幸福、快樂，生活不再平靜。所以說 :「放下欲望才是真正的幸福。」因為你放下才能沒有欲望的，沒有欲望才能心定與清靜下來，心清靜才能感受到舒暢、快樂和幸福。

在很多眼裡，只有實現的「欲望」越多，才會更幸福。但是，事實上果真是這樣嗎？為什麼很多有錢人的幸福指數甚至還沒有一個街頭乞丐高？為什麼國王的幸福指數低於一個廚師？

李景輝打算買輛新車，找了一個朋友陪他去車市購車。

李景輝是上班族，收入有限，所以主動給自己設了一道底線：買汽車不能超出 50 萬元。李景輝早就看中了一款車型，於是，帶著朋友直接去展示中心。迎面來的銷售小姐，職業化的微笑、優雅的手勢，熟練地介紹這款車的性能、特點和價格，李景輝一臉滿意的樣子。對李景輝來說，這確實是一款不錯的車，完全符合他的選擇標準。

再對車了解得差不多的時候，李景輝準備去簽合約。但是，在李景輝和朋友走到玻璃桌的當前，銷售小姐對我們一笑，看似不經意間說了一句：「其實，這輛車是前兩年的舊款了，最近公司推出了新款，外觀更漂亮，設計更合理，價錢也就是多了幾萬塊錢，您要是感興趣可以看一看。」聽到設計更合理，李景輝有些心動了，而且價錢區別不大。

新款的外觀，確實漂亮多了，李景輝顯然動心了，準備放棄買舊款，買新款車了。這個時候，銷售小姐轉而向李景輝推薦別的系列，她說：「其實，這一系列的車安全性稍弱一些，你不如考慮一下 ×× 系列的車，價格比您選中的這輛車只高出五萬元。」

當李景輝載著朋友坐上新車時，李景輝自我解嘲道：「沒想到，我就這麼一點一滴地掉進銷售小姐設置的圈套裡面了，原本只打算花 50 萬買車，開回家的卻是 90 萬元。」

幸福，並不是你擁有多少東西。反而過多的東西，甚至會成為阻礙你走向幸福的路障。因為人的欲望是很難得到滿足的，擁有了一樣東西，還會渴望擁有下一樣，反覆無窮。而想讓自己多一份幸福感，只能是克制自己一些不必要的欲望，比如：現在房價飆漲，而你不滿足於自己的小蝸居，明知道要花很多冤枉錢，但是還是狠下心來貸款買房，為自己平添很多煩惱，還做了冤大頭，得不償失，更不要說有什麼幸福感了。

痛苦是輪迴的，是欲望的不斷升級的結果。人的不滿足，人的欲望，人

的苛求完美，讓本來可以接近的幸福漸漸走遠了。就像故事中的李景輝那樣，他本來是想買個 50 萬的車，結果在欲望的不斷誘惑下，居然買了 90 萬的車。不得不說，過多的欲望，帶給我們的是不滿足，從而不斷降低我們的幸福指數。

一位女同事，買智慧型手機時總是愛挑最時尚的買。但沒用幾個月，市場上就出現了更流行的款式。她就接著買新的，把不用的手機拿到網拍便宜賣掉。對時尚的追求令她欲罷不能，幾年裡換了很多手機。有一次她感慨萬千地說，不斷地換手機使她損失了十幾萬元，但她現在用的手機還不是最新的款式。

一位朋友在結婚前買了一間新房，房子面積不大，只有 24 坪，裝修也很簡單，沒花多少錢。朋友說，對於他的收入來說，這樣的面積和裝修是合理的。如果買 33 坪的房子並進行豪華的裝修，那在以後的幾年裡，他必須有節制地消費有計畫地還房款，生活將不再自由。朋友說住進新房後他感到很滿足，他不會羨慕別人面積更大裝修更漂亮的房子，更不會羨慕有錢人的豪華別墅，因為那樣的生活會使失去他一輩子的快樂。

朋友真是一個聰明的人，他懂得對欲望說「不」。還記得那個地主無法拒絕誘惑，最終成為走不回來的人。生活中又有多少人被欲望牽引著越走越遠，越走越找不到快樂啊！

每個人心中都有欲望，這是不可否認的，你別指望完全消除。我們能做的，就是盡力把它修剪得更美觀。放任欲望，它就會像瘋長的灌木，醜惡不堪。但是，經常修剪，就能成為一道悅目的風景。對於名利，只要取之有道，用之有道，利己惠人，它就不會變成心靈的枷鎖。

快樂就這麼簡單，一杯清茶，一朵玫瑰，一片樹葉，一份牽掛，一句親切的問候。甚至一個關切的眼神，快樂無處不有，唯有胸襟開闊的人，才能體會到。

第九章　這輩子，自助者天助

「天道酬勤」，「自助者，天助之」，「有志者事競成」……這些古老的訓誡已被公認為是個人成功的心理基石。人要愛惜自己，重視自己，無論你現在的境況怎麼樣。因為在你失敗時，能夠幫助你，使你重新獲得希望，重新看到光明的，只有你自己！

真正的自助者是令人敬佩的覺悟者，他會藐視困難，而困難在他的面前也會令人奇怪地轟然倒地 —— 這個過程簡直有如天神相助；真正的自助者就像黑夜裡發光的螢火蟲，不僅會照亮自己，而且能贏得別人的欣賞 —— 當人們欣賞一個人時，往往會用幫助的形式表示愛護 —— 好運氣因此而降臨。人們相信，一個真正的自助者最終會實現他的成功，而所有幫助過他的人也會為此感到欣慰。

如果自助者懂得報恩，人們就會給他更多的幫助，他因此可以更加輕鬆地面對生活。

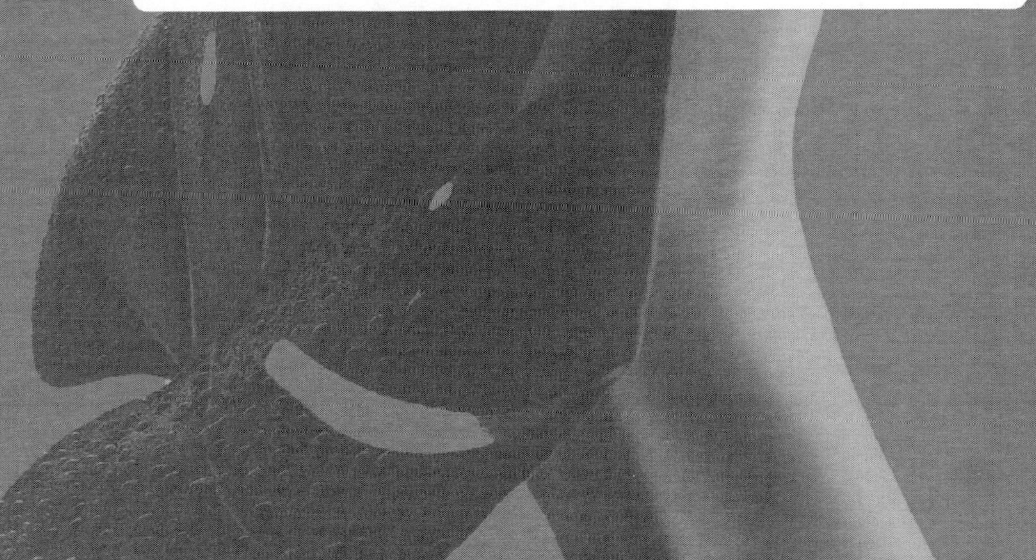

清晰的人生目標

成功從選定目標開始。傑出人士與平庸之輩的根本差別，並不是天賦、機遇，而在於有無目標。大多數人不是將自己的目標捨棄，就是淪為缺乏行動的空想。如果你想在 35 歲以前成功，你一定得在 25 ～ 30 歲之間確立好你的人生目標。

你的人生目標是什麼？你準備怎樣度過今後三年時間？如果你知道自己會在六個月後會去世，你會怎樣度過這六個月的時間？

哈佛大學有一個非常著名的關於目標對人生影響的追蹤調查。這個調查美國耶魯大學做過、卡內基也做過，得出的結論驚人的相似。這個調查的對象是一群智力、學歷、環境等條件都差不多的年輕人，調查結果發現：

3% 的人，有十分清晰的長期目標。
10% 的人，有比較清晰的短期目標。
60% 的人，目標模糊。
27% 的人，完全沒有目標。

25 年的追蹤調查發現，他們 25 年後的生活狀況十分有意思。

那 3% 有長期清晰目標的人，25 年來幾乎都不曾更改過自己的人生目標，他們始終朝著同一個方向不懈地努力。25 年後，他們幾乎都成了社會各界頂尖成功人士，他們中不乏白手創業者、行業領袖、社會菁英。他們大都生活在社會的最上層。

那 10% 有比較清晰的短期目標的人，他們的共同特點是，那些短期目標不斷地被達成，生活品質穩步上升。他們都成為各行各業不可缺少的專業人士，如醫生、律師、工程師、高級主管等等。他們大都生活在社會的中上層。

那 60% 目標模糊的人，他們大都能安穩地生活與工作，但都沒有什麼特別的成績。他們大都生活在社會的中下層。

剩下的 27% 完全沒有目標的人，他們的特點是：從來不曾為一個目標而努力奮鬥過，他們的生活都過得很不如意，常常失業，靠社會救濟，並且常常在抱怨他人，抱怨社會。他們幾乎都生活在社會的最下層。

因此得出結論：目標對人生有著巨大的導向性作用。

捫心自問：自己有沒有目標？有多長時間的目標？自己是屬於哪一類人？是屬於那 3% 有著長期清晰目標的人？還是屬於那 10% 有著短期清晰目標的人？還是屬於那 60% 目標模糊的人？或者是那 27% 從來沒有目標的人？

目標是人生的導航燈。

成功在一開始僅僅是一個選擇。你選擇什麼樣的目標，就會有什麼樣的成就，就會有什麼樣的人生。

人這一生很短暫，眼睛一閉睜不開就過去了。為什麼有的人一生很成功，有的人一事無成，那是因為人生的成功是有法則的。套用一句俗話，成功的人生是一樣一樣的，失敗的人生卻各有各的不同。

人生猶如行船，一艘沒有航行目標的船，任何方向的風都是逆風。

定好目標，永不放棄

有一個「猴子掰玉米」的故事，說的是猴子在地裡掰玉米，剛掰下一個，就扔了，因為牠覺得前面的更好，就扔下手裡的去掰另一個。另一個到手，覺得還有更好的，到手的又扔掉，去掰那個「更好的」。不知不覺走到地的盡頭，天色已晚，只得慌慌張張隨便掰一個，回去一看，恰是一個爛玉米，也只好將就了。

也許我們都會笑那個猴子太傻。猴子傻，不是智力問題，而是心態問題，牠太浮躁，總是追求「更好的」。這正如荀子所言 :「蚓無爪牙之利，筋骨之強，上食埃土，下飲黃泉，用心一也 ;蟹六跪而二螯，非蛇鱔之穴無可寄託者，用心躁也。」

反看我們現在的有些人，何嘗不是像掰玉米的猴子，今天考律師，明天學會計，後天讀 MBA……

讀書的時候選擇一個好的專業，認真地學點東西，打好基礎，多學點安身立命的本事，不要著急去做什麼大事。畢業後可以有幾年的選擇期，可以嘗試著做幾份不同的工作，看看哪個最適合自己，然後選擇適合自己的，靜下心來持之以恆地做下去。但是這個選擇過程不能太長，最好不要超過 28 歲。必須培育自己的「一技之長」，有別人無法取代你的地位，才會在以後的人生路上越走越開闊。

世界上一些著名的大企業、大集團公司，如美國的蘋果、谷歌、微軟公司、可口可樂公司，幾十年甚至幾百年都只做一件產品，取得壟斷和領先地位，再不斷地做研究，使自己的技術一直處於同行業遙遙領先的地位，從而取得超額利潤。

世界上很多企業就是靠集中所有的時間、精力、資金和技術做好一種主要產品而在競爭中立於不敗之地的。

1981 年於瑞士成立的羅技電子（Logitech）是世界知名的電腦周邊設備供應商，擁有很高的零售和 OEM 市場占有率。羅技當初只是依靠生產滑鼠和鍵盤進入電腦周邊設備行業的。滑鼠和鍵盤是電腦最基本、最不可缺少的外設配件，但同時也是價錢較低獲利較少的配件。因此對於電腦行業的巨頭們根本無法產生吸引力，這便給了羅技一個契機。從此，羅技走上了滑鼠和鍵盤生產的專業化道路，經過了數年的努力，羅技不僅在該行業中站穩了腳跟，而且最終成為全球最大的滑鼠和鍵盤的生產供應商。

企業的發展是這樣，人的發展同樣如此。如果你幾十年做同樣的一件事，你就能把它做好做精，你在這個專業領域就擁有了發言權；就有了別人無法取代和超越的地位，你也就能牢牢地站穩腳跟，長期地發展壯大下去。然後，你還有閒暇的時間去享受生活的樂趣。

當年成龍拍電影時，各個汽車廠商主動爭取免費提供汽車使用的機會，讓成龍在電影裡面表演特技。成龍選中日本三菱跑車，三菱公司立刻提供上百輛新車讓成龍拍攝賽車鏡頭，成龍將車撞得稀爛，三菱也分文不取，為什麼呢？因為成龍是最棒的演員之一，他的電影總是最賣座的電影之一。

當年喬丹打籃球成為世界頂級籃球巨星，不但年收入 8,000 萬美金，而且有人找他拍電影，有人找他拍廣告，有人找他出書……那請問他的運動鞋需要自己買嗎？當然不用，耐吉公司會提供；他穿的衣服需要自己買嗎？當然也不用，別人不但免費提供，還要支付他廣告費。甚至香水廠商也借喬丹的名字與肖像生產喬丹牌香水。喬丹什麼事都不用做，只要他肯提供給廠商名字與大頭照，別人就送他 30% 的股份。你說這是為什麼？因為他是他的行業中最頂尖的，他是世界上有史以來最偉大的籃球巨星。

不要以賺錢為目標，也不要以出名為目標，應該以成為某個領域中的最頂尖為目標。只要成為某個領域的最頂尖的那一位，你一定會賺很多錢；只要你是某個行業的第一名，你一定會出名；只要你成為行業頂尖，你就一定會成功！

做軟體做到世界第一名的微軟會不會賺錢？當演員當到世界巨星的成龍會不會賺錢？打籃球打到世界第一名的喬丹會不會賺錢？當然會！只要你是最好的，最頂尖的，一定是最能賺錢的，從而擁有一定的社會價值。

第一名，擁有一切！

第二名，只能拾人牙慧。

1969 年 7 月，美國「阿波羅（Apollo）」11 號太空船實現了人類首次登月的夢想。第一個踏上月球表面的人阿姆斯壯向全世界宣布：「這是我個人的一小步，卻是人類的一大步！」全球數以億計的人透過電視螢幕看到了這一激動人心的場面。

這個人類的偉大壯舉已經過去 50 多年了，請問有幾個人還記得第二個登上月球的美國人 —— 阿姆斯壯的同伴呢？

一般人有個錯覺，以為拿不到第一，有個第二名、第三名也很不錯。如果說第一名代表的是 100 分，很多人以為第二名起碼也有 90 分，但事實上第二名能不能有 10 分都是問題。

為什麼？因為做到第一名，他就不需要再與別人比，他已經占據了有利優勢。他往前看，眼前是一片開闊的空間，任由他揮灑。不過在第二名與第三名、第四名之間卻會形成一個追趕群。這個追趕群裡的成員之間彼此會競爭、鬥爭和拖累，他們不僅要與第一名競爭，也要與追趕群裡的其他成員競爭。最後即使他能夠掙扎著跌跌撞撞地衝出來，也只是領先了這個追趕群，再向前看的時候，第一名已經領先太遠，或者早已看不到他的影子了。

只要確定了正確的人生奮鬥目標，善於把握各種機會，用積極的心態應對挫折和逆境，在不斷進取中超越和完善自我，並朝著這個目標不斷努力進取，你一定會早日抵達成功的彼岸！

一生只做好一件事

古語說，十鳥在林，不如一鳥在手。世上看起來可做的事情很多，但真正能夠抓住的卻少。人生的機遇，可能就只有那麼一兩次。因此，一生做好一件事，只要真正做好了，也就夠了。

鴻海集團總裁郭台銘先生在企業發展的整體定位和策略布局的規劃上，曾有以下精彩的言論：「一個產業裡，做第一名才可以穩定賺錢，第二名有點錢賺，第三名損益打平，第四名隨景氣沉浮，第五名往後要麼等著被收購，要麼就是被淘汰出局。」因此，「要做就做世界第一名」成為鴻海企業開創的最高指導哲學。

只做好一件事，意味著集中精力發展，而不是多元化發展。很多人涉足很多領域，學習很多知識，其實內部很虛弱，每一項都沒有很強的競爭力。

專注地去做一件事情，哪怕它很小，努力做到最好，就會有常人所不能及的收穫。請看這樣一件例子。有一位婦女，來自農村，沒讀完小學，連用國語表達意思甚至都不太熟練。因為女兒在美國，她申請去美國工作。她到移民局去提申請時，申報的理由是有「技術特長」。移民局官員看了她的申請表，問她的「技術特長」是什麼，她回答是會「剪紙畫」。接著她從包裡拿出剪刀，輕巧地在一張彩紙上飛舞，不到 3 分鐘的時間，就剪出一組栩栩如生的動物圖案。移民局官員嘖嘖稱讚，她申請赴美的事很快就辦妥了，引得旁邊和她一起申請而被拒簽的人一陣羨慕。

這個故事應該能給我們一些啟示。一個沒有學歷，沒有工作經驗的人，但憑藉著一項特長，一處與眾不同的地方，就可能得到社會的認同，擁有其他人不能獲得的東西。可是在我們身邊，許多人往往走入盲點，譬如一些大學生在校讀書期間，忙著考這證照考那個證照，證書弄了一大堆，忙著做主持、當模特兒，業餘職業換了一個又一個，但畢業之後卻很難找到一份合適

的工作。原因就是由於他們分散了時間和精力，沒有專注於某一份事情，結果事與願違。由此可見，專注的價值有著不可低估的能量。

目標定了很多，什麼都想做，什麼都沒有做到最好，實質是沒有打造自己的核心競爭力。我們的時間有限，精力有限，好鋼要用在刀刃上。我們不可能把所有的事情做到最好，但是我們一定可以把其中的一件事做到最好。「一次只做一件事」，就意味著集中目標，不輕易被其他誘惑所動搖。經常改換目標，見異思遷或是四面出擊，往往不會有好結果。因此，一定要專注於全力打造最具優勢的核心競爭力。

美國嘉信理財的董事長兼 CEO 施瓦布（Charles Robert Schwab）從小文科成績都是「大紅燈籠高高掛」。他的讀寫速度很慢，英文課需要閱讀經典名著時，只能從漫畫版本下手。他常常說 :「我的腦袋裡有想法，但是卻沒有辦法將它寫出來。」後來醫生診斷他患有識字障礙。但是施瓦布之後憑藉優異的數理成績，進入美國名校史丹佛大學就讀。他發現商業課程對他來講非常容易，於是選擇經濟為主修，在英文及法文仍然不及格的同時，投全力於商學領域，獲得 MBA 學位。畢業時，他向叔叔借了 10 萬美元，開始建立自己的事業。1974 年，他於舊金山創立的公司，如今已名列《財富》雜誌 500 家大企業，擁有 26,000 多名員工。

現在施瓦布的讀寫能力仍然不佳，但他閱讀時必須念出來，有時候一本書要看六七遍才能理解，寫字時也必須以語音輸入的方式，借助智慧型手機完成。

一個先天學習能力不足的人，如何能取得如此輝煌的一番事業？施瓦布的答案是 :「我不會同時想著 18 個不同的點子，我只投注於某些領域，並且用心鑽研。」由於學習上的障礙，讓他比別人更懂得專注和用功。

這種「一次只做一件事」的專注態度，也沉澱於嘉信的發展歷史中。當其他金融服務公司將顧客鎖定於富裕的投資者時，嘉信推出平價服務，專心耕耘於一般投資大眾的市場，終於開花結果。後來隨著科技的進步及顧客的成長，嘉信於每個時期都有專心投注的目標，成為業界模仿的對象，在金融業立下一個個里程碑。如今嘉信理財成為全球最受景仰的 20 大企業、全美最適合工作的企業，成為各種管理書籍最常列舉的經典案例之一。

巴菲特從 11 歲開始買第一支股票，現在 90 幾歲了，還沒有改行的跡象，看來，他這輩子也就是個投資大師了。

巴菲特有一句名言：「如果你持有一種股票沒有 10 年的準備，那麼連 10 分鐘都不要持有。」說起來容易，可是有幾個人能夠做到？我們做不到，可能會把這總結為各種原因所致。

很多時候，放棄比抓住更需要定力，決定不做比決定要做更難。人心浮躁，就是因為想要得到的太多，凡事都想抓住，也不管是不是能夠抓住，就像那掰玉米的猴子，想抓到更多，結果往往連手上的玉米也沒有抓好。

任何一個行業都是博大精深的，夠你花一輩子的時間和精力去深入地鑽研。任何一個大師級的領軍人物，都只是自己那一個領域內的高手。比爾蓋茲最聰明的地方不是他做了什麼，而是他沒做什麼。憑藉他的實力，他如果去股市淘金，當個莊家，翻雲覆雨，簡直是易如反掌。憑藉他的實力，他可以去做房地產，但他專注於自己最擅長、最感興趣的作業系統、軟體開發上，而不是被市場上充斥著其他的誘惑所吸引。他如果真那樣做了，他也就不是比爾蓋茲了。

有人曾向義大利著名男高音歌唱家盧卡諾·帕華洛帝（Luciano Pavarotti）請教成功的祕笈，他每次都提到父親說過的一句話：「如果你想同時坐在兩張椅子上，你可能會從椅子中間掉下去，生活要求你只能選一張椅子坐上去。」

他在回顧自己走過的成功之路時說：「當我還是一個孩子時，我的父親，一個麵包師，就開始教我學習唱歌。他鼓勵我刻苦練習，練好基本功。當時，我興趣廣泛，有很多愛好和目標——想當老師，當科學家，還想當歌唱家。父親告訴了我這句話。」

「經過反覆斟酌，我選擇了唱歌。於是，經過 7 年的不懈學習，我終於第一次登臺演出了。又用了 7 年，我才得以進入大都會歌劇院。而第三個 7 年結束時，我終於成了歌唱家。要問我成功的訣竅，那只有一句話：請你選定一張椅子。」

「選定一張椅子」，即專心致志做好一件事，多麼形象生動而又切合實際的比喻。人的一生，非常短暫，不容我們有過多的選擇。那些左顧右盼、渴望擁有一切的人，往往因為目標不專一，最終一無所獲。

當然，「選定一張椅子」有個重要前提，就是「椅子」一定要選準選對。放眼望去，滿世界都是「椅子」，花花綠綠，琳瑯滿目，但哪一把更適合你，你需要認真思量，精心挑選，要盡可能選自己最適合的那把「椅子」。

森林裡有一種鼯鼠，能飛卻飛不遠，能爬樹卻爬不快，能挖洞卻挖不深。牠雖然有很多本事，卻都不大管用，很容易成為食肉動物的大餐，牠吃虧就在於沒有把一門技術學精。同樣道理，貪心的獵人要追五個方向跑的兔子，最後只能是一無所獲。

一生之中，我們會面臨諸多的選擇，特別是在涉世之初或創業之始，選擇尤其顯得重要。一旦看準了方向，選定了目標，就必須堅定不移地走下去。哪怕這條路崎嶇不平，障礙重重，為眾人所不齒，同行者寥寥無幾，你都要「板凳坐得十年冷」，忍受孤獨和寂寞，堅持朝著一個主攻方向努力。尤其在誘人的十字路口，你必須做到不改初衷，用心無旁騖的堅定信仰和超然氣度將它走完，一直走進美好的未來。

2021 年 7 月東京奧運比賽，讓人們感慨萬千的是在競爭激烈的體育比賽中，運動員為了能夠在高手如雲的奧運賽場上勇奪冠軍，他需要花幾年甚至幾十年的時間專攻一個專案，在自己的最強項上下苦工，才能成為世界第一，如此方能奪金。很少有哪位運動員能夠在兩類不同的比賽專案上獲得世界冠軍。

世上看起來可做的事情很多，但真正適合的、能夠抓住的卻非常少。一生只做一件事，把一件事做透，才是成功人生的捷徑。

人生苦短，心無二用。當我們在欣賞帕華洛帝那穿雲裂石般的美妙歌聲時，也請記住他的寶貴生活經驗 ：「 選定一張椅子 」。

你必須有一技之長

很久以前，德國一家電視臺推出高薪徵求「10 秒鐘驚險 」活動。在諸多的參賽作品中，一個名叫「 臥倒 」的鏡頭以絕對的優勢奪得了冠軍。

拍攝這 10 秒鐘鏡頭的作者是一個名不見經傳剛剛踏入工作職位的年輕人，而其他參賽選手是一些在圈內很有名氣得大家。所以這個 10 秒鏡頭一時引起轟動。幾個星期以後，獲獎作品在電視的強檔節目中播出。大部分人都坐在電視前觀看了這組鏡頭，10 秒鐘後，每一雙眼睛裡都是淚水，可以毫不誇張地說，德國在那 10 秒鐘後足足肅靜了 10 分鐘。

鏡頭是這樣的 ：在一個小火車站。一個扳道工正走向自己的職位，去為一列徐徐而來的火車扳動道岔。這時，在鐵軌的另一頭，還有一列火車從相反的方向駛進小站。假如他不及時扳道岔，兩列火車必定相撞，造成不可估量的損失。

這是，他無意中回頭一看，發現自己的兒子正在鐵軌那一端玩樂，而那列正在進站的火車就行駛在這條鐵軌上。

搶救兒子還是避免一場災難？——它可以選擇的時間太少了。那一刻，他威嚴地朝兒子大喊了一聲：「臥倒！」同時，衝過去扳動了道岔。

一眨眼的工夫，這列火車進入了預定地軌道。

那一邊，火車也呼嘯而過。車上的旅客絲毫不知道，他們的生命曾經千鈞一髮，他們也絲毫不知道，一個小生命臥倒在鐵軌邊上——火車轟鳴著駛過那段鐵軌，而他絲毫無傷。那一幕剛好被一個從此經過的記者拍攝到。

人們猜測，那個扳道工一定是一個非常優秀的人。後來，人們才漸漸的知道，那個扳道工是一個普普通通的人。他唯一的優點就是忠於職守，從沒遲到、早退、曠工或誤工過一秒鐘。

這個消息幾乎震驚了每一個人，而更讓人意想不到的事，他的兒子是一個弱智兒童。他曾一遍又一遍的告誡兒子說：「你長大後能做的工作太少了，你必須有一技之長。」兒子聽不懂父親的話，依然傻乎乎的，但在生死攸關的那一秒鐘，他卻「臥倒」了——這是他在跟父親玩打仗遊戲時，唯一能聽懂並做得最出色的動作。

「我們每一個人，都應該好好的想一想，自己有哪一樣是出色的？」，的確，我們要好好的思考一下，自己有哪一樣是出色的？這個故事總能帶給我們一些的啟迪和思索！

不管在哪裡，你可以不會管理，你可以不懂金融，你可以不會使用電腦，甚至，你可以不會英語。但是，你不能什麼都不會！你必須得會一樣，你必須要有自己的專長的一樣絕活。然而在生活中，在生活中的哪一方面又不是如此呢？我想，不論你想從事什麼職業，想在什麼方面有所成就，都要記住，牢牢記下：你必須有自己的特長！

平凡中找到專攻的目標，堅持就必能勝利！一個人、一個公司、一個區域、一個國家、甚至整個人類，什麼是最基本、最根本、最關鍵的能力，是學習，是學習，還是學習！學習是我們生存發展的最核心的競爭力，也是我們幸福快樂的最主要的發源地！努力吧，哪怕你只付出一點，也只需要這麼一點，你也能夠成功，能夠幸福，能夠對別人對大家對人類對世界做出了應有的奉獻。能夠奉獻才是最美好最快樂的事情！讓我們每個人都向著心中的目標默默奮鬥和努力。

不要總感嘆自己因沒有過人的天賦而不夠出色，在我們的心靈深處，有許多沉睡的力量，當你喚醒它，並巧妙利用，便能改變一生。「出色」的祕密在於「在某一方面，你只要比一般人稍微努力一點，你就會成功。」

明白自己應該站的位置

有人曾說過這樣的話：如果你是薔薇，就不要強求自己成為玫瑰。

人貴有自知之明，每個人都是不一樣的個體，無論是在生活中還是工作中，都會受到知識、技能等種種條件的制約，都會因興趣、性格和機遇等的不同而造成結果的不同。自己一頓能吃幾片麵包，自己應該最清楚。如果條件相差甚遠，卻一味地生搬硬套，就會弄巧成拙，搬起石頭砸了自己的腳。由此可見，保持自我，堅持特色，站在適合自己的位置，不盲目仿效，是成功做事的前提條件。別人的人生與自己的人生，是截然不同的。自己的人生只掌握在自己的手中，是「成功的傳奇」，還是「人生的悲劇」全在於你自己，而任何委曲求全或者是裝模作樣，都會使我們不能真正看清事情的本質，或者只能流於俗套而不能長久。

天下沒有兩片完全相同的樹葉，人也一樣，你就是你自己，你只能是你自己。無論是做大事還是處理日常生活中的小事都必須有真實的自我。

在美國一所學校的一間教室的牆上，刻著這樣一句話：「在這個世界上，你是獨一無二的。生下來你是什麼？這是上帝給你的禮物；你將成為什麼？這是你給上帝的禮物。」

「上帝」給你的禮物我們無法選擇，你給「上帝「的禮物 —— 你將成為什麼樣的人，卻全由你自己創作，主動權在你自己手裡。只要我們懂得認識自我，接納自我，堅持自我，並不斷地激勵自我，控制自我，我們就能完善自我，超越自我！

很多人並不缺乏機會和才華，但卻因缺少對自己的認識和對自己的堅持，而與成功失之交臂。義大利著名的皮衣商安東尼·迪比奧在談到自己成功的經驗時不無感慨地說 ："我並不是一個天生的成功者，許多人都比我更聰明、更有才華。我唯一比他們強的只不過是我更懂得堅持自己而已。"

有一位漂亮的公主，從小被巫婆關押在一座高塔裡。巫婆每天對她說 ：「你的樣子醜極了，見到你的人都會感到害怕。」公主相信了巫婆的話，怕被別人嘲笑，也不敢逃走。直到有一天，一位王子經過塔下，讚嘆公主貌美如仙並救出了她。

實際上，囚禁公主的並不是什麼高塔，也不是什麼巫婆，而是公主認為「自己很醜」的錯誤自我認識。我們或許也正被他人所囚禁，所蒙蔽。比如 ：父母、老師說你笨，沒有前途，你也就真的相信了，自卑了。這不正如那位公主一樣蠢嗎？

有人認為沒考上大學是人生最大的不幸，也有人認為得了不治之症是人生最大的悲劇。其實，我們最大的悲劇與不幸，在於我們活著卻不知自己有多大的潛能和應該去做什麼，不懂得用自己的方法處理自己的問題，而卻很容易人云亦云，失去自我。

正確認識自己，就知道自己適合做什麼，不適合做什麼，優勢是什麼，短處是什麼，從而做到自知，在社會中找到自己適合的位置和符合自己條件的做事方式，使自己的天賦、能力得到最大程度的開發和利用。

查理·卓別林（Charlie Chaplin）剛開始拍電影時，導演堅持要他去模仿當時非常有名的一位德國喜劇電影演員的風格。卓別林嘗試之後，久久嘗不到成功的滋味，非常苦惱。後來他意識到，必須保持自己的本色。經過後來不懈的努力，他終於創造出一套自己獨有的表演方法而流芳千古。索凡石油公司人事部經理麥可曾接待過 6 萬多名求職者，在他的《謀職的六種方法》一書中，他指出：來求職的人所犯的最大錯誤就是不保持本色。他們不以真面目示人，不能完全坦誠地回答你的問題。可是這種做法一點用也沒有，往往事與願違。因為沒有人願意要偽君子，正如沒有人願意收假鈔票一樣。

要知道，效仿別人，把別人的經驗據為己有固然重要，但效仿別人，就會始終無法開創屬於自己的一片天地。唯有肯定自己，扮演自己，找到屬於自己的方式方法，才能將自己的特色和優勢發揮得淋漓盡致，也只有這樣才能在人生事業上獲得滿堂紅。事實上，同樣一種方法，並不是對所有的人都能夠達到立竿見影、起死回生的效果，因此，千萬別忙著效仿。不要盲目羨慕別人的機遇，也不要盲目羨慕別人的成功。每一個人都是獨一無二的，別人成功的方法也不可複製。對於同樣的環境、同樣的機遇，不同的人會有不同的處理方式，其結果也會大不一樣。想一想，為什麼蘋果砸在牛頓（Sir Isaac Newton）頭上，他會因此而發現萬有引力定律，而你卻只是把它吃掉了呢？所以，在碰到問題時，不要先急著去問別人是怎麼做的，而應該問問自己，聽聽自己的聲音，我要怎麼做，我能怎麼做。

美國著名作家愛默生在他的文章中寫過這樣一段話：「嫉妒是愚昧的，模仿只會毀了自己；每個人的好與壞，都是自身的一部分；縱使宇宙間充滿了好東西，不努力你什麼也得不到；你內在的力量是獨一無二的，只有你自己知道自己能做什麼，除非你不去想，不去做。」

在這個世界上，每個人都可以獲得成功，但不同的人的成功方法顯然是不一樣的。只有認識自我、駕馭自我、超越自我，你才能戰無不勝，從平庸走向成功！

活著是人生的第一要務

人最重要的是活著。

只要活著，就有希望。哪怕輸得一乾二淨，只要活著，就有翻盤的機會；哪怕是被人打得趴下了，只要活著，就有從頭再來的機會。

在黃巾起義中，投身戰場渴望建功立業的人有成千上萬，曹操、孫堅等人正是在這場戰爭中奠定了割據稱雄的實力。

劉備卻是一個例外。

不是劉備不想打出一片天地，實在是心有餘而力不足，一群不會打仗的農夫，加上草根出身的低起點，在腥風血雨的殘酷戰場，在看重門第出身的時代，這一切注定了他要走的路還很長很長。

目標太高，起點太低。在這個風雲變幻的亂世，劉備似乎只是一個舉足無輕重，可有可無的棋子。

關鍵的是，他依然堅定不移地走在自己挑選的人生路上。

即使全世界放棄了你，你也不要放棄你自己。

相信未來，堅持到底，總會有希望。

劉備堅持了下去，哪怕這代價是蹉跎歲月虛度年華的漫長等待，哪怕這境遇是寄人籬下流離失所的漫長漂泊。

從軍以後，劉備先是跟著政府軍中一個名叫鄒靖的將軍作戰。

需要說明的是，劉備從軍有一定的獨立性質，他和他的兄弟們更像是一群志願者，配合政府軍作戰，而不是被收編到政府軍當中。

可見，劉備一出道就有著自立山頭的想法。不過這僅僅是他自己的想法。一群不會打仗的農夫，摻和到政府軍當中混飯吃，在別人眼裡這是不折不扣的瞎折騰加窮折騰。

不折騰這句話是有道理的。尤其是在打仗的時候，折騰來折騰去，弄不好就把完整的一條性命折騰沒了。

劉備轉戰到青州平原一帶，切身地體驗了戰爭的殘酷。

一次敵我雙方在野外遭遇，二話不說，就直接開打。由於是遭遇戰，兵法謀略陣形之類的統統沒有用，最有用的只有一樣 ：誰的人馬更多，誰更狠更玩命。

後來的事實證明，政府軍是不一定靠得住的。在起義軍的瘋狂進攻之下，領頭的將軍不明白這場戰怎麼打，但有一點他是明白的，再不撤退弟兄們就要全軍覆沒了。

等政府軍撤（說「逃」應該更準確一些）到安全地帶，大家驚魂初定，重新歸隊，清點人數，發現一仗下來很多人都沒了。

對於關羽、張飛等劉備的兄弟們來說，最在乎的不是戰鬥減員多少，而是一個人的生死 —— 劉備。因為劉備也不見了。

關羽、張飛等人立即分頭尋找，有一撥人馬順著逃跑的路線原路返回，又找回到戰場上。

跟有後勤保障的政府軍不一樣，起義軍一向很堅苦的，沒人發薪資，吃的、穿的、用的都要自己動手，因此一般都是管殺不管埋。此時的戰場，起義軍已經走遠，只剩下斷戈殘劍，屍橫遍野，血映殘陽，寒鴉哀鳴。

就在關羽、張飛等一幫兄弟近乎絕望的時候，一個受傷的人從屍體堆裡爬了起來。原來他是在裝死。

這個人正是劉備。

這件事透露出一個強大的訊號 ：劉備一生都在信守著一個著名的軍事原則 —— 打得贏就打，打不贏就跑。

劉備戎馬一生，運用這個原則的次數已經多得無法統計，不計其數了，從平原到徐州，從新野到夷陵，都留下無數他倉皇逃跑的足跡。因此現在有

人稱他為「劉跑跑」。而且不只是劉備自己，劉備手下的關鍵人物，比如關羽、張飛等人，也都跟著他跑遍了大半個中原。

打得贏就打，打不贏就跑，跑不掉就裝死甚至暫時投降，是個行之有效屢試不爽的好方法。劉備是這樣做的，也教導關羽、張飛等弟兄們這樣做，不要太在意一場戰鬥的勝負，不要太心疼一座城池的得失，這一切都不重要。我們有充分理由相信，戰場上常敗不死的人，除了運氣好之外，還有更重要的一點 —— 他們沒有硬拼，沒有抱著必死的決心，做無謂的犧牲。如果在沒有勝利希望的戰局下，仍然堅持到底，死戰不退，如果愚拙的堅持所謂的道義，做了無謂的犧牲，就不再有任何希望，心中的遠大抱負，宏圖偉岸也就永遠無法實現。

所以有時候死並不光榮，活著才真的偉大。當然，活著不是苟且偷生的活，活著是為了從頭再來，笑到最後。我們都想活得精彩，但，活著才是人生的第一要務。

用誠信成就美好未來

倘若成功是遠方的彼岸，誠信就是載你的船舶；倘若成功是珠峰的峰頂，誠信就是你手中的繩索；倘若成功是巍峨的大廈，誠信就是大廈的基石。

李嘉誠因誠信成為亞洲首富；華盛頓因誠信成為受人愛戴和尊敬的美國第一任總統；秦末的季布因誠信令許多人甘願冒著滅九族的危險來救他，也使「一諾千金」這個成語流傳至今。事實說明一個人誠實有信，自然得道多助，能獲得大家的尊重和友誼。反過來，如果貪圖一時的安逸或小便宜，而失信於朋友，表面上是得到了「實惠」。但為了這點實惠他毀了自己的聲譽，真是得不償失。

百事可樂的總裁卡爾在科羅拉多大學演講時，答應約見商人傑夫。然而卡爾興致勃勃地演講，忘記了兩人的約定。「您和傑夫在下午兩點半有約在先」的名片使卡爾恍然醒悟。徵得大學生的同意後，卡爾快步走出禮堂，找到了傑夫，向他道歉，並告訴了傑夫他想要了解的一切。受卡爾的影響，傑夫也成了一名重信守信的成功商人。

俗話說 :「君子愛財，取之有道，用之有度。」君子要成功，也須取之有道，這「道」就是誠信。

無論你身在何處，在校園生活中，還是走入社會，活著就要講誠信，因為我們每一個人都希望得到別人的信任，也希望自己能夠成功，因此離不開講誠信。

韓信落魄時，一個漂母給他飯吃，韓信離開她時候，告訴她以後一定報答她。後來韓信做了楚王，不忘報恩，奉黃金萬兩以示報恩。

像這樣的事例有很多很多，他們誠實守信的為人最終不都使他們成為了有用的人才嗎？古代魏徵以誠信直言敢諫，至今一貫有著「以誠為本，以信為天」的優良美好傳統，也為我們後代子孫點亮了前進的方向，誠信不可失。他們成功的人生同樣也驗證了，誠信是每個人應有的品德，是成功者之所以成功的基石。

可是回到現實生活中，有很多人不明白這個道理。古代幽王有個寵妃叫褒姒，為博取她一笑，周幽王下令在都城附近 20 多座城臺上點起烽火 —— 烽火是邊關報警的訊號，只有在外敵入侵需召諸侯來救援的時候才可以點燃。結果諸侯們見到烽火，率領兵將們匆匆趕到，弄明白這是君王為博妻一笑的花招後都憤然離去。褒姒看到平日威儀赫赫的諸侯們手足無措的樣子，終於開心地一笑，五年後，西夷太戎大舉攻周，幽王烽火再燃而諸侯未到 —— 誰也不願再上第二次當了。最終，周幽王不得不自食其果，身死國亡。

國外曾經報紙上報導過，有一家泡麵廠桶裝泡麵由於包裝桶材質不合健康標準，而顧客又經常用包裝桶泡麵，一個長期食用該廠泡麵的壯年男子受包裝桶中有害物質危害，致使全身疲軟無力，該事披露後，該泡麵廠也為之破產。

還有現代社會上很多的傳銷團體為了贏得利潤不惜出賣親情、友情，甚至愛情，最終得到的卻是社會對他們的懲罰和譴責，這樣的人一定有他們的如意算盤，阻礙自己的人要在暗中將其放倒，有關係的人要在暗中利用，「狐朋好友」們相互照應，他們以為在暗中就不會被別人發現，從而得到他們的成功，他們中的有些人也的確成功了，但誠實守信是面明鏡，不誠實的人在他面前都會露出本來面目，這種「成功」是不能長久的，經過時間的延續人們必定會知道真相，那時他們將一無所有，得到的只是人們對他們的唾罵和譏諷。

商業需要誠信來維持發展，有時人的生命也需要誠信來維持。

《郁離子》中記載了這樣一個故事：濟陽有個商人過河時船沉了，他抓住一根木桿大聲呼救。有個漁夫聞聲而至。商人急忙喊：「我是濟陽最大的富翁，你若能救我，給你 100 兩金子」。待被救上岸後，商人居然翻臉不認帳了。他只給了漁夫 10 兩金子。漁夫責怪他不守信，出爾反爾。富翁說：「你一個打魚的，一生都賺不了幾個錢，突然得了 10 兩金子還不滿足嗎？」漁夫只得怏怏而去。不料想後來那富翁又一次在原地翻船了，有人欲救，那個曾被他欺騙過的漁夫說：「他就是那個說話不算數的人！」於是商人無人搭救，被淹死了。商人再次翻船是偶然的，但商人的不得好報卻是在意料之中的，因為一個人若不守信，便會失去別人對他的信任，不能立足。所以，一旦他處於困境，便沒有人願意出手相救。這也驗證了失信於人者，一旦遭難，只有坐以待斃。

誠信不僅是一個人應具有的基本品德，而且還是一塊直接關係到一個人能否走向成功的基石。如果有人問我「什麼是生命的真諦」？我會毫不猶豫地說：「誠信」。

海因里希·海涅（Christian Johann Heinrich Heine）說過：「牛命，不可能從謊言中開出花朵。」也就是說，經常說謊的人遲早會被社會所淘汰。「廬山真面目」總有一天會被揭開，信任的根基永遠是誠實。

我們絕不能因小失大。如果帶有個人目的對事實加以掩飾、扭曲，就會走向誠信的盲點——虛偽。一些人為了自己的利益，而踐踏了人性，損害他人利益，終究毀了自己的前程。雖然某些人是為了滿足自己一時的需求而不講誠信，但是同長遠利益，今後的長遠發展相比，那只是「蠅頭小利」，非常地微不足道。

美好的未來確實令人嚮往，而誠實守信才是鑄造美好未來的基本前提。因此，我們大家都要一心為別人著想，「以誠待人，以信交友」。

「君子一言，駟馬難追」。這一句古訓是說，人在理智狀態下一旦許下諾言，就是忠實地履行承諾。無數事實告訴我們，交往中不兌現自己的承諾，失信於人，就會產生信任危機。21 世紀是一個競爭強烈的世紀，誠信就是一張無形的信譽卡，一旦失去了，就會被社會淘汰。美好的未來也會變得遙遙無期。

第十章　這輩子，活出生命的精彩

大部分的人都注重生命的長度，卻忽略了生命的亮度。人生要精彩一點，生活才能豐富一點。但是，什麼是精彩？生活多采多姿，就是精彩嗎？平凡的人生要如何展現精彩？

不管你是販夫走卒也好，或是達官貴人也罷，每個人都能在有限的生命中，展現無限的自己，別人記住的，不一定是你的頭銜，卻一定不會忘記你所曾經擁有過的精彩。能夠活得精彩的人，就是能夠透透徹徹地了解，自己在做什麼，自己到底要什麼，自己又有什麼地方，能夠做到讓別人自嘆不如、五體投地、深感佩服。人這輩子要想擁有熠熠生輝的人生，你就要唱自己的歌，就要做自己的主角，堅守自己的生活信念，用滿腔的熱忱付諸於行動，用魅力和自信展現出你的風采。

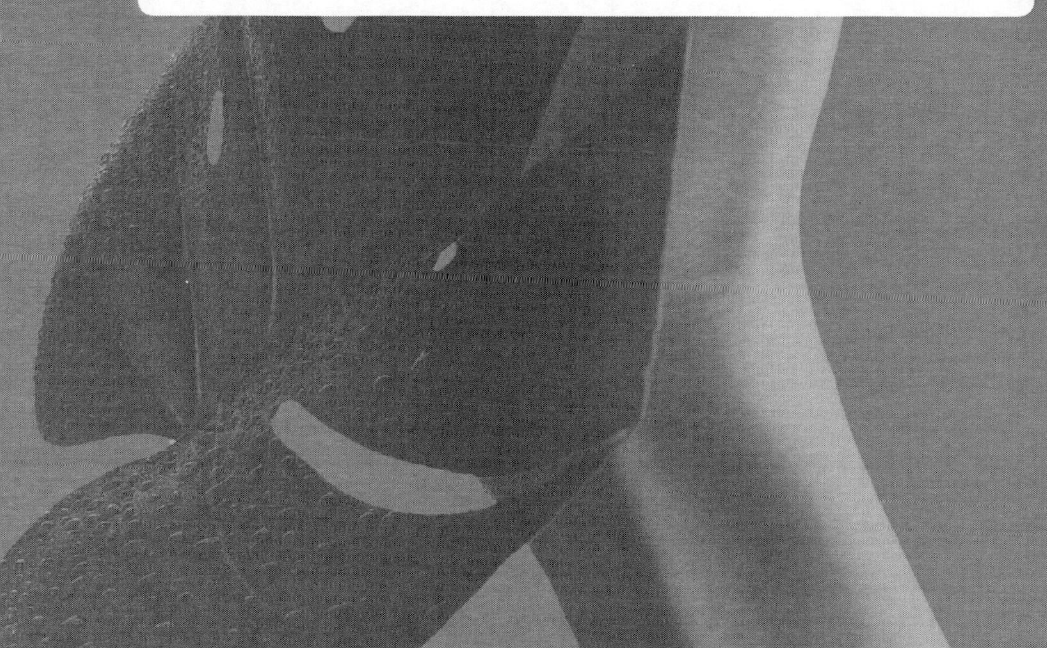

用心感受生活

生活的真諦不是轟轟烈烈，那只是對少數人生命的詮釋，我們的生活是真實的，也是平凡的，平凡的生活中存在著很多平凡的感動。用心去體驗生命的歷程，讓感動貫穿於我們的一生，這樣的生命過程才擁有真正的生活。

生活中，我們經常會聽到周圍有人抱怨生活很煩悶，抑或是活得很疲累。繁忙的都市生活給大多數現代人帶來了太多的壓力，快節奏的生活方式使他們忙於奔波。其實，生活中有很多美好的東西值得你細細品味。有時候即使只是一件很小的事情也可能給你帶來快樂，關鍵是要用心感受生活。只要用心去感受生活，你會發現原來生活中還有這麼多令人快樂的事情。

生命是人從出生到死亡的一個過程。在這個過程中，我們應該留心地去品味生活，發現生活中的幸福與美好。領略生命歷程中，親情、友情、愛情以及對周圍事物的微妙的感情。只有用心去觀察，用生命去感受，這樣的人生才會擁有最美好的生活，才能體會到生活帶給我們的恩賜和感動。

用心生活，就要努力工作，專心做事，就要像獅子撲兔子，要全力以赴，更要像小鳥築巢時的那般細心和負責。用心做事的人像是從事一門藝術，他們能看到生活中最美好的一面，領略到人生中獨特的風景。

生活就是這樣，需要我們用心來感受它的一點一滴的美好。其實幸福是無形無狀的，但又是無處不在的，最重要的是你如何去發現它的存在。懂得享受生活樂趣的人，他們從哪怕是一點點的小事中都能獲得快樂。也許是因為他們擁有一顆感恩的心吧，感謝生活帶給他們的一切，知足常樂；也許是因為他們擁有一顆善良的心吧，樂於幫助別人並因此而獲得快樂，助人為樂；也許是因為他們擁有一顆細膩的心，善於發現生活的美好，自得其樂。

一名農夫在偏遠的農村待了一輩子，從來沒有離開過那片土地。當一位記者去採訪他，問到他一輩子都住在那樣惡劣的環境中，而沒有離開過大山，是否感到遺憾。他回答說「沒有遺憾，我每天都感覺到很快樂！」

生活要用心靈去感受，更要用包容、豁達的心情看待生活，即使我們處於生命的低谷，也會體會到人生的美好與幸福。

有句話說 :「有時候命運讓我們不能選擇，但是我們可以選擇的是人生的態度 —— 不向命運屈服。」生活中的一切，不論是苦難還是幸福，不論是煩惱還是快樂，都有其存在的理由，我們都無法迴避，無法挑選。用心對待，只有這樣我們才能真正體會到人生的美好。

生活中有很多人對於工作的感覺是「單調、枯燥無味、辛苦」等等千篇一律的感受，只有極少數的人談到他們的工作時會神采飛揚，手舞足蹈，他們會自豪地告訴你，他們的工作速度如何之快，效率如何高，超過了目標的多少，任務完成又達到什麼樣的新水準。那種快樂溢於言表，他們是真的享受到了工作中的樂趣。然而我們又要怎樣才能享受到工作的樂趣呢？這是一個長遠的問題，關係到大家對自己的工作興趣培養的問題，以及以後的職業發展問題。在我們絕大多數員工乃至管理層中，普遍存在著一種這樣的觀念，認為自己的工作「不得不做，非做不可」才去做的，完全處於一種被動狀態，導致大家對自己的工作覺得十分乏味、枯燥。如果我們都以這種心態去工作，怎能領悟到其中的樂趣呢，怎麼能把工作做好呢。

喜歡工作、享受工作與痛苦工作、被迫工作，其道理相當於自願鍛鍊身體與被動勞作的差異效果。用付出的體力來衡量兩者可能差不多，但是心情愉悅程度卻大相徑庭。因為其前提一個是「自願」，一個是「被動」，自然也就產生兩種心情，一為享受，一為付出。

經常聽到一些人因工作繁忙而叫苦不迭，殊不知，只有善待工作的人才會忙，只有「忙」才會讓你有成就感，才能讓你的生活有意義！有些人在退休後感到無事可做時，往往會發出這樣的感慨 :現在想做些什麼也不可能

了，早知這樣，當初就應該多做些事就好了。奉勸那些整天無所事事的人：努力提高自己，投身工作，享受工作。

我們應該用正確的觀點對待工作：從事一項工作，不如喜歡這項工作；喜歡這項工作，不如享受這項工作。這句話在實踐中會讓你感覺到其深刻的道理。

有人就幸福和痛苦說過這樣一番話：什麼是幸福？幸福是一種感覺，自己感到幸福就會很幸福；什麼是痛苦？痛苦就是有空閒的時間去思索自己是不是幸福。這話真的很富有哲理，值得我們好好去反省一下。一心忙於工作，作為一種享受，就會感到很知足，就很少有時間去想東想西，煩惱自然也會少了許多。」工作並快樂著」的感覺估計很多人都有，也許剛開始工作的時候不習慣，總感覺有好多事情要做，一天下來，累得身子像跨了一樣。但當你在工作上取得突破的時候，就會感到欣慰，這種欣慰是發自內心的，讓你深切地感覺到工作帶給你的意義。工作，讓你感到多麼的快樂。

19 世紀英國哲學家克雷爾說：「在工作本身找到樂趣的人有福了，因為他不必再求其他的福祉了。」工作著是美麗的，工作著是快樂的。

我們還是應該對自己的工作目的有一個理性的審視。為了能夠獲得愉悅的工作環境和工作體驗，為了能夠使自己幸福地工作。

一個人在社會上工作，最基本的目的就是要獲得維持生存和生活的基本生活資料，這是工作最基本的目的。然而，工作也是我們的生活，我們不能把工作的實際從我們的生活中轉移到另一個空間，所以，我們要用熱忱的心態去看待工作。

有時候我們總感覺工作是多麼的乏味，多麼的枯燥，做稍許就很疲憊，總是埋怨工作的好壞，從而也阻礙了成功的步伐。如果你工作之餘敞開心扉多思考一些工作的樂趣，給工作注入生機，你將會輕鬆自如。

李緯嘉是一家機械維修公司的一級修理工，上班時他不是轉螺絲，就是開車床，整天得跟這些油乎乎的機器零件打交道，工作無聊到極點，但他卻不能放棄這份工作，因為他必須以此為生。於是，李緯嘉就下決心改變這個局面，便開始著手鑽研這些機器的構造是怎樣的，如 ：為什麼汽車能運行？運行一段時間後為什麼會發熱？汽車運行原理與火車有何不一樣？如此堅持著，他的這份工作對他就很有吸引力。經過努力，他成為該公司的維修專家，後來他被送到一所大學去進修「 機械製造 」專業。

一個人對工作所具有的心態，就是他人生的部分表現。一生的職業，就是一個人志向的表示、理想的所在。工作是我們生活的一部分，我們要在工作中享受生活的樂趣。如果一個人只是為了薪水去工作，那就代表他是不忠於生活的。

世界上不存在永遠讓你熱情如火的工作。任何的工作最終都會歸於一種平淡，就像生活給我們的感覺一樣。你要想做好並享受你的工作，就必須接受這種平淡，而且從這種平淡中享受它帶給你的樂趣。

人活著必須要工作。我們應該持有的正確的人生態度應是 ：工作時工作，生活時生活，並以享受生活而非拼命工作作為人生的目標。只有工作才能為社會創造財富 ；只有工作才能獲取謀生手段 ；只有在工作中，才能磨練自己，成就自己。但工作不是生活的全部，生活不是為了工作，而工作是為了生活。如果僅為工作而生活，那我們人就成了異化的對象。

平時在我們工作的時候，大腦總是處於一種緊張、亢奮的狀態，一個工作結束，另一個馬上接替上來，周而復始，身體機器超負荷運轉，來不及調整，最終以崩潰作為代價。

於是，很多人的工作、生活理念正在悄然發生變化 ：渴望在工作之餘找到一片能使身心放鬆、壓力緩解的「 綠洲 」。其實，在工作的同時你也可以享受到它的快樂，可以讓自己過得輕鬆愉快。

工作總是無止境的，調整自己的心態很重要，不要把工作當成自己唯一的生活重心，否則心很快就會疲憊，興趣很快就會消失。如果想到工作後還有追劇、上網、、聚會等多彩多姿，你會充滿希望，輕鬆應對。在這種放鬆的狀態中，你也許還會思路大開。有張有弛，像音樂一樣有節奏感，才會讓工作變成悅心的事情，完成後才會有成就感。

放慢腳步，緊張中尋些悠閒，保護自己的身心健康，才是最重要的。無論你平時工作多忙，都不要把自己逼得太急，趕得太緊，也不要活得太累，要有張有弛，這樣生活工作才相得益彰。

願意的人命運牽著走，不願意的人命運拖著走，智者與命運結伴而行。別把生活和工作當作沉重的負擔，如果你仔細聆聽，上面布滿了幸福的音符。用心感受生活，就會多一份享受，少一份抱怨 ；多一些快樂，少一些煩惱 ；多一些成功，少一些失敗。

選擇正向心態，讓生活充實起來

一個庸碌的人，受到事情的驅使，成為一個機械化的人，只有當你的指揮官下達命令，才會馬不停蹄地工作，從而產生煩躁，如若能夠找歡樂，負面的心緒也隨之消失。事實上，快樂就沉睡在心的大海的源頭，只需用信念泛起一葉輕舟，即可到達，而快樂就會像流水一樣，涓涓流出。

一個人面對生活的態度，決定著人生的整個基調。那些擁有積極心態的人，他們總是看到生活中光明的一面，他們不僅有選擇、拒絕的能力，而且能夠承擔自己的責任，塑造自己的未來，發揮自己的潛在能量 ；而那些具有消極心態的人則是被動消極的，他們總是看到生活中灰暗的一面，他們的一生碌碌無為，受消極潛意識和本能的盲目驅使，生活變得麻木而無味，注定將一無所成。

拿破崙·希爾（Napoleon Hill）曾講過這樣一個故事：一個星期六的早晨，一個牧師正在為準備第二天的演講傷透腦筋，他的太太出去買東西了，小兒子由於沒人照顧一直在旁吵個不停。牧師隨手拿起一本舊雜誌，順手一翻無意間看到一張色彩鮮麗的巨幅圖畫，那是一張世界地圖。他於是把這一頁撕了下來，撕成碎片，丟到了客廳的地板上然後對小兒子說：「強尼，來，把它拼起來，我就給你兩毛五分錢。」牧師以為他至少能安靜個半天，怎料不到十分鐘，他書房就響起了敲門聲，「爸爸，我已經拼好了。」兒子強尼喊道。牧師驚訝萬分，他怎麼能這麼快就拼好了，而且每一片紙頭都整整齊齊地排在一起，整張地圖又恢復了原狀。「兒子啊，你怎麼做到的？」牧師問道。「很簡單呀！」強尼說，「這張地圖的背面有一個人的圖畫。我先把一張紙放在下面，把人的圖畫放在上面拼起來，再放一張紙在拼好的圖上面，然後翻過來就好了。我想，假使人拼得對，地圖也該拼得對才是。」聽完，牧師忍不住笑了起來，立馬給兒子兩毛五錢。「兒子呀，你把明天演講的題目也給了我了。」牧師說道，「假使一個人是對的，他的世界也是對的。」

這個故事意味深長，如果你不滿意自己的環境，想力求改變，則首先應該改變自己的心態；假如一個人有積極的心態，那麼他四周所有的問題都將迎刃而解。積極的心態是心智的健康和營養，它能讓一個人充滿自信、受人喜歡、知足常樂、倍感幸福，更重要的是它還能讓人改變自我、改變世界。

我們的人生掌握在自己手裡，如果要想使生活充滿快東，要想駕馭好自己的人生，我們別無選擇，我們只能選擇樂觀積極的生活。一旦作了積極的決定，即意味著日常生活中，俯拾即是機會。每一次經驗都是全新的開始，每種不同的想法都是對生活不斷的挑戰。在取得主動的地位後，便能鎮定自若地變通，決定應付的方式和態度。

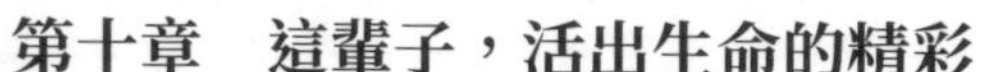

在這個世界上，積極心態這種東西任何人都可以免費獲得，只要你願意。成功的人，擁有一個良好的心態是必備條件。心態就是所有奇蹟的萌發點。

百貨公司裡，有個窮苦的婦人，帶著大約四歲的男孩在轉圈子。走到一架快照攝影機旁，孩子拉著媽媽的手說：「媽媽，讓我照一張相吧。」

媽媽彎下腰，把孩子額前頭髮撥在一旁，很慈祥的說：「不要照了，你的衣服太破舊了。」

孩子沉默了片刻，抬起頭來說：「可是，媽媽，我會面帶笑容的。」

亞伯拉罕．林肯說：「人下決心想要愉快到什麼程度，他大體上也就愉快到什麼程度。你能決定自己頭腦中想些什麼，你就能控制自己的思想。」對於生活中的是非曲折，最大的忌諱是過多地抱怨生活，從而自暴自棄。這種人除了在自己的心中裝滿委屈和遺憾之外，剩下的就只是浪費有限的光陰。

其實，我們應當換種方式來看問題，你想，在你一生的歷程中，你能徹底杜絕因外來因素而受到的各種傷喜嗎？除非你逃離到世外桃源，即使這樣，也恐怕你仍會受到一點委屈。說嚴重一點，有很多人正是因為老是覺得自己委屈，才無力抗擊生活而成為一個強者。當然，傷害和委屈並不可怕，並不能致人於死地，關鍵要看你的心態如何。再換一個角度，有一點傷害，有一點委屈。反而會讓你覺得善待自己的意義。

積極的心態並不否認消極因素的存在，相反，它教會人們在看待事物時，能充分考慮到生活中既有好的一面，也有壞的一面，這是不以意志為轉移的客觀事實。同時，它讓人不會因此沉溺其中，面對失敗、挫折、誤解、意外不會自甘墮落、無所作為，而是總能及時地調整情緒、心存高遠，以樂觀、向上、愉悅和創新的態度走出困境，面向未來。

生活本來很平淡很簡單，當你在為痛苦不幸而傷心哭泣時，請轉稱一下眼光調整一下心態來積極的面對生活，這樣你就會發現原本的痛苦正是為你走向快樂的鋪墊。

有一次，芝加哥大學校長羅勃·梅南·羅吉斯在談到如何獲得快樂時說：「我一直試著按照一個小的忠告去做，這是已故的西爾斯公司董事長裘利亞斯·羅山渥告訴我的。他說：『如果有個檸檬，就做檸檬水』」這是聰明人的做法，而越人的做法正好相反。越人會發現生命給他的只是一個檸檬。他就會自暴自棄，讓自己沉溺在自憐自憫之中。可是當聰明人拿到一個檸檬的時候，他就會說：「從這件不幸的事情中，我可以學到什麼呢？我怎樣才能改善我的狀況，怎樣才能把這個檸檬做成一杯檸檬水呢？」

在佛羅里達州有一位快樂農夫，他把一個毒檸檬做成了檸檬水。

當他買下那片農場的時候，他覺得非常沮喪。因為那塊地既不能種水果，也不能養豬，那裡能生存的只有白楊樹及響尾蛇。

然而，他很快想到了一個好主意，他要把那地上的所有變成可利用的資源——他要利用那些響尾蛇。他的做法使每一個人都很詫異，他開始做響尾蛇肉罐頭。他的生意做得有聲有色。他養的響尾蛇體內所取出來的蛇毒，運送到各大藥廠去做蛇毒的血清。響尾蛇皮以很高的價錢賣出去做女人的鞋子和皮包；裝著響尾蛇肉的罐頭送到全世界各地的顧客手裡，有很多人買了印有那個地方照片的明信片，然後在當地的郵局把明信片寄了出去。每年來參觀他的響尾蛇農場的遊客差不多有兩萬多人。這個村子現在已改名為佛州響尾蛇村，也是為了紀念這位把有毒的檸檬做成了甜美擰檬水的先生。

我們越對那些有成就者的事業進行研究，就會越加深刻地感覺到，他們之中有非常多的人之所以成功，是因為他們開始的時候有一些阻礙他們前進的障礙，也正是這些障礙促使他們加倍地努力，從而得到更多的回報。他們從來不抱怨生活帶給他們的不幸，因為如果抱怨成了一個人的習慣，就像

搬起石頭砸自己的腳，於人無益，於己不利，生活就成了牢籠一般，處處不順，處處不滿；反之，則會明白，積極的生活著，其實本身就是最大的幸福。

偉大的心理學家阿佛瑞德·安德爾說，人類最奇妙的特性之一就是「把負變為正的力量」。這種力量就是我們積極向上、追求快樂生活的原動力。

幸福和快樂是由我們自己來作主的。沒有人能左右我們的人生，只要我們能積極的生活，不辜負每一個日子，並且逐漸清楚自己的目標，合理安排自己的生活。我們便能每天都有新的收穫，擁有快樂美好的生活。

人生不能失去積極的心態，因為它是一葉輕舟，承載希望到達彼岸，並「拾」起快樂。它還是一盞路燈，照亮並且指引前進的道路。

學會快樂，讓心靈之旅更輕盈

快樂是自己的事情，只要願意，你可以隨時調換手中的遙控器，將心靈的視窗調整到快樂頻道。

有一句被人們熟知的智慧格言：「快樂不是你擁有的多，而是你計較的少。」快樂是一種心境，是內心的一種感悟。學會過濾自己的心靈空間，存放快樂，刪除煩惱，就會讓自己的心靈變得更加的豁達與開闊。

其實，快樂像鮮花一樣鋪滿大地，只是太多的時候，我們傻傻地錯過了，或是忘了去用心撿拾。人生是美好的，有時難免有一些摩擦，難免會有不順心的事情，一切只是自己太脆弱了，不能經受風吹雨打；一切只是自己無法放開，或者不知怎樣放開，所以遭遇挫折後才容易受傷，容易絕望。只要我們能拋開痛苦、悲傷，人生就會變得美麗，就會充滿陽光，有花，有草，有意義。煩惱與快樂就像是親密的伴侶，只要你懂得退一步海闊天空，定能撥開愁雲，看見快樂的笑容。

古時候有一個故事說，某老婦有兩個兒子，一個染布，一個賣傘，當天晴時，老婦在家愁眉不展，擔心她兒子的傘賣不出去，當天下雨時，老婦仍然哀聲嘆氣，擔心兒子沒辦法染布。有人勸她說，天晴時，你兒子就可以染布，你應該為他高興；天下雨時，你兒子又可以賣傘了，你仍然應該為他高興。

有一句話說得好：世上本無事，庸人多自擾。我們要快樂的生活！痛苦也是過一天，快樂也是過一天，那麼我們為什麼不選擇快樂地過好每一天呢？

人一生快樂與否也代表著一種生存的意義，心情的好壞也代表一種生命的素養。讓自己快樂的人，他的一生也將是美麗絢爛的。世界上萬事萬物都是相互依存、相互連繫的，如果你能夠讓它快樂，它也就能夠讓你感到快樂。如果你能夠讓一朵鮮花快樂而又自由的綻放，就不要折斷它的花蕾，那麼鮮花也會為你帶來快樂，在你煩惱的時候它將為你送上一縷沁人心脾的溫馨。

相傳，曾有一群四處尋找快樂的年輕人卻總是遇到煩惱和憂愁，無奈之中，他們找到哲學家蘇格拉底：「快樂究竟在何方？」蘇格拉底並未正面作答，卻說：「勞駕你們幫我造條船吧！」於是，年輕人把尋找快樂的事暫放一邊，找來造船工具，吆喝著砍倒一棵大樹，然後將樹心掏空，不久一條別緻的獨木舟就造成了。年輕人把蘇格拉底請到船上，大家一起划槳唱歌，遊山玩水。老哲學家問道：「孩子們，你們快樂嗎？」大家搶著回答：「快樂極了！」此時，蘇格拉底才語重心長地告訴這群年輕人：「快樂就是這樣，它往往在你為著一個明確的目標忙得無暇顧及其他的時候突然到來。」

這個故事啟示我們：快樂是種良好的心態，是種達觀的情緒。我想，它應該源於心靈的安寧和精神的充實吧。快樂的標準因人、因時而異。自由飛翔是鳥的快樂，自在游泳是魚的快樂，如果將牠們的心境互換，那結果定不

堪設想了……快樂是簡單，快樂是難得的糊塗，快樂是寬容、是理解，是那一顆處之泰然的平常心。

擁有快樂才是成功的一生。然而，快樂卻並不是每個人都能夠擁有的，有些人終日怨天尤人，愁眉滿目，根本就無法擁有快樂，而真正決定快樂的因素在於自己。快樂是一種發自內心的精神狀態，你是自己心情的掌舵人，你可以隨時為自己創造一種快樂的心境。記得時常對自己說：「我很快樂，我在各方面都做的很好，我會越來越快樂。」這樣，你的潛意識中就會就會散發出快樂的元素。

有一個人問上帝：「上帝，你能告訴我為什麼天堂的人都很快樂，而地獄中的人卻非常痛苦呢？難道是因為他們條件上的差別嗎？」上帝笑了笑，並沒有直接回到他的問題，而是將他帶到了地獄，在這裡他看到人們圍著一個大鍋，鍋裡煮著滿滿的美味佳餚，但是這些人都是又飢餓又生氣的樣子。因為他們手中握著的湯匙太長了，他們無法將食物送到自己的嘴中。接著上帝又帶他來到了天堂，同樣，天堂中也有一個煮著美味的大鍋，裡面的每個人也都拿著一個很長的湯匙。所不同的是，他們都在津津有味而又快樂的吃著。因為他們都將自己湯匙中的食物送到了對方的嘴裡，這樣，他們都吃到了食物。

與人分享也是一種快樂。蕭伯納（George Bernard Shaw）曾經說過：「你有一個蘋果，我有一個蘋果，彼此交換，每個人只有一個蘋果。你有一種思想，我有一種思想，彼此交換，每個人就有了兩種思想。」分享能夠讓人減少痛苦，獲得快樂。

不止一位先賢指出，一個人無論看到怎樣的美景奇觀，如果他沒有機會向人講述，他就絕不會感到快樂。人終就是離不開同類的。一個無人分享的快樂絕非真正的快樂，而一個無人分擔的痛苦則是最可怕的痛苦。

一笑解千愁，讓我們掙脫心靈的羈絆，用我們喜悅的心情擁抱新生的太陽。

懂得善待生活才幸福

生活就像是一面鏡子，你對他笑，他也對你笑，你對他哭，他也對你哭。而善待生活的人，就是對鏡子笑的人。

很多時候，我們過於執著於自己想要的而忽略了生活的本質，我們為了明天而活，為了恐懼而活，為了比較而活，勞於奔波，疲於奔命。當然，對於我們這些處於人生的起點階段的年輕人來講吃苦是應該的，但是生活並不全是吃苦奮鬥，並不是一個個目標而組成的，今天過去了就過去了，明天再精彩也換不回今天。我們習慣懷念過去，習慣擔心未來，所以沒有今天。學會善待生活，珍惜身邊的人，學會感動，感動於生活中的點點滴滴，感動於親人的舉手投足，感動於自然萬物的造化天成，領悟生命真諦。古人講：「治大國如烹小鮮」，善待生活，善待他人，善待自己，養成平和的心態，沉澱展翅的力量，盡人事，而知天命。

羅賓德拉納特．泰戈爾（Rabindranath Tagore）說過：「路的盡頭，不是我朝聖的地方；路的兩旁，倒有我神廟的殿堂。」生活中的樂趣無窮，只要我們去發現。

有一個女孩，受她父親的生活態度影響極深。她兒時到父親的公司去，看見印有公司名稱的紙張，製作得十分精美，一時興起，就拿來給同學寫信。信寫到一半時，她父親看到了，就叫她將紙放下。女孩一向受父親疼愛，便撒嬌說：「爸，只不過是一張紙而已。」

父親說：「現在只是一張紙而已，以後你養成了習慣，到哪裡都無所謂，就變成個人習慣問題了。」這個女孩從此有了良好的生活態度。

生活中很多事情，雖然事小，卻對人生有著很大的影響。它常常能反映你為人處事的態度，如若平時不注意，不認真對待，它就有可能演變成一個不良的習慣，進而影響你一生。

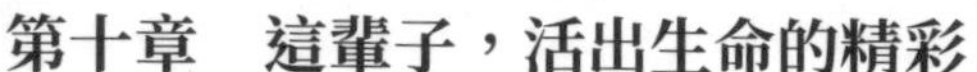

馬丁·路德有一句話：「一個人若以掃街為生，他的態度應如米開朗基羅（Michelangelo）繪畫、貝多芬作曲、莎士比亞編寫劇本一般嚴謹，這便是生活態度。」認真對待生活，不僅是一種心態，也是一種做人、做事的方式和生活的技巧。

在一間工具房裡，有一些工具聚在一起開會，大夥商量要怎樣對付一塊堅硬的生鐵。

斧頭首先耀武揚威地說：「讓我來，我可以一下子就把它解決了。」於是斧頭很用力地對著鐵塊砍下去，可是只有一會兒的功夫，斧頭便鈍了，刀刃也累了起來。

「還是讓我來吧！」鋸子信心百倍地說著，它用鋒利的鋸齒在鐵塊上面來回地鋸，但是沒有多久，鋸齒都斷了。

這時錐子笑道：「你們真沒用，退到一邊去，讓我來顯顯身手。」於是錐子對鐵塊一陣猛錐猛打，其聲震耳，但錐了好久，錐子的頭也掉了，鐵塊依然無動於衷。

「我可以試試麼？」小小的火焰在旁邊請求說，大家都瞧不起它，但還是給它一個機會試試。

小火焰緩緩地盤著鐵塊，不停地燒，不停地燒。過了一段時間，在它持續恆久的熱力之下，整個鐵塊終於燒紅，並且完全融化了。

看看周圍的成功者與失敗者，你就會發現，有的人很聰明，但卻毫無建樹，而有的人雖然生性駑鈍，卻常常有所成就。其中的奧祕就在於笨人能堅持不懈地來做事以彌補自己的缺陷。而聰明的人常自以為是，忽視了持之以恆的重要性。

哈佛大學有句校訓：「你不能選擇自然的花香，但可以選擇心靈的故鄉。」學會去善待生活吧，讓你的心靈穿越所有的喧囂，找到一片屬於它棲息的故鄉；試著去善待生活吧，相信你會在這浮華的城市中尋找到屬於你的世外桃源！

享受此刻就是幸福

大千世界芸芸眾生，萬事隨緣，隨順自然，享受此刻，這不僅是禪者的態度，更是我們快樂人生所需要的一種精神。活在當下，享受此刻是一種平和的生存態度，也是一種生存的禪境。

「寵辱不驚，閒看庭前花開花落；去留無意，漫隨天外雲卷雲舒。」放得下寵辱，那便是安詳自在。吃飯時吃飯，睡覺時睡覺。凡事不妄求於前，不追念於後，從容平淡，自然達觀，隨心，隨情，隨理，便識得有事隨緣皆有禪味。在這繁忙的名利場中，若能常得片刻清閒，放鬆身心，靜心體悟，日久功深，你便會識得自己放下諸緣後的本來面目：活潑潑的，清靜無染的菩提覺性。人們獲得緣不是靠奮鬥和創造，而是用本能的智慧去領悟去判斷。

有人說過這樣一段話：我既生為今日的我，為什麼要追求或留戀今日的我以外的我呢？今日的我雖說是寂寞地孤單地看守著永沒有人或電話來訪問的房子，但既可以安逸地躲在房子裡烤著火，避免風雪的寒冷，又可以隔著玻璃，詩人一般地靜默地鑒賞著雪花飛舞的美的世界，不也是足以自滿的嗎？

生活的真諦是什麼？它是一首歌，是一個故事，是一場戲，是一壺陳年老酒……

每個人都應學會享受現在，輕鬆而快樂地度過每一天。首先，要理解人生的真正實質。把自己的心態放對，用一顆平常的心態，去體會人生，享受人生，去迎接大自然對人生的挑戰，正確認識到酸甜苦辣乃是人生的真諦，興衰榮辱即是自然界賦予人類永不衰敗的主題，同時還存在著大自然與萬物之間相生相剋的奧祕。

我們在此說的享受生活，是不被功名利祿所牽絆，對人生路上的沉浮不僅要看得開，更要想得遠，既要拿得起，又要放得下。不要在鮮花與掌聲之中飄飄欲仙；不要在失敗與磨難中而心灰意冷；不要在順境中目空一切；不要在逆境中停滯不前。要在「繁華過盡皆成夢，平淡人生才是真」中去品味人生的真正美麗；要在「酸甜苦辣皆有味，興衰榮枯皆自然」當中去享受生活的自然滋味。

讓我們保持一份生活的寧靜，在有雲的日子裡，不再悲傷，在輝煌的歲月中，不要忘形。用一種平常的心態去善待生活的每一天，平靜的心態追求目標。生活需要熱情，但不要刺激，不要貪婪，更不要囚禁在金錢、權利、美色中。要能夠正視自己，不奢求；追求品味，不愛慕虛榮。

對於一杯清茶來說，並不比一杯咖啡遜色，摟著愛人散步並不比坐「BMW」兜風缺乏情趣，全家團聚喝著茶的那種境界，並不比讓情人陪著坐在音樂廳的茫然心情更讓人感到真實。只有學會享受生活，才能做到更加珍惜生活，從而激發你創造生活。

我們要為每一天的日出西山欣喜不已。
我們要為自己所從事的工作帶來的生活體驗而快樂。
我們要分享與家人、朋友相處時的甜蜜溫馨。
我們要學會與自然和諧共處，去聆聽風雨之聲，去仰望璀璨的星空，與無窮的自然生命力相合一。
我們將不在生活的表面游移，而是深入其內，聆聽生活最美的「樂章」，讓生活變得更加生動、更有意義。

昨天是一張過期的支票，明天是一筆尚不能取出的存款，唯有今天才是擺在你面前的現金。

《聖經．詩篇》有這樣一句話：「主創造了今天，我們為活在今日而歡欣雀躍。」導致人們瘋狂的往往不是今日的沉重，而是對昨日的懊悔和對明日的畏懼。懊悔和畏懼如同一對孿生的竊賊，偷走了我們的今天。品味現在，享受此刻吧。

生活原本很完美

生活對每個人都賦予了同樣美麗的意義和無窮的快樂，只要你認真地去體會，去感受，哪怕你是一個有缺陷的人，也會同樣擁有完美的生活。生活永遠是豁達的，它對每個人都是公平的。也許你是一個有缺點的人，然而你卻依然可以享受完美的生活。

萊迪誕生時，雙目失明。醫生說：「他患的是雙眼先天性白內障。」

他的父親不甘心：「難道就這樣束手無策了嗎？手術也無濟於事了嗎？」

醫生搖搖頭：「直到現在，我們還沒找到有效治療的方法。」萊迪雖不能看見東西，但是他有雙親的愛和信心，使他的生活過得很有意義。作為一個小孩，他還不知道自己失去的東西意味著什麼。

然而，在他6歲時，發生了他所不能理解的一件事。一天下午，他正在和另一個孩子玩樂。那個孩子忘了萊迪是瞎子，拋了一個球給他：「當心！球要擊中你了！」這個球確實擊中了萊迪。此後，在他的一生中再沒有發生過那樣的事了。

萊迪雖沒有受傷，但覺得極為迷惑不解。後來他問母親：「比爾怎麼在我之前先知道我將要發生的事？」

他母親長出了一口氣，因為她所害怕的事終於要發生了，現在有必要第一次告訴她的兒子「你是瞎子」。

「孩子，坐下。」她很溫柔地說道，同時伸過手去握住他的一隻手，「我不可能向你解釋清楚，你也不可能理解得明白，但是讓我努力用這種方式來解釋這件事。」她同情地把他的一隻小手握在手中，開始數起手指頭。

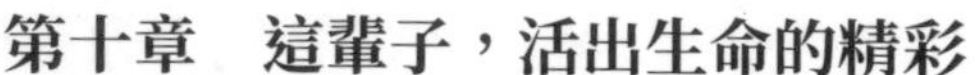

「1、2、3、4、5，這些手指頭代表著人的五種感覺。」她講道，同時用她的大拇指和食指順次捏著萊迪的每個手指。

「這個手指表示聽覺，這個手指表示觸覺，這個手指表示嗅覺，這個手指表示味覺。」然後她猶豫了一下，又繼續說：「這個手指表示視覺。這五種感覺中的每一種都能把資訊傳送到你的大腦。」她把那表示視覺的手指彎起來，按住，使它處在萊迪的手心裡，慢慢地說道：「你和別的孩子不同。因為你僅僅用了四種感覺，並沒有用你的視覺。現在我要給你一樣東西。你站起來。」

萊迪站起來了。他的母親拾起他的球。「現在，伸出你的手，就像你將抓住這個球，」她說。萊迪抓住了球。

「好，好。」他母親說，「我要你絕不忘記你剛才所做的事，你能用四個而不用五個手指抓住球。如果你由那裡入門，並一直不斷努力，你也能用四種感覺代替五種感覺，抓住豐富而幸福的生活。」

萊迪絕不會忘記「用四個手指代替五個手指」的準則。這對他說來意味著希望。每當他由於生理的障礙而感到沮喪的時候，他就用這個準則作為自己的座右銘，激勵自己。他認為母親是對的。如果他能應用他所有的四種感覺，他確實能抓住完美的生活。

也許在生活中，我們都有這樣或那樣的缺點甚至缺陷，然而，只要我們懷有信心，透過自身不懈的努力，就一定能克服各種困難，找到生活的意義。完美生活不一定是完美的人才能感受得到的，只要我們不懈地去努力，並用心去體會，就能品嘗到生活所賦予的酸、甜、苦、辣等真滋味，就能將摻和著百味的人生過得有聲有色，過得圓滿。

擁有一份平和之心，你就會發現，天空中無論是陰霾密布，還是陽光燦爛；生活的道路上無論是坎坷還是暢達，心中總是會擁有一份平靜和恬淡。

不要太苛求完美

古人云，金無足赤，人無完人。在這個世界上，不存在十全十美的事情，完美只是人們的一個努力的目標、一個執著的方向和一個美好的憧憬，卻不應該成為我們人生全部的追求。還原真實自然的自己，才是真美麗！

有這樣一則寓言故事：有一個男人，一直在尋找一個完美的女人，以至在他 70 歲的時候，都一直沒有結婚。有人問他：「你尋找了幾十年，找遍了世界上很多地方，難道連一個完美的女人也沒遇到嗎？」那個男人很傷心的說：「有一次，我是碰到了一個完美的女人。」那個人又問：「那你為什麼沒有和她結婚呢？」那個男人說：「很無奈啊，她也正在尋找一個完美的男人。」

毫無疑問的，故事中的男女主人公都在追求著一種至情至性的完美，他們企圖在生活中碰到一個和自己心中理想的完美的形象一模一樣的人，可是他們最終也沒有遇到。

事實上，世界上既沒有絕對的完美，也沒有絕對的缺陷，但愛情中，我們常常刻意的奢望對方能夠給予我們很多，而不是想著怎樣為對方去付出。生活中，我們更應該先心存感激地付出，比如關愛，寬容，理解，鼓勵……過於追求完美，實際上是堵死了通往愛情的道路，更確切地說是通往婚姻的大門。

有很多父母，他們對待自己的生活，追求所謂的完美，對待孩子，也是同樣的標準，他們以完美主義來教育和影響孩子，他們希望孩子獲得最好的教育，在最好的教育之下變成他們心中最完美的人，希望孩子獲得成功。尤其是當孩子進入青春期後，父母怕孩子誤入歧途，對孩子要求更加嚴格。但是，孩子如果太過度地追求完美，則易患強迫症，更不利於健康成長和日後才能的發揮。

在父母完美主義的教育下，也促使孩子產生不實際的苛求完美的心理，使孩子對自我的價值心存疑惑，無論做得多麼好，他們都會完全否定或不肯定自己，這種認知習慣一旦固定下來，就會形成惡性循環，最終導致心理疾病。他們不僅苛求自己，常常以家人和自己的標準去苛求他人，自己一旦面臨失敗，就把責任全部推到父母身上。他們往往承受挫折的能力差，容易陷入自責和沮喪，自信心容易被外界因素干擾。

我們做任何事，保持中庸與平常心是很重要的。勤勞、自我要求高原本是美德，但一旦要求到十全十美的程度，就成了苛求，既不能得到修身養性的效果，心情也不會愉快。

法國大思想家尚 - 雅克 · 盧梭（Jean-Jacques Rousseau）說得好 ：「大自然塑造了我，然後把模子打碎了。」這句話聽起來有點讓人不解，其實說的是實話，遺憾的是，許多人不肯接受這個已經失去模子的自我，於是就用自以為完美的標準，把自我重新塑造一遍又一遍，結果卻失去了自我。

生活中的瑣事正如同鏡子裡你不喜歡的地方一樣，如果你死盯著這些，那麼你就無法擁有輕鬆而幸福的生活。要想改變這樣的狀況，你需要用自己的眼光注視鏡子裡面的自我形象，並試著對自己說 ：「無論我有什麼缺陷，我都無條件接受，並盡可能喜歡我自己的模樣。」

接受自己，勇於面對現實，你會覺得輕鬆一點，感到真實和舒服。時間長了，你就會體會到自我接受與自信自愛之間的密切關係。生活的道理也基本如此。

人就這麼一輩子，做錯事不可以重來的一輩子，碎了的心難再癒合的一輩子，過了今天就不會再有另一個今天的一輩子，一分一秒都不會再回頭的一輩子，我們為什麼不好好珍惜眼前，為什麼還要拼命地自怨自艾，痛苦追悔呢？

正視缺陷，只有完美的心沒有完美的人

俗話說 :「尺有所短，寸有所長」、「取人之長，補己之短」、白玉微瑕、人無完人，這些前人所總結的話語已經流傳了很年。可見，一個人有缺點是很平常的事。

墨子也曾說過 :「甘瓜苦蒂，天下物無全美。」世間沒有絕對完美的事物，存在缺陷並不可怕，關鍵在於我們的心態是如何看待缺陷。世間沒有完美的人，只有完美的心，一個能正視缺陷的人，他的世界觀、人生觀、價值觀才是合乎情理的。

有些人他們在身體上都有殘缺，但是這並沒有成為他們自甘墮落的藉口，反而成為了他們奮發圖強的動力和勇氣。他們身體上的殘缺卻讓他們的靈魂得到了更完美的昇華，也讓整個世界的人們為他們而感動。缺陷並不可怕，怕的是你沒有接受缺陷的勇氣，如果我們能夠正確的認識自己的缺陷和不足，找到屬於自己的位置，用自己的長處去彌補自身的缺陷。缺陷有時候就會成為了我們前進的動力。

初一的月牙固然沒有十五的月亮皎潔明亮，但是它依然能夠煽動你的情懷。秋天失去了夏天的勃勃生機，只剩下枯黃的落葉，但是卻別有一番韻味。

有人說 :「一個人獨特的缺點就是他自己最大的優點。」我雖然不完全贊同這個觀點，但仔細想想也是有道理的，就看你如何去看待它了，只要我們時時看到並注意改正自己的缺點，你就極有可能出人頭地、超越自我。

保加利亞有一個男孩，身材很矮小不足 150 公分，因此他常常受到同伴的嘲笑和譏諷。但是他並沒有因為自身條件的不足而自暴自棄，而是成功的將自己本身的缺點轉化成了優點。他利用自身的矮小的優勢參加了舉重訓練。經過長期堅持不懈的努力，幾年之後，這個身材矮小的男孩成功的站在了奧運最高領獎臺上。

所以，缺陷只能妨礙我們在某一方面的發展，它能夠限制我們做的事情只是一個圓，而不管這個圓有多大，在這個圓之外的空間則是無限廣闊的。因此我們所能做的事情也是無限的。比如 ：坐在輪椅上的西奧多．羅斯福（Franklin Delano Roosevelt），用自己堅強的意志和睿智的頭腦改變了世界的格局，將美國人們重新帶入了幸福的生活。只有正視自身的缺陷，我們才能更好的實現自己的人生價值，我們才能讓自己擁有一顆完美的心。

美國有一個叫科爾的青年，在二十歲的時候不幸遇到一場車禍，從此以後他腰部以下全部癱瘓。但是殘疾的身軀不僅沒有讓他的人生毀滅，還讓他重新獲得了新生。他依靠自己的意志力和耐力，每天堅持鍛鍊，就像吃飯、穿衣這樣的事情都需要學習。殘缺激發了他的鬥志，使他內心變得更加強大，他開始以更加積極的態度面對人生。以前他只是一個加油站的工人，每天碌碌無為的度日，人生沒有追求也沒有方向。但是經歷了車禍之後，他開始更深刻的思考人生，還去讀了大學，而且還獲得了語言學學位，他還替人做稅務顧問，在業餘時間他還經常參加射箭和釣魚等社交活動。他的人生比常人還要充實。

身體的痛苦讓你的內心變得更加的清醒。一個人在痛苦的時候更容易反思自己，重新開啟自己的內心世界，並且規劃出更美好的人生，有著更明確的前進方向。缺陷已經無法改變，就需要學會正視，讓缺陷化為成功的動力，而不是沉重的負擔。勇於承認自身的不完美，我們每個人都有自己的缺陷，也都會有自己的優點，我們要學會揚長避短，充分發揮自己的優點。不完美是我們人生的一部分，而擁有缺陷是我們人生另一種意義上的完美和成熟。

請你記住，沒有藍天的深邃可以有白雲的飄逸，沒有大海的壯闊可以有小溪的優雅，沒有原野的芬芳可以有小草的翠綠，沒有雄鷹的矯健可以有小鳥的無憂。做人最大的樂趣在於透過奮鬥去獲得我們想要的東西，所以有缺點意味著我們可以進一步完美，有匱乏之處意味著我們可以進一步努力。當一個人什麼都不缺的時候，他的生存空間就被剝奪掉了。如果我們每天早上醒過來，感到自己今天缺點什麼，感到自己還需要更加完美，感到自己還有追求，那是一件多麼值得高興的事情啊！

世界永遠存在缺陷，我們的個人也就難免會有缺陷。缺陷人人會有，而關鍵在於我們如何理性地對待它。我們只有接受缺陷才能夠創造更完美的人生，我們要學會欣賞自己的不完美，學會利用缺陷，將它轉化為成功的有利條件。

有缺點、有不足並不可怕，怕的是不承認或者是不敢承認缺點與不足，怕的就是你沒有正視缺點的勇氣，怕的就是你不能堅持改正而半途而廢，怕的就是你諱疾忌醫又明知故犯。只要我們正視缺點，堅決改正缺點，我們總可以找到自己的位置、自己的光源和自己的聲音，那麼，缺點就成了我們前進的動力，缺點就為我們提供了廣闊的進步空間，缺點也就會成為亮點的。

改變你的世界，先改變你的心態

心態決定看世界的眼光，行動決定生存的狀態。要想活出尊嚴，展現不凡，只有改變觀念，勇於和命運抗爭！

有些時候，阻礙我們去創造、去發現的，僅僅是我們自己設立的障礙和思想中的頑石。你抱著下坡的想法爬山，便很難爬上山去。如果你的世界沉悶而無望，那是因為你自己沉悶無望。改變你的世界，必從改變你自己的心態開始。搬走那塊頑石。

有一塊寬度大約有五十公分，高度有十公分的大石頭，豎立在一戶人家的菜園裡，每當人們從菜園走過，總會不小心踢到那塊大石頭，不是跌倒就是被擦傷。

「父親，為什麼不把那塊討厭的石頭挖走？」兒子憤憤地問著。父親回答說 :「誰叫你走路一點不小心點呢！它擺在那裡，還能訓練你的反應能力。要把它搬走不是容易的事，它的體積那麼大，你沒事無聊挖石頭幹嘛呀！在你爺爺那個時代，它就一直在那裡了。」

就這樣又經過了很多年，當時的兒子娶了老婆，也當了爸爸，然而這塊大石頭還擺那個在菜園裡。有一天媳婦終於忍不住地說 :「父親，菜園那塊大石頭，我越看越不順眼，改天請人搬走好了。」

父親的回答依然沒變 :「算了吧！那塊大石頭很重的，可以搬走的話在我小時候就搬走了，哪會讓它放到現在啊？」大石頭不知道讓她跌倒多少次了，媳婦心底很不是滋味。

有一天早上，媳婦帶著鋤頭和一桶水，將整桶水澆在大石頭的四周。十幾分鐘後，媳婦用鋤頭把大石頭四周的泥土翻鬆。媳婦早有心理準備，可能需要挖一天，誰都沒想到幾分鐘就把石頭挖起來，看看大小，這塊石頭其實沒有想像的那麼大，人們是被那個巨大的外表給矇騙了。

在美國，有個富家人生下了一個女兒。沒過多久，她便患了一種無法治療的癱瘓症，從此喪失了走路的能力。

女孩生日那天，家人在大輪船上為她慶祝生日。她坐在輪椅上，與家人一起乘船旅行。船長的太太告訴她說，船長有一隻天堂鳥，長得非常漂亮，並且為她講了有關這隻天堂鳥的許多奇蹟般的故事。她被這隻神鳥的故事迷住了，很想親自看一看。於是保姆把孩子留在甲板上，自己去找船長。孩子耐不住性子等待，她要求船上的服務生馬上帶她去看天堂鳥。那服務生並不知道她的腿不能走路，只帶著她一起去看那隻美麗的小鳥。奇蹟發生了，孩子因為過度的渴望，竟忘我地握住服務生的手，慢慢地走了起來。從此，孩子的病痊癒了。女孩子長大後，又忘我地投入到文學創作中，最後成為了第一位榮獲諾貝爾文學獎的女性。忘我是走向成功的一條捷徑，有時也是必經之路，但是只有在這種環境中，人才會超越自身的束縛，釋放出最大的能量。

要想改變世界，你必須從改變自己開始 ；要想撬起世界，必須把支點選在自己的心靈上。

學會品味生命過程的美

人生最快樂的事並不在於占有什麼，而在於追求什麼的過程。在我們的平凡生活中，有許多值得我們品味的過程。

偉大的詩人泰戈爾曾經說過 ：「天空沒有留下翅膀的痕跡，而我已然飛過。」這句話看似簡單，卻告訴了我們一個不變的道理。

人的一生曾經經歷過許多風風雨雨，不是每一件事都能有我們所控制，有些事的結果甚至會出乎我們的預料。但無論結果怎樣，這對我們都不是最重要的，重要的是我們曾為它而經歷過，努力過，只要有這個過程，我們就不會後悔。

因此，學會品味十分重要。

蠟燭的一生雖平凡，可是它用盡全身的力量去照亮被人，為渴望光的人指引方向，它完成了偉大而平凡的事業 ；火柴一生雖短暫，可牠們曾不惜犧牲自己去點燃木炭，為渴望溫暖的人雪中送炭，它完成了長久的奉獻 ；落葉的一牛雖簡單，可它曾無怨無悔的為大地遮風擋雨，為渴望休息的人提供港灣，它完成了簡單而辛苦的付出。

這些短暫、平凡、簡單的事物是否引起過你的注意 ？可是，誰又能否認，缺少了它們，我們的生活將會失去許多可回味的東西。它們的生命的終結，雖然只是燃盡或者枯萎，可它們的過程是美的，它們的精神將永遠流傳下來。

一個很窮的年輕人出去找工作，路上，他撿到一個神奇的葫蘆，它可以滿足他的三個願望。

「如果我現在能立刻變得富有，該是多麼美好的事情啊。」話音未落，年輕人就有了很多很多的錢。這時候他又想起自己心愛的女孩，「如果她能馬上變成我的妻子該多好啊。」他剛許完願，女孩果然就成了他的妻子。

有了這麼多的錢，總得有人來繼承才好啊。年輕人心想著。「我不能再等了，我現在就希望有很多孩子可以繼承我的大業。」年輕人又許了一個願。這樣他就又有了很多孩子。

繁雜的過程都被簡化了，他立時就擁有了想要的一切。他高興極了，可是突然發現他現在已經是個老頭子了。「噢！不！」他捧著那個神奇的葫蘆哭了起來，「請你讓我變回原來的樣子吧，我還是想每天去工作，晚上瞞著她的父母偷偷地約我的女孩出來約會，牽著她的手在樹林裡散步，天哪，還是讓這一切慢慢地進行吧。」但葫蘆突然不見了，他後悔也沒有用了。

生命就是一個過程，過程是一種不可缺少的美麗，在這個過程中我們體驗追求的快樂與苦澀；品味每一分鐘的生命歷程，擁抱生命中的每一個甜蜜。

繞過歷史的塵埃，背負著昔日的傷痛與喜悅，我們品味生命；沐浴著今日的陽光，接受著上天的賜予與掠奪，我們品味生命；迎著明日的光輝，揣著心中的夢想與追求，我們品味著生命。

我們經歷了無數次的挫折與失敗，而獲得了一次感動我們的成功，因為我們品味到了生命的動力；我們為了自己什麼都能克服，我們為了別人什麼都能奉獻，因為我們憑為到了生命的啟示；我們哭著來到這個世上，卻微笑著離開這個世界，因為我們品味到了生命的真諦。

品味小草的生命，不禁感嘆，生命原來可以如此頑強與脆弱，如果你只是一味地任人操縱，任人踐踏，那麼，你的生命無疑是脆弱的。如果你能越挫越勇，永不放棄，那麼，你的生命必定是頑強的。

或許等到我們很老的時候，靜靜地坐在樹底下細數我們曾歷經歷過的種種時，我們會發現，原來，我們曾經是這樣努力過，奮鬥過，拚搏過；我們曾經是這樣衝動過、放肆過、大膽過；我們曾經是這樣夢想過、追求過、奢望過。原來，我們擁有豐富的生命，多彩的生命，這是值得我們品味一生的生命！

品味生命，讓我們在痛苦中沉思，在沉思中相信生命的完美。
品味生命，讓我們在拚搏中錘煉，在錘煉中追擊生命的極限。
品味生命，讓我們在風雨中成長，在成長中明白生命的意義。
品味生命，讓我們的每一次努力都留下生命的印記！

每個人的生命都是無價之寶，我們不能讓悔恨與遺憾籠罩我們寶貴的一次生命。如果在擁有的時候還常常擔心什麼時候會失去，這哪裡是在品味生命？如果在被愛的時候還時時計算著什麼時候會不再愛與不再被愛，這又哪裡是在品味生命？所以，在我們依然擁有生命的時候，讓我們盡情地品味生命吧！

每天為自己的心靈「換水」

曾經有一個虔誠的佛教信徒，每天從自己的花園採摘鮮花到寺院供佛。有一天，當她捧著鮮花送到佛殿的時候，碰巧遇到無德禪師從佛堂出來，無德禪師非常欣喜地說道：「你每天都這樣虔誠地以花香供佛，據佛經中的記載，常以香花供佛者，來生會得到莊嚴相貌的福報。」

佛教徒滿心歡喜地回答道：「這是一個佛門中人應該做到的，我每天來禮佛時，自己覺得心靈就像洗滌過一樣的潔淨，但一回到家裡，心就很是煩亂。作為一個家庭主婦，如何在喧囂塵世始終保存一顆純潔乾淨的心？」

無德禪師卻問道：「你以香花供佛，相信對花草總有一些常識。我現在問你，你如何保持花朵的新鮮？」

佛教徒答道：「保持花香的方法，莫過於每天替花換水，並將淹沒在水裡的花梗剪掉一部分，花梗的一端在水裡，容易腐爛，腐爛以後水分不容易被花吸收，花就容易凋謝。」

無德禪師說：「保持一顆清淨純潔的心，道理也是相通的，我們生活的環境就像花瓶裡的水，我們就是花，唯有不斷地淨化我們的身心，變化我們的氣質，並不斷地懺悔，檢討，改進陋習和缺點，才能不斷吸收到自然的食糧，保持一顆乾淨純淨的心。」佛教徒聽了禪師的話豁然開朗，以前很是偏執不肯輕易接受別人批評的她，變的從善如流，過一段時間她什麼煩惱也沒有了。覺得生活中到處都是陽光，處處充滿著陽光和快樂。

記得朋友的手記裡寫過一段話；「無論紅塵有多少喧囂，我們只需簡單善良得活著。因為我們只是這滾滾紅塵的匆匆過客……」

塵世中的每一個人，都可以有一顆快樂的心，只是我們很多的人不懂得淨化自己的心靈，以至於讓我們的心靈不斷沾染生命中的垃圾，玷汙了我們的心靈，讓酒色財氣，功名利祿蒙蔽了我們的雙眼，讓我們呼吸不到新鮮的空氣，看不到生活的美麗，讓這些身外的東西搞的痛不欲生，朋友認識一個三輪車夫，每天累的半死，每天一定要賺夠八十元才肯回家，有時候天氣不好或是其他的原因賺不到八十元的時候，他總是在我的投注站裡長吁短嘆的氣的不得了。很多的時候我都勸他讓他不要那樣的嘆氣和傷心。他怎樣也快樂不起來，在我這裡買雙色球，買幾天不中就十氣生氣的對我說：」你知道出什麼號碼，你就是不告訴我，我中 500 萬你也很開心呀。」好像雙色球是我在搖獎，讓人哭笑不得。還有一位彩民家財萬貫，卻天天愁眉苦臉，經常說的就是我忙呀，我沒有時間休息，也沒有時間遊玩，因為我的錢需要我天天奔波忙碌。不然我的公司……

在這紅塵俗世中很多的東西是我們無法得到的，我們的欲望很多很多，用慾壑難填來形容是一點也不過度的，在這滾滾紅塵翻滾沉浮的時候，如果我們可以做到不斷淨化自己的心靈，不斷得更新自己的心態，淨化自己的心靈，開闊我們的視野，讓我們的眼睛看到美麗和純潔，心裡裝滿了善良，眼裡蓄滿了美麗，為人處世多一點真誠去掉虛偽和狡詐，這樣的人生難道會有煩惱嗎？

無論紅塵有多少喧囂，我們只需簡單善良地生活，當我們呱呱落地的時候是赤條條哭喊來到這個滾滾紅塵，當我們離開這個世間的時候同樣是哭哭啼啼走了，什麼也帶不走，能帶走的就是一個空空的外形罷了。

因為我們只是這滾滾紅塵的匆匆過客，所以淨化我們的心靈，讓我們有一個快樂的心態將是我們的財富。記得給自己的心靈保鮮吧。

拿起該拿起的，放下該放下的

看得開，想不透，做不到，是我們的通病。我們容易將別人的事看得如水中倒影般清澈，而一旦涉及到自己，就會有老眼昏花之態。

放下似乎是一個很簡單的道理，但是放下卻是一種困難的抉擇。我們之所以會感到不幸福，恰恰就是因為我們放不下；而我們之所以放不下，恰恰又是為了想追求更多更好的幸福。金錢權利放不下，榮華富貴放不下，悲歡離合放不下，是非得失放不下，虛榮面子放不下，那我們的一生就得在這些「放不下」中掙扎、耗費、虛度、殆盡，得到的可能是一時的顯赫和威風，失去的則將是一生的幸福和安寧。只有放下狹隘，才能懂得豁達；只有放下嫉妒，才能懂得欣賞；只有放下憎恨，才能懂得寬容；只有放下富貴，才能懂得生活；只有放下一切，才能懂得幸福……

有一天，惠真和尚在準備拜訪一位他仰慕已久的高僧，高僧是幾百里外一座寺廟的住持。早上，天空陰沉沉的，遠處還不時傳來陣陣雷聲。

跟隨惠真一同出門的小和尚猶豫了，輕聲說：「快下大雨了，還是等雨停後再走吧。」坦山連頭都不抬，拿著傘就走出了門，邊走邊說：「出家人怕什麼風雨。」

小和尚沒有辦法，只好緊隨其後。兩人才走了半裡山路，瓢潑大雨便傾盆而下。雨越越大，風越刮越猛，惠真和小和尚合撐著傘，逆風冒雨，相互攙扶著，深一腳淺一腳艱難地行進著，半天也沒遇上一個人。

前面的道路越走越泥濘，幾次小和尚都差點滑倒，幸虧惠真及時拉住他走著走著，小尚突然站住了，兩眼愣愣地看著前方，好像被人施了定身法似的。惠真順著他的目光望去，只見不遠處的路邊站著一位年輕的女孩。在這大雨滂沱的荒郊野外出現一位妙齡秀女，難怪小和尚吃驚發愣。

這真是位難得一見的美女，圓圓的瓜子臉上兩道彎彎的黛眉，長著一對晶瑩閃亮的大睛，挺直的鼻梁下是一張鮮紅欲滴的櫻桃小口，一頭秀髮好似絲布披在腰間。然而她此刻秀眉微蹙，面有苦色。原來她穿著一身嶄新綢的布裙，腳下卻是一片泥淖，她生怕跨過去弄髒了衣服，正在那裡煩惱呢。

惠真大步走上前去：「女孩，我來幫你。」說完，他伸出雙臂，將女孩背過了那片泥淖。

以後一路行來，小和尚一直悶悶不樂地跟在惠真身後走著，一句話也不說，也不要他攙扶了。

黃昏時候，雨終於停了，天百年露出了一抹淡淡的晚霞，惠真和小和尚找到了一個小客棧投宿。直到吃完飯，惠真洗腳準備上床休息時，小和尚終於忍不住開口說話了：「我們出家人應當不殺生、不偷盜、不淫邪、不妄語、不飲酒，尤其是不能接近年輕貌美的女子，您怎麼可以抱著她呢？」「誰？那個女子？」惠真愣了愣然後微笑了：「噢，原來你是說我們路上遇到的女子。我可是早就把她放下了，難道你還一直抱著她嗎？看來你還沒放下，所以你心中還有太多雜念阿！」小和尚頓悟。

契訶夫（Anton Pavlovich Chekhov）那篇著名小說中的主角為了偶爾一次打噴嚏之後引起的種種精神苦惱，最後在憂鬱和恐懼中死去，就是很典型的一種「放不下」。面對可能得罪了長官，面對可能降臨的災難，是惶惶不可終日，還是坦蕩從容應對，正是取決於我們是否懂得了「放下」的道理。該放下的就必須放得下，捨不得放下的要下狠心放得下，只有執著的信念，才能從容的放下。

有些事之所以我們放不下，是因為心中有著太多的雜念。想要驅除雜念，就要在心中保持一片清澄，讓雜念沒有滋生之處。只有這樣，才能達到一種「放下」的境界。

簡單言之，就是「面對它、接受它、處理它、放下它」。人的生活中真的有太多不公平的事情要去面對、去接受，需要我們用智慧負擔起責任，需要我們從困擾中獲得解脫。放下是一種失去，是一種痛苦，但同時也是一種幸福。只有空下雙手，才能拾起新的幸福。

果敢有為才不會在痛苦中迷失

有些人會在經歷挫折後，在痛苦和追悔中容易迷失自我，這樣於事無補，反讓自己在痛苦的汙泥中越陷越深，不能自拔，甚至於困死在裡面。遇到挫折是很多人都會經歷的，關鍵是看自己如何去面對。

美國人蒙太是一個遇事果敢的人，他在面對人生的困苦時，能夠果斷地採取措施，挽救自己。在他年輕的時候，久久沒有找到工作，幾乎快要餓死了。這時，他走進了一家推銷公司，向經理說 :「我願意為公司服務，只要能吃飽肚子，不要任何報酬」，這番誠意讓經理留下了他。蒙太非常努力的工作，以業績證明了自己，最終當上了業務經理。試想，如果當初蒙太依舊是以原來的思路來找工作，也許他會餓死在街頭。留得青山在，哪怕沒柴

燒？現在一些大學生還在用陳舊的思路來面對招聘，以自己的學歷來與店家講條件，談待遇，遲遲不能找到合適的工作，慢慢地荒廢了自己的學業，其實也應該從中吸取教訓。

蒙太也不是一帆風順的。當他五十多歲時，突然受到了經濟危機的影響，資產損失殆盡。他心灰意冷，拿出五萬美元買了一塊墓地，為自己的人生準備下後事。可不久，他買的地前將開通一條鐵路，政府拿出成倍的錢把蒙太的墓地給買走了。蒙太靈機一動，趕緊打探鐵路開通後，火車站的位置。等他弄清後，立即聯合幾個要好的朋友，把自己賣墓地得來的錢立即用於購買將來火車站附近的地皮。果然，三年後，火車站開始建設，西蒙買的地一下子成了炙手可熱的黃金地帶。蒙太馬上進入了房地產業，在他的老年時代，成了一位非常成功的建商。

從蒙太的例子中，我們應該看到，人生遇到挫折是正常的，關鍵是要及時從中將自己解脫出來，果敢地開始人生的再創業，只要你想讓自己過得好，就一定有辦法來幫助自己走出陰影，開始新的生活。

不找藉口，執著到底

機會是隨時隨地都有的，就看你是否能掌握住。不要為自己的失敗找藉口，不要總想著那些外在的因素。能夠掌握住機會，即使你是貧民窟裡的孩子，你也會成功；能夠掌握住機會，哪怕你是處在破舊的大街，在港口酒吧，或是在荒僻的郊外，你也會成功；能夠掌握住機會，哪怕是在一個人生命的最後時刻，你也會成功。

許多人面對自己的碌碌無為，都有各種不同的藉口，他們總是認為是自己的出身、周邊的環境、所受的教育嚴重影響了他們的成功，他們還會說上天沒有給自己成功的機會。其實有著這種思想的人是沒有道理的，懷抱這種心理不放的人也難以成功。

一個孩子出生在一個嘈雜的貧民窟裡。和所有出生在貧民窟的孩子一樣，他經常打鬥、喝酒、吹牛和蹺課。

唯一不同的是，他天生有一種經商賺錢的眼光。他把從街上撿來的一輛破玩具車修理好，然後租給同伴們玩，每人每天分租金。一個星期之內，他竟然賺回了一輛新玩具車的錢。他的老師對他說：「如果你出生在富人家庭，你會成為一個出色的商人，但是，這對你來說不可能。不過，也許你能成為街頭的一位商販。」

正如他的老師所說，中學畢業後，他真的成了一個商販。不過在他的同儕當中，這已是相當體面了。他賣過小五金、電池、檸檬水，每一樣都得心應手。最後讓他發跡的是一堆服裝，這些服裝來自日本，全是絲綢，因為在海上遭遇風暴，導致一船的貨都成了廢品。

這些被暴雨和顏料汙染的絲綢數量足有一噸之多，成了日本人頭疼的東西。他們想低價處理掉，卻無人問津。想搬運到港口扔進垃圾堆，又怕遭到環保部門處罰。於是，日本人打算在回程的路上把絲綢拋到海中。

有一天，商販在港口的一個地下酒吧喝酒，那天他喝醉了，當他恍恍悠悠地走過一位日本海員旁邊時，正好聽到日本海員在談論絲綢的事情。

第二天，商販就來到了海輪上，用手指著停在港口的一輛卡車對船長說：「我可以幫忙把絲綢處理掉，如果你們願意可以給一點運費的話。」

他不用花任何代價就擁有了這些被雨水浸過的絲綢。他把這些絲綢加工成迷彩服、領帶和帽子，拿到人群集中的鬧市出售。幾天之間，他靠這些絲綢淨賺了 10 萬美元。

現在他已不是商販，而是一個商人了。

有一次他在郊外看上了一塊地，就找到土地的主人，說他願花 10 萬美元買下來。

主人拿了他的 10 萬美元，心裡嘲笑他的愚蠢，這樣一個偏僻的地段，只有傻子才會出這樣的價。

一年後，市政府對外宣布，要在郊外建造環城公路，他的地皮一下子升值了 150 多倍。從此，他成了遠近聞名的富翁。

在他 77 歲時，終於因病而躺下了，再也不能進行任何商務活動。然而，就在臨死前，他讓祕書在報紙上發布了一則消息，說他即將要去天堂。願意為人們向已經去世的親人帶一個祝福的口信，每則收費 100 美元。結果他賺了 10 萬美元。如果他能在病床上多堅持幾天，可能還會賺得更多一些。

他的遺囑也十分特別，他讓祕書又登了一則廣告，說他是一位禮貌的紳士，願意和一位有教養的女士同臥一塊墓穴。結果，一位貴婦人願意出資 5 萬美元和他一起長眠。

有一位資深的經濟記者，熱情洋溢地報導了他生命最後時刻的經商經歷。文中感嘆道 ：「每年去世的富人難以數計，但像他這樣懷著對商業的執著精神堅持到最後的人能有幾個？」

珍惜自己，活在當下

每一個人都有所追求，都在追求幸福快樂的生活，在這付出、奮鬥的過程中就已經是「活在當下」了，只是潛意識中沒有更深的體會。讓快樂或痛苦匆匆而過，還沒來得及慢慢品味，就讓一天天像山澗水一樣流逝，快樂時，如果用物理學的名詞來說，就是勢能大一些，水流快一點，發出的響聲也更清脆輕快，時間過得如此之快 ；痛苦時，排水的勢能小而覺得難過極了，發出的響聲也是悶悶之音，每一分鐘都是鑽心的痛楚。對自己的生活要珍惜，對自己的生命要仰視和敬畏，就像登山人對珠穆朗瑪峰的敬畏一樣，不要用征服的字眼，要用感恩的心情來攀登。

人都是在一定的社會條件下生活的。每個人的成長不僅取決於個人的主觀努力，還取決於本身的生活環境。歷史上有的時代人才輩出，群星燦爛，而有的時代則萬馬齊喑，其中一個很重要的原因，就是社會環境的不同。社會環境是人們成長必不可少的客觀條件，是人們成長、發展的土壤。

雖然，每個人的成長都離不開一定的時代背景，但是，任何人也不能主觀地去選擇時代，只能在一定的條件下，去了解時代為你提供的條件，進而加以改造和利用。正如恩格斯所指出的那樣：「我們只能在我們時代的條件下進行認識。」也就是說，每一個人不僅有一個認識環境的任務，還有一個改造環境的任務，要減少壓力，離不開這兩項任務。

其實，生活的海洋並不平靜，人生的道路也不會總是一帆風順，立志成才者難免會遇到種種挫折、不幸，如政治上的打擊，家庭中的不幸，身體上的病殘，心靈上的創傷等。這種惡劣的環境是對每個人的一種沉重打擊。但身處逆境而能奮發崛起，是成功者之所以成功的主要原因。立志成才的人，只有掌握住現在，活在當下，腳踏實地地一步步向前，才能最終戰勝壓力，並到達成功的彼岸。

有一位善於解決人生困境的老師，身邊聚集了許多慕名而來的弟子。這些弟子有什麼疑問都來問老師，老師總是說：「要活在當下呀！」

但是，「活在當下」這一簡單的答案，無法滿足弟子們的要求，他們總是懇求老師給一個更簡單通俗點的解答。

這時候，老師就會面有難色地說：「好吧！既然如此，等我查一查古代的聖賢是怎麼說的，明天再告訴你們，對於這麼深奧的問題，他們一定有很好的答案呀！」

原來，老師有一本大書，記載了古代聖賢最重要的智慧，鎖在書房最高的櫃子裡，由於這本書是如此珍貴，他嚴禁任何弟子靠近。

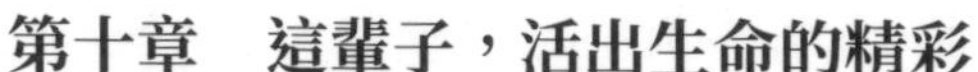

第二天，等老師翻過那本大書，弟子就會得到一個充滿智慧的答案。可是，如果有了新的問題。老師又說：「要活在當下呀！」

弟子不滿意的時候，老師會再一次翻閱大書，說出一個十分睿智的解答。

這樣一而再、再而三，一年一年地過去了，日子久了，弟子開始對老師起了質疑：「老師只懂得一句活在當下，這是任何人都知道的事呀！不像古聖先賢，真的充滿了智慧。」

一個弟子說：「老師自己並沒有什麼智慧，他只知道活在當下！」

另一個弟子說：「老師的智慧和我們沒有什麼差別，差別只是他有一冊聖賢的書，如果擁有那本書，我們自己就可以當老師了。」

還有一個弟子說：「這個老師真的太差勁了，我們是來自各地的菁英，誰不知道活在當下呢？這句話也輪得到他來說嗎？我們想學的是歷代聖賢的言論和精神呀！」

在背後議論老師久了，許多弟子都生起了這樣的想法：「等到老師死了，我只要搶到那本聖賢書，就可以做老師的繼承人，接收很多的弟子，為別人解決生命的困境！」

老師漸漸老了，終於要告別人間了，他並沒有指定任何的繼承人，也沒有把聖賢書交給任何的弟子，他只說了一句遺言：「要活在當下呀！」就嚥下了最後一口氣。

老師死後，弟子們不但沒有哀傷，反而一擁而上，衝進書房，搶奪那鎖在最高櫃子裡的聖賢之書，甚至因為搶奪太激烈，把書櫃都打碎了。他們把那本大書撕成好多殘篇，才發現那本書根本是空白的，一個字也沒有。

只有書的封面上有老師的筆跡。寫了四個大字「活在當下」！

眾弟子們尋求一生的答案，便是老師的那句「活在當下」，但當他們領悟的時候，老師卻已經不在了，這不能不說是一種遺憾。記得在有一期的《藝術人生》中，看到眾多年輕人的偶像劉德華感嘆：「2004年最大的收穫：懂得了『活在當下』」異曲同工，或許親身經歷了什麼，或許親眼見到了什麼，發出如此感慨絕不是閉門造車想像出來的。

要學會掌握自己。我們可以淡然面對，也可以積極的掌握，當你看不開、當你春風得意、當你憤憤不平、當你深陷痛苦中的時候，不管怎麼樣，你總是幸運的擁有了這一輩子。

生命存在缺陷，我們終究無法完美：

不計得失，淡然處之，人生本是一齣悲喜劇，只是悲劇成分多一點

作　　著：周成功，傅世菱
發 行 人：黃振庭
出 版 者：崧燁文化事業有限公司
發 行 者：崧燁文化事業有限公司
E-mail：sonbookservice@gmail.com
粉 絲 頁：https://www.facebook.com/sonbookss/
網　　址：https://sonbook.net/
地　　址：台北市中正區重慶南路一段六十一號八樓 815 室
Rm. 815, 8F., No.61, Sec. 1, Chongqing S. Rd., Zhongzheng Dist., Taipei City 100, Taiwan
電　　話：(02)2370-3310
傳　　真：(02) 2388-1990
印　　刷：京峯彩色印刷有限公司（京峰數位）
律師顧問：廣華律師事務所 張珮琦律師

定　　價：350 元
發行日期：2022 年 08 月第一版
◎本書以 POD 印製

國家圖書館出版品預行編目資料

生命存在缺陷，我們終究無法完美：不計得失，淡然處之，人生本是一齣悲喜劇，只是悲劇成分多一點 / 周成功，傅世菱著 . -- 第一版 . -- 臺北市：崧燁文化事業有限公司，2022.08
面；　公分
POD 版
ISBN 978-626-332-556-2(平裝)
1.CST: 人生觀
191.92　111010802

電子書購買

臉書